Baedeker

Allianz  Reiseführer

Italienische Adria

www.baedeker.com

Verlag Karl Baedeker

TOP-REISEZIELE ✶ ✶

Die Liste der Sehenswürdigkeiten ist lang, doch wo liegen die Highlights an der Adria? Egal, ob Strände oder Täler im Hinterland, Naturparks oder römische Ruinen, Kulturstädte oder Badeorte mit Charme – wir haben für Sie zusammengestellt, was Sie auf keinen Fall versäumen dürfen!

© Baedeker

2 Aquileja

1 Triest

3 Treviso

5 Padua

4 Venedig

6 Chioggia

Mare

Adriatico

7 Ravenna

8 Rimini

9 San Marino

10 Urbino

11 Riviera del Conero

12 Grotta di Frasassi

13 Ascoli Piceno

14 Gran Sasso d'Italia

Gepflegt sind sie alle, die Strände an der Adria.

Der Herzogspalast in Urbino – für Kunstfreunde ein Muss!

DIE BESTEN BAEDEKER-TIPPS

Von allen Baedeker-Tipps in diesem Buch haben wir hier die interessantesten für Sie zusammengestellt. Erleben und genießen Sie die Italienische Adria von ihrer schönsten Seite!

⚠ Probieren!
Der Vorspeiseteller von Ascoli Piceno kennt eine besondere Variante: Olive all' ascolana, Oliven, gefüllt mit Fleisch und in Öl herausgebacken. ► **Seite 132**

⚠ Pasta fresca
Ihnen fehlt noch ein Mitbringsel für zu Hause? Garantiert selbst gemacht sind die Nudeln bei Pasta Fresca Biguzzi in Cesena. Der kleine, herrlich altmodische Tante-Emma-Laden verlockt zu Vorratskäufen. ► **Seite 140**

Nudeln
*frisch und aus eigener Herstellung
sind sie am besten!*

⚠ Anguille
Eine lange Tradition hat die Fischzucht in den flachen Seen der Valli di Comacchio. Es wundert also nicht, dass Aale, Anguille, die kulinarische Spezialität in Comacchio sind. ► **Seite 159**

⚠ Stöbern ohne Ende
Im Juli und August lohnt sich der Besuch von Fermo besonders. Denn: In diesen beiden Monaten findet auf der Piazza del Popolo ein Antiquitäten- und Trödelmarkt statt. ► **Seite 163**

⚠ Abendsonne
Der Uferdamm, der in einem weiten Bogen die Altstadt Grados vom Meer abschirmt, ist ein guter Platz für ein abendliches Sonnenbad. ► **Seite 169**

⚠ Belvedere
Nur wenige Schritte sind es von der Piazza dei Duchi d' Aquaviva in Atri bei Pescara zu der Aussichtsterrasse am nördlichen Altstadtrand. ► **Seite 197**

⚠ Mit dem Rad
Für alle, die der langen Fußmärsche in den Städten müde geworden sind, gibt es Abhilfe: Tun Sie es den Italienern gleich und steigen Sie aufs Rad! ► **Seite 201**

Muscheln
*aus der ganzen
Welt gibt es im
Muschelmuseum von
Cupra Marittima.*

🔴 Wo steppt der Bär?

Auf der Suche nach Diskotheken und Nachtklubs in Rimini, Riccione oder Cattolica? Schauen Sie mal auf die Webseite www.adriabeach.net!
▶ Seite 211

🔴 Stoffe

Eine lange Tradition hat die Stoffdruckerei Marchi im Zentrum von Santarcangelo.
▶ Seite 214

🔴 Schätze aus dem Meer

Museo Malacologico – das klingt nach verstaubten Vitrinen und langweiliger Materie. Weit gefehlt! Tausende von Muscheln in allen Varianten warten hier auf Sie! ▶ Seite 220

🔴 Radicchio

Die kulinarische Spezialität von Treviso ist der rote Radicchio, der rund um die Stadt angebaut wird. ▶ Seite 230

🔴 Ein Kaffee zum Schluss

Nach einer Stadtbesichtigung von Triest ist der Besuch eines der wunderbaren alten Kaffeehäuser der ideale Abschluss.
▶ Seite 237

🔴 Mit dem Boot

Mit dem Vaporetto der Linie 1 den Canal Grande entlangfahren – ein unvergessliches Erlebnis! ▶ Seite 255

🔴 Eistraum

Ein ganz besonderes Eis gibt es in der Gelateria Millevoglie zwischen der Frari-Kirche und der Scuola Grande di San Rocco in Venedig. Wer sich nicht entscheiden kann, den lässt Tarcisio auf Wunsch auch erst mal probieren. ▶ Seite 267

Kaffeegenuss
*In den Kaffeehäusern von Triest
versteht man sich darauf.*

Canal Grande
*Gondeln oder Vaporetti ersetzen
den Fußgängerweg.*

*Strandleben
alla Italiana*
▸ **Seite 162**

HINTERGRUND

PREISKATEGORIEN

▶ **Hotels**
Luxus: ab 180 €
Komfortabel: ab 100 €
Günstig: unter 100 €
Für eine Übernachtung
im Doppelzimmer

▶ **Restaurants**
Fein & teuer: ab 25 €
Erschwinglich: 15 – 25 €
Preiswert: bis 15 €
Für ein Hauptgericht
(Secondo piatto)

PRAKTISCHE INFORMATIONEN

Geheimnisvolle Stadt:
Venedig bei Nacht
▶ **Seite 260**

nachdenken · klimabewusst reisen
atmosfair

Hintergrund

KURZ UND KNAPP, VERSTÄNDLICH
GESCHRIEBEN UND SCHNELL
NACHZUSCHLAGEN:
WISSENSWERTES ÜBER IHRE
REISEREGION, ÜBER LAND
UND LEUTE, WIRTSCHAFT UND POLITIK,
GESELLSCHAFT UND ALLTAGSLEBEN.

DOLCE FAR NIENTE

Das süße Nichtstun - wo kann man es besser in die Tat umsetzen als am Strand von Rimini, Bibione oder Cattolica? Der Strand, »la spiaggia«, das ist an der italienischen Adria weit mehr als nur ein Streifen Sand, auf dem man sich sonnt und den man überqueren muss, um ins Wasser zu gelangen.

Der Strand, das ist das Herz eines jeden Seebades, mit den vielen Badeanstalten schon fast selbst zu einer kleinen Stadt geworden. Ohne Liegestühle – fein ordentlich in zehn, vielleicht auch 15 oder gar 20 Reihen unterteilt, ist er gar nicht denkbar, auch nicht ohne Cafés und Imbissstände, Volleyball-, Tischtennis und Kinderspielplätze, Duschen und Toiletten. Sicher, dazwischen gibt es an der Adriaküste

auch wieder Abschnitte ohne die »bagni«, doch die sind meistens deutlich weniger attraktiv. Abends, wenn sich der Sandstreifen geleert hat, verlagert sich das Geschehen an die Strandpromenade. Spätestens mit Einbruch der Dunkelheit verwandelt sich der breite Uferstreifen in einen Laufsteg, auf dem man den Urlaubstag mit einem guten Gelato beschließt.

Kleine Fluchten

Wem das Strandleben zu anstrengend, zu laut oder aus anderen Gründen zu viel geworden ist, der kann sich ins Hinterland der Küste zurückziehen und dort Ruhe tanken. Zum Beispiel in Portogruaro, Fermo oder

Sonne satt
Wärme tanken, Natur genießen, entspannen

Sant' Elpidio a Mare, das Luftlinie nur 6 km vom Meer entfernt liegt. Die Hauptstraße des alten Städtchens ist gerade so breit, dass zwei Autos nebeneinander vorbeikommen. Links und rechts stehen die alten Backsteinhäuser Mauer an Mauer, erst oben auf dem Hauptplatz mit zwei hübschen Kirchen und einem Rathaus kann der Blick ein bisschen in die Weite schweifen. Der nächste Ort liegt nur ein paar Kilometer entfernt, doch die Hügelketten dazwischen zwingen zu Fahrten auf schmalen Landstraßen – nichts für Menschen, die es eilig haben. Kleine Museen, Burgen und Kastelle, Kirchen und Ausgrabungsstätten warten hier auf Besucher. In den Trattorien wird man mit lokalen Spezialitäten bestens versorgt, und in den Geschäften kann man hervorragendes Olivenöl, hausgemachte Pasta oder Wein aus der Region kaufen.

← *Venedig*

Strandvergnügen
*Weicher Sandstrand ist das Markenzeichen der
italienischen Adria.*

Valli
*heißen die flachen Gewässer an der Küste,
in denen auch heute noch Fische gezüchtet werden.*

Pasta
*Es braucht nicht viel für ein gutes Essen in Italien,
die berühmten Nudeln gehören aber in jedem Fall dazu.*

Fahrtwind
*Es gibt sie noch, die Vespa, und für Fahrten an der K
entlang ist sie das ideale Gefährt.*

Alte Gemäuer
*Das Bild vieler Orte im Hinterland bestimmen noch
schöne alte Häuser.*

Karneval
*Der Winter ist nass und kalt in Venedig,
aber zum Glück gibt es ja den Karneval.*

Eine Küste, fünf Regionen

Sant' Elpidio liegt in den Marken, einer von fünf Regionen, die zwischen Triest und Pescara Anteil an der italienischen Adriaküste haben: Friaul-Julisch Venetien (Friuli-Venezia Giulia), Venetien (Veneto), Emilia-Romagna, Marken (Marche) und Abruzzen (Abruzzo). Landschaftlich und kulturell bieten diese ein ziemlich buntes Bild.

Friaul-Julisch Venetien ist die nordöstlichste Region Italiens an der Grenze zu Slowenien. Rund 1,2 Mio. Einwohner zählt die Region. Da auch heute noch ein Großteil der Bevölkerung Friulani sind, die ihre Sprache und viele alte Bräuche bewahrt haben, genießt Friaul-Julisch Venetien den Status einer Autonomen Region. Bekannt ist das Friaul als Wander-, Wintersport- und Weingebiet, an der Küste locken Sandstrände sowie die alte Hafenstadt Triest, heute die Hauptstadt der Region. Lidi und Lagunen prägen die Küste Venetiens – mit rund 4,46 Mio. Einwohnern eine der bevölkerungsstärksten Regionen Italiens. Touristisch ist Venedig, zugleich auch die Verwaltungskapitale, der unbestrittene Mittelpunkt dieser Region. Nicht nur kulturell, auch wirtschaftlich gehört die Emilia-Romagna zu den wohlhabenden Regionen Norditaliens mit einer florierenden Landwirtschaft und einer hoch entwickelten Industrie. Regiert wird die Region, in der rund 3,9 Mio. Menschen leben, von Bologna aus. Die 130 km lange Küste der Emilia-Romagna, die mit einer gut ausgebauten Infrastruktur und vielen bekannten und weniger bekannten Badeorten aufwartet – darunter

Il Bagno
Kleine Badestädte sind sie, die Strände an der italienischen Adria – wie hier in Rimini.

auch Rimini und Cesenatico – ist eine der meistbesuchten Ferienregionen des Landes. Zwischen den Seebädern Cattolica und Gabicce Mare verläuft die Grenze zu den Marken. Von den 1,45 Mio. Einwohnern profitieren v. a. die an der Küste vom Tourismus. Außer der Industrie- und Badestadt Pesaro und der Hafen- und Hauptstadt Ancona gibt es keine wirtschaftlichen Ballungszentren in dieser Region. Das Hinterland wird bis heute hauptsächlich landwirtschaftlich genutzt. Das gilt auch für die angrenzende Region Abruzzen, die zwar auch für ihre Strände, vor allem aber für die faszinierende Gebirgswelt bekannt ist. Die rund 1,25 Mio. Einwohner sind hauptsächlich in der Landwirtschaft, in Handwerks- oder kleinindustriellen Betrieben beschäftigt.

Fakten

Wie unterscheiden sich nördliche und südliche Adria? Wo werden rund ein Viertel der italienischen Schuhe produziert? Wieso liegt die einstige Hafenstadt Ravenna heute mehrere Kilometer vom Meer entfernt?

Natur und Umwelt

Adria

Das Mare adriaticum trennt als nördlicher Nebenarm des Mittelmeeres den so genannten Italienischen Stiefel vom Balkan. Von ihrer Nordostspitze, dem Golf von Triest, bis zur Straße von Otranto im Süden ist die Adria etwa 800 km lang und bis zu 220 km breit. Sie unterteilt sich in ein nördliches und ein südliches Becken. Die beiden werden auf der Höhe des Monte Gargano von einem Sattel, der unter dem Meeresspiegel liegt, getrennt. Das südliche Adriabecken ist vor Bari bis zu 1645 m tief. Das nördliche hingegen ist wesentlich flacher: Vor Ancona erreicht das Meer eine Tiefe von 80 m, vor der Halbinsel Istrien sind es nur noch 50 m und ganz im Norden der Adria nur noch wenige Meter.

Im Sommer ist die nördliche Adria eine riesige flache Badewanne, deren Wasser im Durchschnitt 24 °C warm wird. Ganz anders im Winter: Dann sinkt die Temperatur der oberflächennahen Wasserschichten schon mal auf 7 °C ab. Aufgrund der starken Süßwasserzufuhr liegt der Salzgehalt der nördlichen Adria lediglich bei 2 bis 2,5 %, nimmt aber nach Süden rasch zu. Vor Ancona beträgt er bereits 3,4 %, ganz im Süden knapp 4 %. Im Gegensatz zu anderen Teilen des Mittelmeeres sind in der nördlichen Adria **Gezeiten** durchaus spürbar. Im Golf von Triest beträgt der Tidenhub 30 – 100 cm. Allerdings sind die Gezeiten unterschiedlich stark ausgebildet, so dass es örtlich bisweilen nur ein Hoch- bzw. Niedrigwasser am Tag gibt.

Mare adriaticum

Die Wasserqualität der Adria hat sich in den vergangenen zehn Jahren stark verbessert. Dennoch gibt es nach wie vor kritische Zonen, insbesondere an der Küste vor Venedig und am **Po-Delta**. Verantwortlich dafür ist vor allem die Überdüngung der nördlichen Adria mit nährstoffreichen Abwässern aus Landwirtschaft, Industrie und Siedlungen. Diese Abwässer schaffen ein Mikroklima, in dem sich winzige Kieselalgen bestens vermehren können, so dass ein so genannter Algenteppich entsteht. Unter diesem verenden Fische genauso wie Krusten- und Weichtiere. Mittlerweile hat die Regierung der Emilia-Romagna eine Anti-Algen-Flotte eingesetzt und schwimmende Algenbarrieren verankert. Über ein Dutzend Spezialschiffe »saugen« die Algenteppiche von der Wasseroberfläche. Damit wird zwar verhindert, dass sie bis an die Strände vordringen, die Ursache des Problems bleibt allerdings bestehen.

Umweltprobleme

? WUSSTEN SIE SCHON …?

■ Ihren Namen erhielt die Adria von dem gleichnamigen Städtchen bei Chioggia, das heute etwa 25 km vom Meer entfernt liegt, ursprünglich aber eine antike Hafenstadt war.

← *Der Ginster färbt im Frühjahr die Landschaft gelb.*

Küste

Golf von Triest Das nordöstliche Ende der Adria bildet der Golf von Triest mit seiner wild zerklüfteten Felsküste aus Kalkstein. Bereits wenige Kilometer weiter westlich, wo die beiden von den Alpen bzw. Voralpen kommenden Flüsse Isonzo und Tagliamento in die Adria münden, entstand eine typische **Anschwemmungsküste** mit flachen Gewässern, Lagunen, Nehrungen – den so genannten Lidi –, schmalen Sandinseln und Sandstränden.

Das Hinterland dieses Küstenabschnitts, d. h. die Provinz Friaul-Julisch Venetien, gehört zu jenen Gebieten in Europa, die am stärksten von Erdbeben gefährdet sind.

Golf von Venedig Von der Tagliamentomündung bis hinunter zum Po-Delta wird das Landschaftsbild von **Lagunen und Lidi** geprägt. Die gesamte Bucht von Venedig präsentiert sich als typische Deltalandschaft, die von den wasserreichen Flüssen Livenza, Piave, Brenta, Etsch und Po aufgeschüttet wurde.

Das Hinterland ist eine fruchtbare und landwirtschaftlich intensiv genutzte Schwemmlandebene, der Küstenraum dagegen ein fragiles landschaftliches Gebilde. Dies gilt in besonderem Maße für die Lidi und Lagunen, die sowohl von der Adria als auch von der Landseite vom **Hochwasser** bedroht sind. Während sich beispielsweise der Lido von Jesolo einigermaßen stabil zeigt, kommt es auf dem Lido von Venedig häufig zu Überflutungen.

Po Der Fluss Po ist mit 652 km Länge und einem Einzugsgebiet von 75 000 m² **Italiens längster und bedeutendster Fluss**. Er entspringt im südwestlichen Piemont, durchfließt die Lombardei und Venetien und mündet in der Region Emilia-Romagna in die Adria. Der größte Teil der heutigen Po-Ebene war vor der Alpenfaltung ein Meeresarm der Adria. Nach der Heraushebung der Alpen und des Apennin wurde das riesige Becken vom Po und seinen Nebenflüssen mit Sand, Kies und Schutt aus den umliegenden Gebirgen aufgefüllt. Günstige klimatische Bedingungen und gute Böden machen die Po-Ebene zur **reichsten Ackerbauregion Italiens**. In Venetien ist der Po ein ausgesprochener Dammfluss, das heißt, sein Wasserspiegel ist um einiges höher als das Land. Trotz zahlreicher Maßnahmen kommt es deshalb immer wieder zu verheerenden Überschwemmungen.

Po-Delta Südlich von Venedig mündet der Po in die Adria, in die er ein gewaltiges Delta hineingeschoben hat. Dabei schwemmen der Fluss und seine Nebenarme (mehr als ein Dutzend) jede Sekunde durchschnittlich 1300 Kubikmeter Geröll, Sand und Schlamm ins Meer. Bei herbstlichem Hochwasser können es sogar 9000 – 12 000 m³ sein! Bis vor wenigen Jahrzehnten, als es leidlich gelang, den »bodenlosen Fluss« durch wasserbauliche Maßnahmen zu beherrschen, wuchs das Delta jährlich bis zu 130 m³ weiter ins Meer hinein. Pro Jahr entstan-

Zahlreiche Flüsse aus den Alpen fließen der Adria zu, so auch der Isonzo, der östlich von Venedig ins Meer mündet.

den damals 60–100 ha Neuland. Frühere Küstenorte wie beispielsweise die alte Hafenstadt Ravenna liegen heute mehrere Kilometer vom Meer entfernt.

Aufgrund ihrer naturräumlichen Einzigartigkeit wurde die südlich der heutigen Po-Hauptmündung gelegene Küstenzone bis hinunter nach Ravenna unter Schutz gestellt. Die Lagunen von Comacchio beispielsweise sind **Lebensraum einer artenreichen Tierwelt.** Der Bosco della Mesola ist einer der größten und ursprünglichsten Tieflandwälder Italiens, in dem sich noch Schwarz-, Rot- und Damwild halten kann. Durch Sandbänke und Nehrungen vom offenen Meer abgeschnitten ist die Sacca di Goro, ein Wassergebiet, in dem die Fischerei bis heute eine große Rolle spielt.

Naturschutz-gebiet Po-Delta

Südlich von Ravenna erstreckt sich bis Gabicce Mare die weitgehend flache Ausgleichsküste der Emilia-Romagna, die mit bekannten Seebädern wie Rimini seit langem als Feriengebiet geschätzt wird. Das verhältnismäßig flache, nach Süden allerdings eher hügelige Hinterland dieser Küste gehört zu den Top-Agrar-Regionen Italiens. Hier werden neben Weizen, Mais und Zuckerrüben auch Obst, Gemüse und Wein angebaut.

Küste der Emilia-Romagna

Zahlen und Fakten Italienische Adria

Italienische Adriaküste

© Baedeker

Adria
▶ Nebenmeer des Mittelmeers
▶ Größe: 132 000 km²
▶ Maximale Tiefe: 1200 m

Regionen
▶ Friaul-Julisch Venetien
▶ Venetien
▶ Emilia-Romagna
▶ Marken
▶ Abruzzen

Größte Städte
▶ Venedig 280 000 Einw.
▶ Triest 216 000 Einw.
▶ Padua 211 000 Einw.

Hafenstädte
▶ Triest
▶ Chioggia
▶ Ancona

Friuli-Venezia Giulia

Veneto

Emilia-Romagna

Adria

Marche

ITALIEN

Abruzz

Roma ●

Küste der Marken Südlich an die Emilia-Romagna schließt sich die Region Marken an, die sich zwischen der Küste und dem Apennin erstreckt und im Monte Vettore (2476 m) ihren höchsten Punkt erreicht. Die Küste wird nach Süden schmaler, aber auch landschaftlich reizvoller, da direkt dahinter das 30 km breite Hügelland zum Apennin ansteigt. Auch an der märkischen Küste gibt es lange **Sandstrände** und eine Vielzahl von Badeorten, von denen Gabicce Mare, Fano, Senigallia, Grottammare und San Benedetto del Tronto die bekanntesten sind. An einer großen, durch einen hakenförmigen Landvorsprung geschützten Bucht liegt die Hafen- und Regionshauptstadt Ancona.

Eine landschaftliche Besonderheit ist die felsige Riviera am Steilabfall des 572 m hohen **Monte Conero** südlich von Ancona. Dieses isolierte Massiv aus Kalk- und Sandstein, das sich landeinwärts eher sanft abtreppt, ragt wie eine grüne Insel aus dem stark urbanisierten Umland. Südlich vom Monte Conero breitet sich im Hinterland der mittleren Adria eine abwechslungsreiche Hügellandschaft aus, in der vor allem Oliven, Wein und Getreide angebaut werden. Starke Bewegungen in der Erdkruste haben das Landschaftsbild hervorgebracht, und bis heute ist dieses Gebiet erdbebengefährdet. Dort, wo Flüsse sich ihren Weg zur Küste gebahnt haben, entstanden **Täler**, die heute dicht besiedelt und industrialisiert sind – so z.B. das Tal des Pescara-Flusses, der bei der gleichnamigen abruzzischen Stadt ins Meer mündet. Da die Hauptverkehrswege bis heute an der Küste, von Norden nach Süden, verlaufen, kommt diesen Tälern eine große Bedeutung als Verbindungswege vom Landesinneren an die Küste zu, so dem **Durchbruchstal des Pescara**, wo die Via Tiburtina von Rom nach Pescara verlief.

Pflanzen und Tiere

Nur noch an wenigen Stellen der Adriaküste ist die ursprüngliche Vegetation zu finden. Das Hinterland der Küste ist sehr stark von der **Landwirtschaft** geprägt – große Weizen-, Mais-, Zuckerrüben- und Gemüsefelder, Obstplantagen und Weingärten erstrecken sich links und rechts der Landstraßen. An flachen Küstenabschnitten wie z.B. südlich von Ravenna gibt es noch ausgedehnte **Pinienwälder und Pinienalleen**. Queller, Quecken, Strandhafer, Wolfsmilchgewächse, Winden und Meersenf sind die Pionierpflanzen auf den Sandinseln

Vegetation

Wenn der Fang gut sein soll, dürfen die Netze keine Löcher haben.

und Lidi sowie an den Stränden der Adria. Landeinwärts kommen Wacholder, Stieleichen und Eschen, Kastanien, Ulmen und Pappeln hinzu. An vielen Stellen blühen Rhododendren und gelber Ginster. Feuchtwälder mit Pappeln, Eschen, Ulmen, Schilf, Riedgräsern und Seerosen, Iris und Wasserlilien gibt es nur noch wenige, so zum Beispiel zwischen Ravenna und den Valli di Comacchio. Je weiter man in den Süden kommt, desto trockener und artenärmer wird das Pflanzenkleid. Seit der Antike wurden die Wälder hier abgeholzt, an deren Stelle heute nur Sekundärvegetation sprießt.

Tiere Die Meeresfauna der nördlichen Adria ist verhältnismäßig arm an Arten, je weiter man nach Süden kommt, desto reichhaltiger wird der Tierbestand. Am häufigsten gehen den Fischern Sardellen, Sardinen und Thunfische ins Netz. In den Lagunen gibt es Austern, Krabben, Krebse und andere Schalentiere, die mittlerweile aber auch in riesigen Anlagen gezüchtet werden.

Die Feuchtgebiete um die Lagunen bieten geradezu **paradiesische Verhältnisse für Wasservögel**. Enten, Reiher, Kormorane, Schwäne, Möwen und Seeschwalben bevölkern diese Biotope. Dazu kommen Wasserhühner, Rohrsänger und Sumpfmeisen; ja sogar Eisvögel kann man hier beobachten. Und wo so viele kleine Tiere unterwegs sind, fehlen auch größere Greifvögel nicht – so zum Beispiel die Weihen. Die unter Schutz gestellten Flachwassergebiete im Hinterland sind Brutzone für zahlreiche Süßwasserfische und Amphibien sowie Watt- und Sumpfvögel. Auch Sumpfschildkröten und andere Reptilien fühlen sich hier wohl. In Gebieten, in denen Landwirtschaft und Urbanisierung noch nicht dominieren, sind auch Wildschweine, Rehe, Hirsche und Mufflons heimisch.

Bevölkerung, Politik, Wirtschaft

Reicher Norden, armer Süden Seit dem Zweiten Weltkrieg hat sich Italien von einem Agrarland in eine der führenden Industrienationen verwandelt. Heute nimmt das Gründungsmitglied der Europäischen Gemeinschaft hinter den USA, Japan, Deutschland, Frankreich und Großbritannien die **sechste Stelle unter den Industrieländern** ein. Allerdings bestehen immer noch enorme Unterschiede zwischen dem Norden und dem Süden Italiens. Friaul-Julisch Venetien, Venetien und die Emilia-Romagna gehören zu den wohlhabenderen norditalienischen Regionen, die Marken liegen im Übergangsbereich und die Abruzzen werden bereits dem »armen Süden« zugerechnet.

Landwirtschaft Die Bedeutung der Landwirtschaft hat wie in den anderen westeuropäischen Ländern in den vergangenen Jahrzehnten stark abgenommen. Dennoch wird das Bild von der Adriaküste und ihrem Hinterland maßgeblich von der Landwirtschaft, speziell von **Obst- und Ge-**

Die Böden sind fruchtbar an der Adria und das Klima ist mild.
Hier gedeihen Getreide sowie Obst und Gemüse.

müseanbau, geprägt. Im Friaul und in Venetien ist der Weinanbau führend. Dort werden die Trauben für so bekannte Tropfen wie den Soave oder den Valpolicella angebaut. Im Hügelland zwischen Conegliano und Valdobbiadene wachsen die Trauben für den gleichnamigen Prosecco. Die bekanntesten Weine aus dem Friaul sind der Colli und der Isonzo.

In der **Po-Ebene, der führenden Agrarregion ganz Italiens**, wird die Landwirtschaft mit modernsten Mitteln betrieben. Getreide, Mais, Kartoffeln und Gemüse, insbesondere Tomaten, sowie verschiedene Obstsorten, vor allem Äpfel, Birnen und Pfirsiche, werden hier angebaut. Im südlichen Teil der Po-Ebene kommen außerdem Zuckerrüben und Tabak, im Polesine Reis dazu. Cesena gilt als das Zentrum des Pfirsich- und Erdbeeranbaus.

Am stärksten industrialisiert sind das Friaul, Venetien und die Emilia-Romagna. Im Vergleich zum restlichen Norditalien setzte die In- **Industrie**

dustrialisierung in diesen Regionen verhältnismäßig spät ein. Doch mittlerweile haben sie gegenüber ihren »Nachbarn« aufgeholt, was vor allem im Raum Venedig zu einer starken Zersiedlung und Urbanisierung der Landschaft, aber auch zu einem sichtbaren Wohlstand der Städte geführt hat. Neben der Petrochemie (v. a. Ravenna), der Maschinen- und Elektroindustrie haben sich auch einige spezielle Branchen wie beispielsweise die Glasindustrie in Venedig etabliert.

Triest gehört mit Venedig, Ravenna und Ancona zu den wichtigsten Adria-Häfen Italiens. In Monfalcone bei Triest befindet sich die **größte Werft des Landes** für Großschiffe, aber auch in den Marken, wo der Fährbetrieb eine wirtschaftliche Rolle spielt, gibt es kleinere Werften.

Kleingewerbe und Handwerk im Hinterland

In den Marken fehlen die großen industriellen Ballungsräume (sieht man einmal von Ancona ab). Dafür hat sich auf der Grundlage traditioneller Handwerkszweige eine vielfältige Industrie mit meist kleineren Betrieben herausgebildet, die zum wirtschaftlichen Motor für die Region wurden. So werden zum Beispiel in Fabriano Papier hergestellt, in Castelfidardo Musikinstrumente und Elektronikgeräte, Schuhe und andere Lederartikel in der Umgebung von Fermo.

Fischerei und Fischzucht

Die Fischerei an der Adriaküste und in den Flüssen ist zwar ein wichtiger Erwerbszweig, hat aber nur regional Bedeutung. Der größte Fischereihafen der nördlichen Adria ist Chioggia bei Venedig. In den Valli, den flachen Seen in der Umgebung von Comacchio, werden vor allem **Aale** gezüchtet, während im Po-Delta und vor der Küste die Muschelzucht überwiegt. (▶Baedeker Special Guide).

Tourismus

Unter den italienischen Urlaubsgebieten rangiert die nördliche Adria an erster Stelle. Allein in den Seebädern der Emilia-Romagna stehen mehr als eine halbe Million Betten für Feriengäste bereit. Fast die gesamte Adriaküste von Triest bis südlich von Pescara ist für den Badetourismus erschlossen. Es verwundert deshalb nicht, dass der Tourismus an der Küste die **Haupteinnahmequelle** darstellt und zahlreiche Arbeitsplätze damit verbunden sind. Von Juni bis September

? WUSSTEN SIE SCHON …?

- Venedig ist mit über 14 Millionen Besuchern pro Jahr nach Rom die beliebteste Stadt von Italien.

herrscht in den Badeorten Hochbetrieb, davor und danach wird es wieder ruhig an der Küste. Dass die Saison sich im Wesentlichen auf vier Monate beschränkt, ist für die Infrastruktur der Seebäder problematisch. Es wird deshalb versucht, durch die stärkere Einbeziehung des Hinterlandes die Adria auch über die kurze Sommersaison hinaus zu einem attraktiven Reiseziel zu machen.

← *Schloss Miramare bei Triest gehört zu den Top-Sehenswürdigkeiten an der Triestiner Riviera.*

Geschichte

Von den Picentern bis zu den ersten Badegästen im 19. Jahrhundert, von Roms Expansion an die Küste bis zum Aufstieg Venedigs zur Seehandelsmacht, von Napoleons Zwischenspiel bis zur Einigung Italiens – die Städte an der Adriaküste blicken auf eine bewegte Geschichte zurück.

Picenter und Römer

9. Jh. v. Chr.	Picenter besiedeln die Küstengebiete der Regionen Marken und Abruzzen.
ab ca. 290 v. Chr.	Römer dringen in das Gebiet der Picenter vor.

Die italienische Adriaküste ist altes Siedlungsgebiet. Bereits während der Jungsteinzeit waren einzelne Gebiete nachweislich besiedelt. Für die Eisenzeit, d. h. vom 10. bis 7. Jh. v. Chr., lässt sich entlang der Küste Handelstätigkeit nachweisen.   **Altes Siedlungsgebiet**

Umfangreich dokumentiert ist die Geschichte der Küste und ihres Hinterlandes dann erst im ersten Jahrtausend vor Christus. Zu dieser Zeit waren verschiedene Völker in Mittelitalien beheimatet, darunter die **Sabiner, Umbrer, Etrusker und die Picenter**. Durch den Expansionsdrang der Römer kam Anfang des 4. Jh.s v. Chr. Bewegung in das Gefüge. Sie errangen die Vormacht in Mittelitalien und setzten ihre Eroberungspolitik nach Norden fort. An der Adriaküste trafen sie auf die Picenter, die sich im 9. Jh. zwischen Asculum (Ascoli Piceno) und Ancon Doria (Ancona) niedergelassen hatten. Ihr Siedlungsgebiet entspricht in etwa der heutigen Region der Marken und einem Teil der Abruzzen. Angeblich waren sie dem Flug eines Spechtes gefolgt, daher auch ihr Name, der sich von picus, der lateinischen Bezeichnung für diesen Vogel, ableitet. Bis ins 3. Jh. trieben die Picenter **Handel mit den Etruskern** und den Griechen.   **Vorstoß der Römer**

Die Römer brachten das Gebiet sukzessive unter ihre Herrschaft. Ariminum, das heutige Rimini, wurde 268 v. Chr. römische Veteranenkolonie. In Ariminum endete zunächst die Via Flaminia, die als Militär- und Handelsstraße Rom mit der Adria verband. Die weiter nördlich in Patavium (Padua), Ateste (Este), Tarvisium (Treviso) und Bellunum (Belluno) siedelnden **Veneter** verbündeten sich noch im 3. Jh. v. Chr. mit den Römern und erhielten unter Caesar römisches Bürgerrecht. Unter Augustus bildeten sie mit Istrien die **10. Region Venetia et Histria**.   **Römische Kolonien**

Auch in der Hauptansiedlung der **Marruciner**, Teate Marrucinorum, dem heutigen Chieti, hielt die römische Zivilisation Einzug, wie die Reste dreier kleiner Tempel und eines Theaters beweisen. Tergeste, das heutige Triest, wurde erst im 2. Jh. v. Chr. römisch. Ravenna, ursprünglich wohl eine etruskisch-umbrische Gründung und ab 46 v. Chr. Municipium, gewann hauptsächlich Bedeutung durch den **Flottenstützpunkt Classis** mit seinen großen Werften. Pisaurum (Pesaro) wurde 184 v. Chr. als römische Bürgerkolonie ins Leben gerufen und kurze Zeit danach, 181 v. Chr., Aquileja gegründet, das sich

← *Miss-Italy-Wahl in Rimini in den 1950er-Jahren*

schnell zu einer der führenden Handelsstädte im Römerreich entwickelte. Ancona, das antike Ancon Dorica, war dagegen eine griechische Siedlung, die später zum Flottenstützpunkt ausgebaut wurde.

Düsteres Mittelalter?

395	Ravenna wird Hauptstadt des Weströmischen Reiches.
476	Ende des weströmischen Reiches
11.–14. Jh.	Zeit der Stadtrepubliken

Das Ende des weströmischen Reiches

In der Spätantike rückte Ravenna als Residenz der weströmischen Kaiser wieder ins Blickfeld der Geschichte, wo 476 mit der Absetzung von Romulus Augustulus auch das Ende des weströmischen Reiches besiegelt wurde und seit 493 der Ostgotenkönig Theoderich Hof hielt. 540 besetzte der byzantinische Feldherr Belisar Ravenna, richtete dort das Exarchat ein und machte die Stadt bis zur Eroberung 751 durch die Langobarden zum **Vorposten von Byzanz** und zum Umschlagplatz im Ost-West-Handel. Zum Exarchat gehörte auch die so genannte Pentapolis marittima, ein Verbund der fünf Küstenstädte Rimini, Pesaro, Fano, Senigallia und Ancona.

Der Kirchenstaat entsteht

753/754 rief Papst Stephan II. den Frankenkönig Pippin gegen die Langobarden zu Hilfe, die bereits seit 568 in Italien in verschiedenen Herzogtümern, u. a. auch im westlichen Teil der Aemilia, ansässig waren. Pippin besiegte sie und machte die befreiten Regionen des heutigen Latium und der Emilia-Romagna dem Papst zum Geschenk – so wird es zumindest überliefert, allerdings auf der Grundlage gefälschter Urkunden. Diese sog. **Pippinische Schenkung** war der Beginn eines souveränen Kirchenstaates. Karl der Große, der 774 die Langobarden vollends besiegte, bestätigte und erweiterte das Herrschaftsgebiet der Päpste.

Sonderstatus von Venetien

Territorial reichte das Frankenreich entlang der Adriaküste bis nach Chieti im Süden, sparte aber im Norden das unter byzantinischem Schutz stehende Venetien aus, das 809–811 mit Gewalt eingenommen wurde. Mit der Anerkennung des Kaisertums Karls des Großen durch Byzanz im Frieden von Aachen 812 wurde Seevenetien den Byzantinern zurückgegeben. Das Friaul, benannt nach der römischen Gründung Forum Iulii (Cividale del Friuli), wurde Markgrafschaft.

Von der Bischofsstadt zur Stadtrepublik

In das Machtvakuum, das Kaiser und Päpste im 9. und 10. Jh. in Oberitalien hinterlassen hatten, stießen zunächst in vielen Städten die Bischöfe vor, die als Stadtherren geistliche und weltliche Macht ausübten. Handel und Gewerbe nahmen zu, und am Ende des 11. Jh.s brachten die Kreuzzüge für die adriatischen Städte neue Gewinne. Neben der Geistlichkeit und dem Adel etablierte sich das Bürgertum – Kaufleute und Handwerker, die mehr Freiheiten forderten und an der städtischen Politik partizipieren wollten.

In vielen Städten wurden deshalb in Anlehnung an die römische Tradition Konsuln als politische Lenker der Kommunen bestimmt. Aus den Bischofsstädten entwickelten sich **autonome Stadtrepubliken**, in denen gewählte Räte regierten, ein Podestà die Exekutive leitete und der Capitano del Popolo die unteren Volksschichten vertrat.

Wirtschaftlich erlebte der Adriaraum im Hochmittelalter einen enormen Aufschwung, aber innerhalb der Städte tobten Kämpfe zwischen rivalisierenden Familien. Diese waren, je nachdem wem sie ihre Privilegien verdankten, in die Partei der Ghibellinen (kaiserliche) und der Guelfen (päpstliche) gespalten.

Ghibellinen und Guelfen

Ihre Fehden zerstörten letztlich die Grundlagen der Stadtrepubliken. Zur Schlichtung der innerstädtischen Konflikte wurden einzelne Fürsten mit außerordentlichen Machtbefugnissen ausgestattet. An die Stelle der Kommunen trat die Herrschaft Einzelner – der Beginn der so genannten **Signorien**.

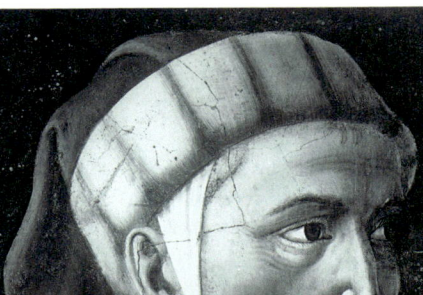

Die Inhaber der Signorien nutzten ihr Amt und die damit verbundenen Machtbefugnisse für den Aufbau einer Familiendynastie. In Padua regierte die Sippe Da Carrara von 1337 bis 1405 und machte die Stadt unter Francesco I. (1355 bis 1388) zum kulturellen Zentrum, in dem auch der gefeierte Dichter und Gelehrte **Francesco Petrarca** eine Heimat fand. In Ravenna herrschten die Familien Traversari und Polentani, die **Dante Alighieri** 1318 Asyl gewährten, der hier bis zu seinem Tod 1321 arbeitete. In

Dante verbrachte seine letzten Jahre in Ravenna

Camerino, Recanati und Macerata residierte das Geschlecht der Herren von Varano. In Rimini stiegen die **Malatesta** zum Signore auf und dehnten ihre Herrschaft über Pesaro und Fano aus.

In Urbino, Cagli und Fossombrone waren die Montefeltre zu Hause. Antonio di Montefeltro erhielt bereits 1155 von Kaiser Friedrich Barbarossa die Herrschaft über Urbino, 1474 wurde daraus ein Herzogtum, und unter **Federico da Montefeltro** (▶ Baedeker Special S. 28 / 29) war der Palazzo Ducale Schauplatz glanzvoller Hofhaltung und Zentrum von Wissenschaft und Kunst der Renaissance. ◀ weiter auf S. 30

Steinerne Hinterlassenschaft:
Zur Sicherung ihres Besitzes bauten
die Malatesta und die Montefeltro
eine Reihe von Burgen.

KRIEG UND KUNST

Zwei Familien stritten sich mehr als ein Jahrhundert lang um die Herrschaft in den Marken: die Malatesta und die Montefeltro. Die Malatesta regierten in Rimini, die Montefeltro in Urbino.

Die Burg von Gradara gilt als Schauplatz einer schauerlichen Liebestragödie: Francesca da Polenta, verheiratet mit Gianciotto Malatesta, verliebte sich in Paolo, den jüngeren Bruder ihres Angetrauten. Der Ehemann ertappte die beiden und ermordete sie in rasender Wut. Ein Stoff, wie geschaffen für Legenden. Dante ließ sich von dem Beziehungsdrama inspirieren und überhöhte es literarisch in seiner »Göttlichen Komödie«, Lord Byron und Gabriele D'Annunzio taten es ihm gleich.

Aufstieg der Malatesta

Der blutige Doppelmord ereignete sich 1286, zu einer Zeit, als der politische Aufstieg der Familie Malatesta begann. **Malatesta da Verucchio** war oberster Ratsherr von Rimini geworden und hatte 1295 die Stadtherrschaft ganz an sich gebracht. Zahlreiche von Adelsgeschlechtern ge-

führte Signorien Italiens machten sich zu dieser Zeit die Schwäche von Kaiser und Papst zu Nutze und richteten sich ihre kleinen Reiche ein. Von ihrem Stammsitz Verucchio bei San Marino dehnten die Malatesta gegen den Widerstand der kaiserlichen Ghibellinen – sie selbst stritten auf Seiten der päpstlichen Guelfen – ihre Besitzungen bis weit ins Landesinnere und nach Süden aus und befestigten ihre Eroberungen mit Burgen. Außerdem betrieben sie eine geschickte Heiratspolitik, durch die sie Verbindungen mit den wichtigsten Dynastien Italiens knüpften.

Sigismondo, der Ungeliebte

Sigismondo Pandolfo (1417 – 1468), der bekannteste und mächtigste Malatesta, hatte allerdings kein Glück mit den Frauen, oder besser: sie hatten keines mit ihm. Seine erste Gemahlin, Ginevra d'Este, verstieß er, die zweite,

eine Tochter von Mailands Herzog Francesco Sforza, vergiftete er und die dritte erwürgte er, um anschließend seine langjährige Geliebte Isotta zu heiraten. Auch jenseits der häuslichen Sphären agierte Sigismondo mit kalter Skrupellosigkeit, die ihm den Beinamen »der Wolf« einbrachte. Der ungeliebte Renaissancefürst war allerdings auch ein Förderer der Künste. Die Kirche San Francesco in Rimini – bekannt als **Tempio Malatestiano** –, die er sich von Leon Battista Alberti in ein privates Prunkgrab umwandeln ließ, belegt dies eindrücklich. Als Sigismondo starb, war der Zenit der Malatesta überschritten. Anfang des 16. Jh.s verlor sein Neffe Pandolfo Malatesta die Herrschaft über Rimini an den Papstsohn Cesare Borgia – der Anfang vom Ende.

»Das Licht Italiens«

Glaubt man den Worten seiner Zeitgenossen, dann war Sigismondos Erzrivale, **Federico da Montefeltro** (1422 – 1482), von gänzlich anderer Natur. Von seinesgleichen wurde er wegen seiner außergewöhnlichen Fähigkeiten als Condottiere und Poten-tat hoch geachtet, während das Volk ihn wegen seiner menschenfreundlichen Herrschaft verehrte. Als unehelicher Sohn des Guidantonio Montefeltro geboren – doch vom Papst als Erbfolger des Halbbruders eingesetzt – schlug Federico früh die militärische Laufbahn ein. Der Stammsitz seines Geschlechtes lag in **San Leo**, wo sein Vorfahr Graf Antonio di Carpegna 1160 eine Burg errichtet hatte. Antonios Nachfahren zogen für König Friedrich II. in den Krieg und erhielten dafür **Urbino** als Lehen, das Federico zu einer gewaltigen Festung ausbauen ließ.

Und nicht nur das: Als Freund der Künste und Wissenschaften machte er Urbino zu einem Zentrum des Humanismus in Italien. An seinem Hof wirkten so namhafte Künstler wie Paolo Uccello, Piero della Francesca und Giovanni Santi, der Vater von Raffael. Der Schriftsteller Baldesar Castiglione verfasste hier das berühmte **Libro del Cortegiano**, das ein ideales Bild vom spätmittelalterlichen Hofmann zeichnete. Es wird vermutet, dass Federico selbst ihm dafür das Vorbild lieferte.

Der Kirchenstaat etabliert sich als Territorialmacht.

Nach dem Zusammenbruch der byzantinischen Macht in Italien und der langen Abwesenheit der kaiserlichen Ordnungsmacht stiegen nicht nur die Signorien, sondern auch die Päpste zu Territorialfürsten auf, indem sie ihren Grundbesitz in Mittelitalien konsequent vergrößerten. Unter Papst Innozenz III. (1198–1216) wurde er beträchtlich um die Güter der Markgräfin Mathilde von Tuszien erweitert. Kaiser Friedrich II. erkannte in der Goldenen Bulle von Eger den Kirchenstaat offiziell an, zu dem sechs Provinzen, darunter auch die Küstenregion vom Po-Delta bis Ancona, damals auch als **Mark Ancona und Romagna** bezeichnet, gehörten. Die Wiederherstellung der päpstlichen Autorität nach dem Großen Abendländischen Schisma von 1378 durch das Konstanzer Konzil seit 1417 führte schließlich zu einer zentralistischen Staatsorganisation. Cesare Borgia, der Sohn Papst Alexanders VI., konnte 1499 sogar mit List und Gewalt ein eigenes **Herzogtum Romagna** schaffen. Unter dem kriegslüsternen Papst Julius II. (1503–1513) scheiterte allerdings die weitere territoriale Expansion an den europäischen Großmächten.

Noch im 18. Jh. war die Adriaküste vom Po-Delta über Ravenna, Rimini, Pesaro, Senigallia bis Ancona sowie das Hinterland von Macerata über Urbino bis Bologna und Ferrara Teil des Kirchenstaates, der 1797 von Napoleon I. aufgelöst wurde.

Venedigs Sonderweg

9. Jh.	Venedig wird unabhängige Republik.
ab 1381	Vormachtstellung Venedigs im östlichen Mittelmeer
16. Jh.	Rückgang des Mittelmeerhandels, Machtverlust
1797	Der letzte Doge legt sein Amt nieder.

Flucht auf die Laguneninseln

Die Geschichte Venedigs als Lagunenstadt beginnt mit einer **Flucht**. Im 5. und 6. Jh. bedrohten Westgoten, Hunnen und Ostgoten die auf dem Festland lebenden Venezianer. Als 568 auch die Langobarden in ihr Gebiet einfielen, flüchteten die Venezianer auf die Laguneninseln Malamocco, Grado, Torcello und Rivus Altus (Rialto).

Republik von San Marco

Nach der Gründung des Bistums Venedig 774 wurde die Residenz des Dogen 811 von Malamocco auf die Rialto-Inseln verlegt. Diese **Civitas Rivoalti** sicherte sich vertraglich mit dem Kaiser die Freiheit des Handels über den Po. Nach der Überführung der aus Alexandria geraubten Markusreliquie im Jahr 828 nannte sich die Stadt »Republik von San Marco«. In der Folgezeit entwickelte sie sich zur mächtigen Seehandelsmetropole und erlangte schließlich eine wirtschaftliche Monopolstellung im Byzantinischen Reich. Im Wettstreit mit der Seemacht Genua ging Venedig 1380 aus der Schlacht bei Chioggia

Venedig spielte immer eine Sonderrolle in der Geschichte des Adria-Raumes.

siegreich hervor und erreichte im Frieden von Turin 1381 die **Vorherrschaft im östlichen Mittelmeer**.

Innenpolitisch wurde die oligarchische Verfassung gefestigt: Dem auf Lebenszeit gewählten Dogen wurde der Große und der Kleine Rat zur Seite gestellt und die Zugangsmöglichkeit zu hohen Staatsämtern auf bestimmte Familien beschränkt. Im 15. Jh. dehnte Venedig seine Herrschaft auf das Hinterland aus: Treviso unterstellte sich freiwillig, 1405 wurde Padua mit seiner bedeutenden, 1222 gegründeten Universität einverleibt, und 1420 wurde das Friaul, das seit 1077 unter der Herrschaft des Patriarchen von Aquileja gestanden hatte, erobert.

Nach der Eroberung Konstantinopels durch die Türken 1453, der Entdeckung Amerikas 1492 und des Seewegs nach Indien 1508 verlagerte sich der internationale Handel auf **andere Seerouten**. Für Venedig hatte dies weitreichende Folgen. Die »Serenissima«, einst Herrin über das östliche Mittelmeer, verlor ihre einzigartige Stellung als wichtigster Warenumschlagplatz für den Orienthandel. In den Kriegen um die Vormacht über die italienischen Staaten zwischen Frankreich und dem Haus Habsburg im 16. Jh. konnte sich Venedig allerdings als unabhängige Macht behaupten und wahrte anschließend bei europäischen Konflikten strikte Neutralität. **[Allmählicher Niedergang]**

Im 17. und 18. Jh. kompensierte die Markusrepublik ihren allmählichen Niedergang durch die **Herstellung von Luxuswaren** wie Glas, Email, Filigranschmuck, gold- und silberdurchwirkte Seidenstoffe und durch eine einzigartige Kulturblüte auf den Gebieten Theater, Malerei und Musik.

Trotz ihrer Neutralität besetzte Napoleon I. im Mai 1797 die Republik von San Marco, und der **letzte Doge** Ludovico Manin legte sein Amt nieder. Im Frieden von Campoformio ging Venedig an Österreich und 1805–1815 an das napoleonische Königreich Italien. **[Das Ende der Selbstständigkeit]**

Die Adria wird Ferienregion

1843	Erstes Strandbad in Rimini
19. Jh.	Industrialisierung in den großen Küstenstädten
1870	Gründung des italienischen Nationalstaates
1946	Italien wird Republik.

Italien wird Nationalstaat.

Nach dem Sturz Napoleons I. musste auch Italien politisch neu geordnet werden. Der Kirchenstaat mit seiner Ausdehnung bis in die Marken und die Emilia-Romagna wurde wieder hergestellt und das alte Venedig mit der Lombardei zum Lombardo-venezianischen Königreich vereinigt, an Österreich abgetreten und von Wien aus regiert. Im europäischen Revolutionsjahr 1848 wurde auch in den italienischen Küstenstädten der **Ruf nach einer Einigung Italiens** laut. Il Risorgimento, so der Name der Befreiungsbewegung, die zur Vereinigung Italiens führen sollte, erhielt unter Giuseppe Mazzini und Giuseppe Garibaldi immer mehr Zulauf. Nachdem die Österreicher aus Oberitalien vertrieben waren, wählte man das erste gesamtitalienische Parlament, das 1861 **Vittorio Emanuele II.** den Titel eines Königs von Italien verlieh. Erst 1866 kam auf Druck der Franzosen auch Venetien – mit Ausnahme von Triest und dem Küstenstreifen bis Grado – dazu. Im Jahr 1870 gaben sich schließlich die Truppen des Kirchenstaats geschlagen, und Rom wurde Hauptstadt des neuen Nationalstaats. Papst Pius IX. akzeptierte die politische Neuordnung nicht und zog sich schmollend in den Vatikan zurück.

Die Industrialisierung setzt ein, ...

Im 19. Jh. hielt die Industrialisierung allmählich Einzug in Italien, an der Adriaküste allerdings nur in größeren Hafenstädten wie Triest, Ancona und Pescara. Die **Eisenbahnlinie Ancona-Rom** war zumindest ein Gewinn für die Region, die vor allem in den sozial benachteiligten Marken unter extremer Abwanderung litt. Triest profitierte zwischen 1719 und 1891 zum Nachteil Venedigs als Freihafen vom Handel mit dem Nahen Osten, während die Serenissima im 19. Jh. nur noch als viel besuchte Museumsstadt Bedeutung hatte.

... und der Bädertourismus beginnt.

Überhaupt wurde der Tourismus im Lauf des 19. Jh.s zu einem Wirtschaftsfaktor an der Adria. 1843 öffnete in Rimini das erste Strandbad, 1857 folgte der Lido di Venezia, 1878 Cesenatico. Der Erste Weltkrieg unterbrach diese Entwicklung für einige Jahre. Der Friedensschluss von Saint Germain (1919) zwang Österreich zur Abtretung der Hafenstadt Triest und der Grafschaft Görz an Italien.

Faschismus und Zweiter Weltkrieg

Vor dem Hintergrund sozialer und wirtschaftlicher Not errang **Benito Mussolini** 1922 die Macht in Italien, höhlte in kurzer Zeit den Rechtsstaat aus und regierte diktatorisch. Durch Arbeitsbeschaf-

Zum Gelato am Strand gehörte ein kleiner Flirt – so wollte es zumindest die Werbung in den 1950er-Jahren.

fungsprogramme und den staatlich geförderten Tourismus verbesserte sich auch der Fremdenverkehr im Adriaraum. Mussolini gelang es 1929 durch die Lateranverträge, seinen Frieden mit dem Vatikan zu machen. Den Päpsten wurde der winzige Vatikanstaat als souveränes Hoheitsgebiet zugesprochen – gegen eine lächerliche Entschädigung von knapp zwei Milliarden Lire. Im September 1940 trat Italien auf der Seite Deutschlands in den Zweiten Weltkrieg ein. Nach dem Sturz Mussolinis im Juli 1943 schloss es mit den Alliierten einen Waffenstillstand. Mussolini wurde im April 1945 von Widerstandskämpfern erschossen.

Tito-Partisanen besetzten Triest, das anschließend britisch-amerikanische Besatzungszone wurde, von 1947 bis 1954 als Freistaat existierte und dann mit Italien vereinigt wurde. **Triest**

Im Juni 1946 entschied sich die Mehrheit der Italiener für eine Republik als künftige Staatsform. Waren die nationalen Regierungen zunächst sehr christdemokratisch geprägt, so gab es ab 1960 eine Öffnung nach links, die **»Apertura a sinistra«**. Zuvor hatten bereits in der Emilia-Romagna, in den Marken und in Venetien linksliberale Kräfte die Rathäuser erobert. Zudem fiel in diese Zeit auch die Verwaltungsreform mit der Schaffung der Autonomen Region Friuli-Venezia Giulia aus Friaul, Görz und der Stadt Triest. Auch die anderen Regionen Venetien, Emilia-Romagna und Marken erhielten mehr Eigenständigkeit. **Republik Italien**

Kunst und Kultur

Warum leuchten die Mosaiken in den Kirchen von Ravenna, wer war Carlo Crivelli, woran erkennt man die venezianische Gotik, wie sah die Renaissance an der Adria aus?

Kunstgeschichte

Als früheste fassbare Kultur im italienischen Adriaraum gilt die **Villanovakultur**, die sich um 1000 v. Chr. herausbildete und bis in die Küstenregion ausstrahlte. Sie wurde benannt nach dem archäologischen Brandgräberfeld von Villanova bei Bologna. Typisch für diese Kultur sind die Urnen aus Keramik mit Buckelverzierung. Die Este- oder atestinische Kultur berührte ebenfalls von der Po-Ebene her anschließend den Küstensaum und brachte Bronzearbeiten wie Fibeln, getriebene Situla, ziselierte Bleche und gegossene Statuetten hervor. Die Picenter, die ab dem 9. Jh. im Gebiet von Ascoli Piceno siedelten, stellten im 7. Jh. **Grabstelen mit eingeritzten Jagd- und Kampfszenen** her und gegen Ende des 6. Jh.s auch monumentale Skulpturen von Kriegern, Bronzefibeln mit Gehängen und Brustpanzer.

Italische Kunst

Die Römer: Theater, Tempel und Thermen

Der Beitrag der Römer zur europäischen Architekturgeschichte bestand vor allem in diversen bautechnischen Neuerungen. Den Naturstein ersetzten sie nach und nach durch Ziegel und Gussmauerwerk, mit denen man u. a. **große Gewölbe** – wie sie z. B. bei Thermen nötig waren – konstruieren konnte. Das mehrgeschossige Wohnhaus, das um einen Innenhof angelegte Atriumhaus und das vornehme Peristylhaus waren ebenso Bauschöpfungen der Römer wie das Amphitheater, der Triumphbogen, Wasserleitungen und Straßenanlagen. Bei den heiligen Stätten konnten sie sich an griechische Vorbilder anlehnen. Für den Tempelbau bevorzugten sie den seitlich geschlossenen, längsrechteckigen Podiumstempel, zu dem eine Freitreppe hochführt. Auch für die Bildhauer lieferte Griechenland zahlreiche Vorbilder, die zunächst ohne einen künstlerischen Eigenanteil kopiert wurden.
Auf zwei Gebieten brachten es die römischen Künstler allerdings zu selbstständigen künstlerischen Leistungen und großer Meisterschaft: bei den **Porträtplastiken** und den **Reliefs an Sarkophagen**.

Ingenieure

In einigen Städten an der italienischen Adria haben die Römer Bauten hinterlassen. Einblicke in die römische Kunst und Zivilisation vermitteln das Museo Archeologico in Aquileia, das Museo Nazionale in Ravenna sowie das Museo Archeologico Nazionale delle Marche in Ancona. Die meisten römischen Bauwerke blieben in **Aquileja** erhalten, wo Teile des Forums und einzelne Grabmäler wieder erstanden, römische Straßen und der Flusshafen noch zu erkennen sind. Reste des Forums und eines Theaters wurden auch in Triest ausgegraben. In Chieti sind die Ruinen eines Theaters und einer Thermenanlage zu sehen, Fano ist stolz auf sein Stadttor, Rimini auf den 27

Römische Kunst

← *»Triumph der Venezia«, ein Fresko im Dogenpalast von Venedig*

v. Chr. erbauten Ehrenbogen Arco d' Augusto, beide Kaiser Augustus gewidmet, und in Ancona wurde Kaiser Trajan 115 n. Chr. mit einem eintorigen Ehrenmal gewürdigt.

Byzantinisches Erbe

Die Basilika als Prototyp

Die Basilika, von den Römern als Markt- oder Gerichtshalle genutzt, emanzipierte sich zum wichtigsten Typus christlicher Kirchenbaukunst. Als das Christentum im frühen 4. Jh. zur Staatsreligion aufstieg und man **große Versammlungsräume** benötigte, wurden nach dem profanen antiken Vorbild lang gestreckte, meist nach Osten ausgerichtete Hallen mit erhöhtem Mittelschiff errichtet. Der Grundriss der Kirchen veränderte sich im Lauf der Zeit von der ursprünglichen T-Form zu einer Kreuzform. Die flache Holzdecke wurde später durch eine Steinwölbung ersetzt.

Ravenna

Besonders reich an Bauten aus frühchristlicher Zeit ist Ravenna. Nicht nur politisch, auch künstlerisch war die einstige Hafenstadt zwei Jahrhunderte lang Vorposten von Byzanz. Theoderich der Große ließ hier zu Beginn des 6. Jh.s die dreischiffige **Basilika Sant' Apollinare Nuovo** als querschifflosen Langrichtungsbau errichten. Der reiche Mosaikschmuck ist dem byzantinischen Einfluss zu verdanken. Außerhalb von Ravenna entstand 549 die dreischiffige **Basilika Sant' Apollinare in Classe**, die erstmals im Apsismosaik anstelle Christi den überlebensgroßen Titelheiligen der Kirche zeigt.

Grado, Aquileja

In Grado bieten die beiden dreischiffigen Säulenbasiliken aus dem 6. Jh., Sant' Eufemia mit schönen Rundbögen und Santa Maria delle Grazie mit Mosaikbodenresten, einen hervorragenden Eindruck vom Raumbild frühchristlicher Kirchenbauten. Ein wunderbarer Mosaikboden aus dem 4. Jh. mit ornamentalen Motiven und allegorischen Darstellungen schmückt den dreischiffigen Dom von Aquileja.

Grabmale und Baptisterien: Zentralbauten

Auch der Zentralbau, der sowohl im Rundtempel des Pantheon wie in den überkuppelten Badehallen der Thermen seine Wurzeln hatte, fand Eingang in die Baukunst entlang der Adriaküste, vor allem als Bestattungs- und Taufgebäude. Im zweiten Viertel des 5. Jh.s entstand das **Mausoleum der Galla Placidia in Ravenna** als kleiner schlichter Backsteinbau über griechischem Kreuz, im Innern mit farbig leuchtenden Mosaiken ausgestattet. Theoderich ließ ab 520 sein zweigeschossiges Grabmal in Anlehnung an die Grabbauten der römischen Kaiser als Rundbau errichten, mit einer tonnenschweren monolithischen Deckplatte.

Ende des 5. Jh.s wurden die überkuppelten mosaikverzierten Zentralräume, das Baptisterium der Orthodoxen und der Arianer, in **Ravenna** gebaut, und in **Grado** entstand ein achteckiges Baptisterium. Als komplizierter Zentralbau mit doppelgeschossigem Umgang errichtete man die 547 geweihte Kirche S. Vitale in Ravenna.

Sant'Apollinare in Classe vor den Toren Ravennas: Das Apsismosaik mit Apollinaris als gutem Hirten beherrscht den Kirchenraum.

Romanik

Die stets gegenwärtige antike Tradition führte im Frühmittelalter zur Weiterverwendung von **Säule, Rundbogen und Steinwölbung** im Sakralbau. Während für die Baptisterien weiterhin der Zentralbau bevorzugt wurde, hielt man im Kirchenbau am frühchristlichen Basilikatypus fest, eindrucksvoll dokumentiert im 1008 begonnenen Dom von Torcello, der dem ravennatischen Typus der querschifflosen Säulenbasilika mit offenem Dachstuhl folgte.

Die lang gestreckte Verteilung der Baumassen ohne plastische Wandgliederung, allenfalls durch den hoch aufragenden Glockenturm gegengewichtet, veranschaulicht auch die **Abbazia S. Maria di Pomposa** (7. – 11. Jh.), deren teppichartiger Mosaikfußboden aus dem 11. Jh. auf einen erhöhten Chorraum mit darunter liegender Krypta zuführt. Die Basilica Santa Maria in **Aquileja** erhielt über Vorgängerbauten, darunter eine karolingische Krypta aus dem 9. Jh., ihr romanisches Aussehen im 11. Jh. mit qualitätsvollen Fresken. Eindrucksvoll sind auch die im 9. Jh. entstandene Pieve und der im 12. Jh. errichtete Duomo in **San Leo**, bei denen römische Spolien, byzantinische Kapitelle und romanischer Lisenenschmuck miteinander verbunden wurden.

Blüte des Kirchenbaus

◀ weiter auf S. 40

DIE KUNST DER STEINE

Der Ruhm des Römischen Reiches war bereits am Verblassen, als Ravenna, Reichshauptstadt und Vorposten von Byzanz, zu leuchten begann. Und das sowohl im übertragenen als auch im wörtlichen Sinn: Besuchen Sie eine der frühchristlichen Kirchen in der Stadt und sehen Sie selbst!

Das Leuchten hat einen Grund und der heißt Mosaikkunst. Ihren Farbreichtum und ihre Leuchtkraft verdanken die Mosaiken zu allererst dem Material: **Glas**. Im geschmolzenen Zustand werden ihm Metalloxyde beigegeben, die für eine breite Farbskala sorgen. Die Farbsättigung reichte von beinahe glasklar bis zu einem undurchsichtigen Dunkel. Mit einem Hammer wurde der scheibenförmige »Glaskuchen«; in kleine Würfel (Tesserae) geschlagen. Für Gold- und Silbertesserae wurden **Metallfolien** auf eine Glasscheibe aufgetragen und mit Glas überfangen. Aber auch

Antiker Naturalismus trifft auf byzantinische Formelhaftigkeit.

andere Materialien kamen zum Einsatz: So wurden z. B. Schleier und Kopfputz der Jungfrauen in Sant' Apollinare Nuovo durch große, raue Marmortesserae erzielt, und die Wirkung von Perlen erhielt man, indem man große **Perlmuttstücke** verwendete - zu sehen beim Schmcuk und an

den Gewändern der Justinian- und Theodoramosaiken in San Vitale. Möglicherweise sind ursprünglich auch Halbedelsteine verwendet worden, die man jedoch später durch Glassteine ersetzte. Wollte man die Leuchtkraft noch steigern, wurden die Tesserae schräg versetzt, so dass sie das Licht besser reflektieren.

Kunst im Tagwerk

Vor Beginn der Arbeiten musste die Wand gründlich vorbereitet werden. Zuerst wurde die Mauer mit einer Teer- oder Harzmischung gegen Feuchtigkeit isoliert. Auf diese Schicht warf man erst eine grobe, dann feinere **Mörtelschicht**. Das Mörtelbett konnte nur als Tagwerk aufgetragen werden, denn der Kalk sollte noch weich und feucht sein, damit sich die Tesserae tief in den Mörtel drücken ließen. Die Steinsetzer arbeiten nach **Vorzeichnungen** auf der Mörtelschicht, wichen allerdings auch oft von diesen ab. Der Grund dieser Programmänderung ist jedoch nicht mehr genau auszumachen.

*Tauben beim Trinken:
~~ail~~ aus den Mosaiken
im Mausoleum der
Gallia Placidia*

Nachhilfe aus Rom

Woher hatten die ravennatischen Handwerker das Knowhow für diese neue Kunst? Stilistische Vergleiche mit römischen Mosaiken legen zwei Möglichkeiten nahe. Entweder es waren **Handwerker aus Rom**, die in Ravenna die Mosaikkunst einführten oder die einheimischen Meister gingen bei ihren römischen Kollegen eine Zeit lang in die Schule.

Mit den **Mosaikkünstlern aus Byzanz** konnten sie sich allerdings noch lange nicht messen. Der technische Vorsprung der Byzantiner beruhte nicht nur auf einer größeren Materialkenntnis und ausgereifteren handwerklichen Techniken, die sich durch langjährige Erfahrung mit dem Verlegen von Mosaiken herausgebildet hatten, sondern auch auf einer anderen, arbeitsteiligen Werkstattorganisation. In jeder Arbeitsgruppe gab es **Spezialisten**, die für bestimmte Details zuständig waren, so zum Beispiel für die feineren Partien wie Köpfe und Gesichter, die mit besonders kleinen Tesserae ausgeführt wurden.

Byzantinischer Stil

Die Handwerker in Ravenna brachten es bald auch zu großer Meisterschaft. Heute vermitteln ihre Werke einen hervorragenden Überblick über die Mosaikkunst des 6. Jh.s, die sowohl von spätantik-frühchristlichen wie auch byzantinischen Einflüssen geprägt ist. So folgen die Mosaiken im Mausoleum der Galla Placidia und im Baptisterium der Orthodoxen noch einer lebendigeren, von der **Antike** durchdrungenen Formauffassung. Die Figuren sind plastisch durchgestaltet und bewegt, die Landschaften erhalten durch die Andeutung von Perspektive räumliche Tiefe.

Eine erste Hinwendung zum Stil von Byzanz kann man in den frühen Szenen in Sant'Apollinare Nuovo erkennen. Der gesamte Grund ist goldunterlegt, auf eine dreidimensionale

*Eine uralte Technik, von hoch
spezialisierten Handwerkern über
Jahrhunderte weiterentwickelt*

Darstellung wird konsequent verzichtet. Die Figuren wirken ernst und würdevoll, ihre Gesichter sind ohne Individualität, ihre Gebärden kontrolliert und formelhaft.

Seine klarste Ausprägung erhält dieser Stil dann in den Kirchen San Vitale und Sant'Apollinare in Classe: Hier hat die byzantinische Transzendenz über den Naturalismus der Antike gesiegt.

Zu den markantesten romanischen Kirchenbauten gehört der **Duomo San Ciriaco in Ancona** (11.–13. Jh.), ein byzantinisch beeinflusster Kuppelbau. Seine große Portalvorhalle schmücken Säulen und ein Löwenpaar.

Sonderfall: Romanik in Venedig

Die Romanik Venedigs erstrahlte völlig im byzantinischen Gewand, wie die Goldmosaikausstattung einschließlich der sphärisch anmutenden Heiligengestalten in San Marco bezeugt. Die unter dem Dogen Domenico Contarini (1042–1072) begonnene **Markuskirche** ist als Fünfkuppelkirche über griechischem Kreuz eine direkte Ableitung der 1453 zerstörten Apostelkirche in Konstantinopel.

Gotik

Die Bettelorden bringen die Gotik an die Adria.

Von Frankreich her hielt dieser neue Baustil im Verlauf des 13. Jh.s Einzug in das Adria-Gebiet, hauptsächlich getragen und umgesetzt durch die so genannten Bettelorden, die Dominikaner und Franziskaner, die in den Städten bzw. an den Stadtmauern geräumige Predigtkirchen errichten ließen. Sie bevorzugten weniger den steilaufstrebenden Gliederbau nach französischem Vorbild, sondern vielmehr **Kirchenräume von hallenartiger Weite** mit Wandflächen für Fresken und Wandgräber.

Am Canal Grande in Venedig

Großartig ist die **Bettelordensarchitektur Venedigs** der Frari-Kirche und in Santi Giovanni e Paolo, die mit aufwändigen Grabmälern von Dogen ausgestattet sind. Eine merkwürdige Mischung bildet die 1232 begonnene Antonius-Basilika in **Padua**, die eine spätromanisch-lombardische Fassade, einen gotischem Chor und byzantinisch anmutenden Kuppeln besitzt. S. Francesco delle Scale in Ancona, Sant' Agostino und San Francesco in **Pesaro** weisen ebenfalls typische Merkmale der Gotik auf wie die Durchbrechung der Außenwände mit spitzbogigen Fenstern, die Gliederung des Hochschiffs durch Arkaden, Bündelpfeiler, Triforien und Kreuzrippenwölbung als Raumabschluss.

Die Patrizier und der stadtansässige Adel lebten lange Zeit in burgähnlichen, mit Zinnen und Turm bewehrten Wohnpalästen. Erst nach der Befriedung der Städte konnten stattliche

Kommunalpaläste errichtet werden, die sich ebenfalls immer noch wehrhaft gebärdeten wie zum Beispiel in Rimini der Palazzo dell' Arengo aus dem 13. Jh. und in Caorle der Palazzo Comunale, dessen Fassade mit einem Zinnenkranz abschließt. Trutzig erscheint ebenfalls der zinnenbekrönte Palazzo dei Trecento (um 1210) in Treviso. Arkadenzonen im Erdgeschoss verleihen dem Palazzo dei Capitani in Ascoli Piceno ein weniger strenges Aussehen.

Ohne Rücksicht auf Wehrhaftigkeit konnte dank der besonderen Lagunenlage in **Venedig** gebaut werden, wo der Stadtadel prächtige Paläste entlang des Canal Grande errichten ließ, darunter die Ca d' Oro (1420 bis 1440) mit herrlichen spätgotischen Maßwerkformen an den Spitzbogenfenstern. Nicht minder eindrucksvoll ist der Dogenpalast, dessen Schauseite aus dem 15. Jh. mit einer spitzbogigen

Verfeinerte Spätgotik: Madonna mit Kind von Carlo Crivelli

Arkadenzone, reicher Maßwerkgalerie, festlicher Mittelloge und rautenförmigem Marmormuster verziert ist.

Der berühmte Giotto überwand als Erster in Italien die Starrheit der byzantinischen Malkunst bei der Ausmalung der **Scrovegni-Kapelle in Padua** um 1305. Seine Figuren waren physiognomisch unterscheidbar, ordneten sich zu größeren Handlungszusammenhängen und ließen ein perspektivisches Raumverständnis ahnen. In Treviso gab Tommaso da Modena um 1350 mit dem Freskenzyklus in Santa Caterina eine Kostprobe seines Könnens — **Malerei**

Die venezianische Malschule mit Paolo Veneziano, Jacobello del Fiore und dem Wanderkünstler Gentile da Fabriano setzte zwar durch Farbkultur und schimmerndes Licht neue Akzente, blieb aber in der kaum umgesetzten plastischen Formgebung der byzantinischen Tradition verpflichtet. — **Venezianische Malschule**

Renaissance: Aufbruch der Kunst

Von Florenz ging zu Beginn des 15. Jh.s eine neue Kunstströmung aus, die die Gotik ablöste. Sie zielte weniger auf eine Nachahmung antiker Kunstformen als vielmehr auf eine Durchdringung griechisch-römischer Kulturinhalte mit spätmittelalterlichen christlichen Wertvorstellungen. — **Wiedergeburt der Antike**

In der Plastik trat das neue Menschenbild zuerst in Erscheinung, basierend auf **antik-klassischen Proportionen** und Standmotiven (Kontrapost) bis hin zur frei stehenden Aktfigur. Der Florentiner **Donatello** schuf mit dem Grabmal für den Söldnerführer Gattamelata auf dem Vorplatz der Antoniusbasilika in Padua das erste frei stehende Reiterstandbild der Neuzeit um 1450. Antonio **Rizzo** gestaltete um 1470 Adam und Eva als lebensechte Aktfiguren für den Arco Foscari im Dogenpalast von Venedig.

Plastik

Die Baukunst orientierte sich an griechisch-römischen Tempeln und kombinierte Säulen, Rundbögen, Gebälk und Dreiecksgiebel zu neuen Schöpfungen. Neben Fassadengestaltungen mit klassischen Säulenordnungen waren die Hängekuppeln und doppelschaligen **Kuppelkonstruktionen** epochemachende Leistungen. Urbino wurde im 15. Jh. zu einer Residenzstadt der Renaissance umgestaltet.

Neuschöpfungen der Architektur

> **? WUSSTEN SIE SCHON …?**
>
> ■ Padua besitzt neben vielen anderen Renaissancebauten mit Santa Giustina (1521 begonnen) die größte Kirche dieses Stils in Venetien.

Unter Leitung von Luciano Laurana gewann der Palazzo Ducale an Profil, dessen Innenräume ab 1472 von Melozzo da Forli und Francesco di Giorgio Martini dekoriert wurden. Rimini war dank des Hofes der Malatesta (►Baedeker Special S. 28 / 29) das **Zentrum der Frührenaissance an der Adria**, wo der unvollendete Tempio Malatestiano (1450 – 1460) steht, ein epochaler Kirchenbau von Leon Battista Alberti mit der Innenausstattung von Matteo dei Pasti und dem Bildhauer Agostino di Duccio. In Cesena ließ das Herrscherhaus von Matteo Nuti aus Fano 1447 – 1452 die Biblioteca Malatestiana mit einem säulengegliederten Lesesaal errichten.

Mit dem seit 1468 errichteten Neubau der **Wallfahrtskirche von Loreto** war eine ganze Reihe von Renaissancekünstlern beschäftigt, darunter als Baumeister Bramante, Andrea Sansovino und Giuliano da Sangallo als Architekt der Kuppel sowie Melozzo da Forli, der nach 1477 die Kuppel der Markussakristei ausmalte.

In Venedig setzte die Renaissance mit Pietro Lombardos Kirche Santa Maria dei Miracoli (1481 – 1489) ein, gefolgt von **Andrea Palladios Sakralbauten** San Francesco della Vigna (Fassade), San Giorgio Maggiore und Il Redentore. Typbildend waren seine Kolossalordnungen mit Säulen und Pilastern in Verbindung mit antiken Tempelzitaten wie Gebälk und Dreiecksgiebel.

Venedig

Nicht weniger als fünfzehn Kirchen und öffentliche Gebäude, darunter die Markusbibliothek, das Münzgebäude (Zecca), die Loggetta am Campanile und der Palazzo Corner, schuf der Florentiner **Sansovino** (1486 – 1570) in Venedig, von dem auch als Bildhauer die

← Richtungsweisend für die Renaissancemalerei:
die Ausschmückung der Scrovegni-Kapelle in Padua durch Giotto

Die Vision einer idealen Stadt: Gemälde in der Nationalgalerie in Urbino

Standbilder des Mars und des Neptun im Hof des Dogenpalastes, die Sakristeitür von San Marco und das Grabmal des Dogen Venier in San Salvatore stammen.

Die Malerei entdeckt die Zentralperspektive. In der Malerei ermöglichte erst die Wiederentdeckung der Zentralperspektive die illusionsräumliche Darstellung. Andrea Mantegna, der in Padua eine Kapelle mit dem Christophorusthema in der Chiesa degli Erimitani ausmalte, übermittelte die neuen Ideen aus Florenz an seinen Schwager **Bellini** in Venedig, so dass im 16. Jh. die Serenissima zu einer Kunststadt aufblühte. Giovanni Bellinis lyrisch gestimmte Bilder, von halbfigürlichen Madonnendarstellungen bis hin zu geheimnisvollen Allegorien, zeigen Intimität des Gefühls und Bewunderung für die Natur zugleich. Bellinis Schüler, v. a. Tizian und Giorgione, führten seinen zeichnerisch-plastischen Stil und die transparente Farbgebung seiner Malerei fort.

Urbino Am Hof der Montefeltre in Urbino machte Raffael Furore mit ausgewogenen Kompositionen und empfindsam bewegten Figuren in subtilen Beziehungsgefügen. Regional von Bedeutung waren der aus Venedig zugewanderte Maler **Carlo Crivelli** (► Baedeker Special S. 133) und sein Bruder Vittore. Ihre Andachtsbilder und die oft prunkvoll überladenen, meist goldgrundigen Altarwerke kann man u. a. in S. Elpidio a Mare oder im Dom und in der Pinacoteca von Ascoli Piceno bewundern. Wichtige Impulse verdankt die Region auch **Melozzo da Forlí**. Die in der Pinacoteca Civica in Forlí ausgestellten Werke belegen seine glänzende Beherrschung der Perspektive und beeindrucken durch die realistisch erfassten Gestalten.

Übergangszeit: Manierismus Die Epoche zwischen 1520, dem Tod Raffaels, und 1590, der Fertigstellung der Petersdomkuppel, bezeichnet man als Manierismus. Vor dem Hintergrund tief greifender Erschütterungen des traditionellen Weltbildes durch Entdeckungsfahrten, Reformation und Türkengefahr verlor die antike Kunst ihre Vorbildfunktion und wurde durch einen manierierten, d. h. übertrieben künstlichen und unnatürlichen Formwillen verdrängt. Repräsentanten des Manierismus waren in Venedig Jacopo Rubusti il **Tintoretto** und Paolo Caliari il Veronese. Starke Helldunkelkontraste, gewagte Verkürzungen und ungewöhnliche Lichtwirkungen bestimmen Tintorettos Gemälde.

Veronese schuf großformatige, vielfigurige Kompositionen und allegorische Deckengemälde wie z. B. im Dogenpalast. Bekannt für seine Porträts wurde **Lorenzo Lotto**, dessen Gemälde an der Adriaküste in der Pinacoteca von Iesi und in Loreto zu sehen sind.

Barock: Es lebe die Illusion!

In der Epoche des Barock und des Rokoko neigten die Baumeister zu zentralisierenden Raumkonzeptionen. Kuppeln und gestufte Türme, vor- und zurückspringende Glieder verliehen den Baukörpern der Kirchen, Schlösser und Stadtpaläste eine bis dahin nicht gekannte Dynamik, so z. B. bei **Santa Maria della Salute in Venedig**. Die für die Erlösung von einer Pestepidemie (1631 – 1687) von Baldassare

Neues Raumgefühl

Ausschnitt aus Veroneses Fresko im Palazzo Ducale

Architektur und Gartenbaukunst als Einheit: Villa Pisani

Longhena errichtete Kirche zieht immer noch die Blicke am Beginn des Canal Grande auf sich. Eine Freitreppe führt vor die Fassade der Kirche, die vor allem durch ihre riesige Kuppel unübersehbar das Stadtbild beherrscht.

Villen und Paläste

Aufwändige Innenausstattungen wie in Venedigs Palästen Labia und Rezzonico in farbigem Stuckmarmor mit **verspieltem Dekor und großartiger Illusionsmalerei** steigerten das Raumerlebnis, bei dem die Grenzen zwischen Architektur, Malerei und Plastik verschmolzen. Ab 1736 entstand am Brentakanal für den Dogen Alvise Pisani die größte Villa des Veneto – 114 Räume und ein nicht weniger großzügiger Park.

Malerei in Venedig

Während in den meisten Adriastädten Bestehendes mehr oder weniger barockisiert wurde, meist unter römischem Einfluss, konnte Venedig im 18. Jh. mit einer Kunstakademie und eigener Malschule nochmals glanzvoll in Erscheinung treten. Detailgetreue Stadtansichten, waren das Markenzeichen von Antonio Canal. Giovanni Battista **Tiepolo** freskierte Decken und Wände mit sicherem Gespür für das Bewegungsspiel der Figuren in illusionistischen Räumen.

Ein unwiderstehlicher Zauber ging auch von den stimmungsvollen Ansichten Venedigs aus, die Francesco **Guardi** in einem fast impressionistisch anmutenden Malstil schuf, und kaum ein anderer Maler oder Grafiker hat sich als so scharfsichtiger Chronist des venezianischen Alltags hervorgetan wie Pietro **Longhi** mit seinen köstlichen Genreszenen.

Historismus und Moderne

Als Reaktion auf die spielerisch-dekorative Formensprache des Barock griff der Klassizismus im frühen 19. Jh. auf das strenge Formenvokabular der griechisch-römischen Antike zurück, das laut Johann Joachim Winkelmann durch **»edle Einfalt und stille Größe«** bestand. So entstand eine klar gegliederte Architektur vor allem in den größeren Städten im Wohnhaus- und Villenbau und bei öffentlichen Gebäuden wie Oper, Museum und Rathaus. In **Triest** sind die Borsa Vecchia (1805), die Einkaufsgalerie Tergesteo (1842) und die Kirche S. Antonio Thaumaturgo (1849) gute Beispiele des Klassizismus.

Einfachheit und Strenge: Klassizismus

In der zweiten Hälfte des 19. Jh.s trat der Historismus als Gegenbewegung zum Klassizismus auf. Er orientierte sich an den Vorstellungen großer Epochen der Vergangenheit. Von der Neugotik über die Neurenaissance bis zum Neubarock reichte die Formensprache. Vor allem an **Hotelneubauten und Privatvillen** an der Küste lässt sich die Lust an der Stilvielfalt beobachten. Im Zug romantischer Rückbesinnung auf das Mittelalter wird der Historismus aber auch für öffentliche oder besonders repräsentative Bauaufgaben bemüht, so am neugotischen Palazzo Pubblico (1894) in San Marino oder in Miramare am Schloss des österreichischen Erzherzogs Maximilian. In Triest, das im 18. Jh. zum wichtigsten Hafen an der Adria ausgebaut wurde, entstanden im 19. Jh. zahlreiche Repräsentationsgebäude. Hier kann man auch heute noch die ganze Vielfalt der historistischen Baukunst in Augenschein nehmen, ganz besonders an der Piazza dell' Unita d' Italia mit dem Palazzo del Municipio von dem Wiener Heinrich Ferstel.

Wiedergeburt der Stile: Historismus

Palazzo del Governo in Triest

Der Jugendstil mit seinen fließenden Formen setzte sich am Ende des 19. Jh.s gegen die historisierenden Formen zur Wehr. In Triest gibt es hierfür ein paar Beispiele, darunter den Palazzo del Governo, der mit Jugendstilmosaiken geschmückt ist. Auch die Casa Bartoli, die Banca d' America und die Molo Pescheria weisen Jugendstildekorationen auf. Nach dem Ersten Weltkrieg hielt auch an der italienischen Adria der **Funktionalismus** Einzug in die Architektur. Die Richtung der rationalen Architektur fand nach dem Zweiten Weltkrieg weiterhin Anhänger, so v. a. Giancarlo de Carlo, der 1966 ein Studentenwohnheim in Urbino baute, sowie Giorgio Grassi, der 1984 das Studentenwohnheim in Chieti errichtete.

20. Jahrhundert

Berühmte Persönlichkeiten

Was verband Federico Fellini mit Rimini, wieso saß Giacomo Casanova in den Kerkern von Venedig, warum hasste Giacomo Leopardi seine Heimatstadt Recanati? Kleine Denkmäler für die, die der Landschaft an der Adria ihren Stempel aufgedrückt haben.

Gabriele D' Annunzio (1863 – 1938)

Dichter

Dandy, Faschist, gefeierter Dichter des Fin de Siècle, Lebemann und Chauvinist – das alles sind Etiketten, die einem einzigen Mann anhaften: Gabriele D' Annunzio. Der später als Fürst von Nevoso Geadelte entstammte einer begüterten Bauernfamilie aus Pescara, wo man heute noch sein Elternhaus besichtigen kann. Obwohl seit 1883 mit der Herzogin Maria Hardouin von Gallese verheiratet, pflegte er zahlreiche Affären. Legendär wurde die Liaison mit der umjubelten Schauspielerin Eleonore Duse, durch die seine Theaterstücke große Popularität gewannen. Um 1910 hatte sein **ausschweifender Lebensstil** alle Ressourcen aufgezehrt. So musste er vor seinen Gläubigern nach Frankreich fliehen und kehrte erst im Kriegsjahr 1915 zurück, um im nationalistischen Überschwang für den Kriegseintritt Italiens zu plädieren.

Wie kaum einem anderen gelang es D' Annunzio, Dichtung und Leben in Einklang zu bringen. Er erlangte literarische Berühmtheit mit sprachgewaltigen Gedichten und lebte die in ihnen gefeierte Sinnlichkeit in zahlreichen Liebesaffären aus. Er verherrlichte den Krieg und flog selbst im Ersten Weltkrieg Einsätze über Feindesland. Er sympathisierte mit den Faschisten und eroberte mit einer Freischar 1919 das dalmatinische Fiume (Rijeka). Er wurde zum Nationalhelden und widmete seinem Vaterland sein letztes großes Projekt: Villa und Park »Il Vittoriale degli Italiani« am Gardasee.

Giacomo Casanova (1725 – 1798)

Sein Ruf als Meister der Liebeskunst und der frivol-kultivierten Lebensart hat den Venezianer Giacomo Casanova, Chevalier de Sein – wie er sich selbst adelte –, zu einer Legende werden lassen. Auf seinen Reisen in wechselnden Diensten durch ganz Europa traf er berühmte Zeitgenossen aus Politik und Literatur wie Friedrich den Großen oder den französischen Aufklärer Voltaire. Doch nicht nur seine illustren Gesprächspartner, auch seine zahllosen Liebesaffären wurden zum Gegenstand der Überlieferung. 1755 wurde Casanova in Venedig wegen Atheismus angeklagt und eingekerkert, doch bereits 1756 gelang ihm die abenteuerliche Flucht aus den Bleikammern. Nach einem unsteten Wanderleben fand er 1785 schließlich eine Stellung als Bibliothekar beim Grafen Waldstein in Dux (Böhmen), wo er u. a. seine berühmten Memoiren (**»Histoire de ma vie«**), aber auch einen utopischen Roman und andere Schriften verfasste.

Casanova: notorischer Verführer und begabter Literat

Bereits Mitte des 19. Jh.s wurde der 1798 verstorbene Abenteurer und Literat, der bis heute als **Personifikation des Verführers** gilt, selbst Gegenstand der Literatur.

←Rimini war seine heißgeliebte Heimatstadt: Italiens Meisterregisseur Federico Fellini im Jahr 1972.

Federico Fellini (1920 – 1993)

Italiens bekanntester Regisseur

Als 1959 »La dolce vita« in die Kinos kam und Federico Fellini ein unauslöschliches Bild in unser kulturelles Gedächtnis brannte – Anita Ekberg, wie sie in der Fontana di Trevi badet –, da erdachten die Filmkritiker ein Kunstwort: **»fellinesk«**. Nicht nur in der Filmsprache kennzeichnet dieses Adjektiv bis heute eine überbordende und bizarre Ästhetik. Zu solchen Ehren schaffte es bis heute kein anderer Regisseur. Angefangen hatte alles in Rimini, wo Fellini am 20. Januar 1920 auf die Welt kam und Zeit seines Lebens seine Wurzeln behielt. Mehrere Filme spielen in der Region, u. a. die Liebeserklärung an das Rimini der 1930er-Jahre, »Amarcord«.

Nach ersten Arbeiten als Cartoonist und Scriptwriter in Rom traf Fellini 1944 Roberto Rossellini, an dessen Film **»Roma, Città aperta«** er mitarbeitete. Fortan war das Filmstudio Cinecittà seine Welt. Zunächst verdiente er sich sein Geld als Drehbuchautor, bevor er 1951 mit »Lo sceicco bianco« seinen ersten eigenen Film drehte. Schnell entwickelte er einen unverwechselbaren Stil, und ohnegleichen bleibt wohl seine Fähigkeit, persönlichen Obsessionen im Film Ausdruck zu verleihen. Dafür wurde er auch von vielen Seiten angefeindet, insbesondere von der katholischen Kirche. Zu seinen bekanntesten Streifen gehören »Schiff der Träume«, »Stadt der Frauen« und »Ginger und Fred«. **Fünf Oscars** hat Fellini für seine Filme eingeheimst, den letzten 1993 für sein Lebenswerk.

Beniamino Gigli (1890 – 1957)

Startenor

Caruso befand sich auf dem Höhepunkt seiner Karriere, als die Jury eines Gesangswettbewerbs in Parma den Sohn eines Schuhmachers

Beniamino Gigli

aus dem Städtchen Recanati mit dem ersten Preis bedachte: Beniamino Gigli. Noch im selben Jahr, 1914, debütierte der junge Mann mit einer Rolle in »La Gioconda« in Rovigo – und war mit einem Schlag der begehrteste Opernsänger Italiens, dessen Stimme mit der »samtartigen Weichheit einer vollendet gespielten Geige« verglichen wurde. Auch Italiens Duce Benito Mussolini gehörte zu den Verehrern von Giglis Gesangskunst. Spätestens seit seinem Engagement an der New Yorker Metropolitan Opera (1920 – 1932) und seinen Schallplattenaufnahmen hatte Beniamino Gigli auch Carusos Nachfolge als **bekanntester italienischer Tenor** angetreten. Nach zwölf Jahren kehrte der gefeierte Opernstar Amerika und der Metropolitan Opera den Rücken und ging in seine Heimat zurück, wo er bis 1953 auf der Bühne zu hören war.

Peggy Guggenheim (1898 – 1979)

»Ich habe immer getan, was ich wollte und kümmerte mich nie da- **Kunstsammlerin**
rum, was jemand dachte. Women's lib? Ich war eine befreite Frau,
lange bevor es den Namen gab.« Peggy Guggenheim lebte genauso
stürmisch wie sie sammelte. Ob-
wohl mit dem Maler und Schriftsteller Laurence Vail verheiratet, un-
terhielt sie mit vielen Künstlern en-
gere Beziehungen, so mit Marcel
Duchamp, Samuel Beckett oder
Max Ernst. Entscheidend wurde für
Peggy Guggenheim die Begegnung
mit dem Schriftsteller und Kunst-
historiker Herbert Read, mit dessen
Hilfe sie in London ein Museum
ähnlich dem New Yorker Museum
of Modern Art gründen wollte, was
jedoch am Ausbruch des Zweiten
Weltkrieges scheiterte.

Kunstsammlerin aus Leidenschaft: Peggy Guggenheim

Stattdessen ging sie nach Paris und
trug in kürzester Zeit den Grund-
stock ihrer Sammlung zusammen. 1941 kehrte sie nach New York
zurück, wo sie die legendäre Galerie **»Art of this century«** gründete.
Als ihre Ehe mit Max Ernst zerbrach, zog Peggy Guggenheim 1947
nach Venedig. 1949 kaufte sie den Palazzo Venier dei Leoni am Canal
Grande, der bis heute ihre Sammlung beherbergt. Die stolze Hinterlassenschaft der Sammlerin gehört heute zu den Hauptsehenswürdigkeiten der Stadt.

Andrea Palladio (1508 – 1580)

Wenn die Sommerhitze über Venedig brütete, flüchteten Adel und **Bedeutender**
Klerus ins Hinterland, wo sie sich repräsentative Landsitze bauen lie- **Renaissance-**
ßen. Die Villa Barbaro in Maser ist eine der berühmtesten dieser Vil- **baumeister**
len, und das aus gutem Grund: Architekt der Villa Barbaro war Andrea Palladio. In **Vicenza** hinterließ der Renaissancebaumeister sein
Hauptwerk, die **Villa Rotonda**, in Venedig u. a. S. Giorgio Maggiore
und Il Redentore.
Der Aufstieg des Steinmetzen Andrea di Piero aus Padua begann
1538 durch die Förderung des Humanisten Giangiorgio Trissino, der
ihn ermutigte, Mathematik, Musik und lateinische Literatur zu stu-
dieren und ihm den Beinamen Palladio gab – in Anspielung auf die
Göttin der Weisheit. Trissino nahm ihn 1545 mit nach Rom, wo Palladio die antiken Ruinen und die Werke des römischen Architekten
Vitruv studierte. Kurz darauf gewann er in Vicenza den Wettbewerb
für die Umgestaltung des Palazzo della Ragione. Hierfür umgab er
den Bau in beiden Geschossen mit Arkadenreihen – ein Motiv, das

ihn berühmt machte. Großen Einfluss auch auf die nachfolgenden Architekten hatte Palladio vor allem durch seine 1570 erschienene **Architekturlehre**.

Marco Pantani (1970 – 2004)

Radrennfahrer

Italiens berühmtester Radrennfahrer der 1990er-Jahre stammte aus der Hafen- und Badestadt Cesenatico. Der Ausnahmesportler stand im Jahr 1998 im Zenit seiner Laufbahn, als er sowohl den Giro d'Italia als auch die Tour de France überlegen gewonnen hatte. **»Il Pira-**

Marco Pantani

ta«, mal mit Glatze, mal mit Seeräubertuch, war vor allem auf Bergstrecken nahezu unschlagbar. Doch dann kam der Karriereknick. Pantani geriet wegen Doping in die Schlagzeilen. Als erster Sportler überhaupt wurde er wegen Sportbetrugs zu einer Bewährungsstrafe verurteilt. An den Giro des Jahres 2000 wagte er sich erst nach einer Audienz beim Heiligen Vater, bei der Tour de France 2001 durften Pantani und sein Radklub gar nicht erst antreten – natürlich sehr zum Leid seiner großen Fan-Gemeinde. Pantani zog sich aus der Öffentlichkeit zurück, litt angeblich unter schweren Depressionen. Am 15. Februar 2004 ging die schockierende Nachricht um die Welt, dass der Sportler tot in einem Hotel in Rimini gefunden worden war. Er starb an einer Überdosis an Medikamenten.

Galla Placidia (um 390 – 450)

Kaiserin des Weströmischen Reiches

Die Tochter des weströmischen Kaisers Theodosius war eine der herausragendsten Frauengestalten der Spätantike. Placidia lebte bei ihrem Bruder, dem weströmischen Kaiser Honorius, der 402 seine Residenz von Mailand nach Ravenna verlegt hatte. Im Jahr 410, als knapp Zwanzigjährige, fiel Placidia in Rom in die Hände der Westgoten, die sie entführten und 414 in Narbonne mit **Athaulf**, ihrem Herrscher, verheirateten. Placidia bewegte ihn sofort zum Ausgleich mit Rom. Athaulf wurde noch im selben Jahr ermordet, und Placidia kehrte nach Italien zurück, wo sie zum zweiten Mal verheiratet wurde, diesmal mit Constantius III., dem römischen Oberbefehlshaber. Als Placidia erneut Witwe wurde (421), zog sie nach Konstantinopel, um dann anstelle ihres Sohnes Valentinian III. als Kaiserin des Westreiches nach Ravenna zurückzukehren. Angesichts des drohenden Zerfalls des Reiches baute sie nun auf die Verbindung mit der Kirche – sehr zum Vorteil von Ravenna, wo sie sich ganz besonders dem Bau von Gotteshäusern widmete, die heute zu den Hauptsehenswürdigkeiten der Stadt gehören.

Seine Heimatstadt Pesaro ehrte Gioacchino Rossini mit einem Denkmal.

Gioacchino Antonio Rossini (1792 – 1868)

Jedes Jahr im August widmet **Pesaro** dem berühmtesten Sohn der Stadt ein Opernfestival: Rossini, der hier am 29. Februar 1792 das Licht der Welt erblickte. Der Vater war Hornist, die Mutter Sopranistin am Theater. Mit 14 Jahren schickten sie den begabten Sohn auf das Lyzeum nach Bologna, das er später, als arrivierter Komponist, zwölf Jahre lang leiten sollte. Sein Aufstieg zu einem der meistgeschätzten Komponisten seiner Zeit ließ nicht lange auf sich warten: 1816 – er war gerade 24 Jahre alt – wurde in Rom **»Der Barbier von Sevilla«** uraufgeführt, mit dem Rossini triumphale Erfolge feierte. Obwohl er auch Sonaten und kirchenmusikalische Werke schrieb, wurde er vor allem als Opernkomponist berühmt. 1855 übersiedelte er nach Paris, wo er 1868 verstarb. Er wurde dort auf dem Friedhof Père Lachaise beigesetzt.

Komponist

Praktische Informationen

WAS SIND DIE KULINARISCHEN SPEZIALITÄTEN AN DER ADRIA? WIE SCHNELL DARF MAN FAHREN AUF ITALIENS AUTOBAHNEN? WAS DÜRFEN SIE AUF KEINEN FALL ZU HAUSE VERGESSEN? LESEN SIE ES NACH, AM BESTEN SCHON VOR DER REISE!

Anreise · Vor der Reise

Anreisemöglichkeiten

Die Hauptroute von Deutschland an die nördliche Adriaküste, d. h. an die Badeorte in Venetien und Friaul-Julisch, verläuft über Innsbruck, den Brenner, Bozen, Verona und Padua und von dort an die Küste bzw. nach Venedig. Ab Trento ist anstatt über Verona auch die Strecke auf der SS 47 über Bassano del Grappa nach Padua möglich. Wer die Küste östlich von Venedig ansteuert, kann auch die Route über Salzburg, Villach, Tarvisio und Udine nehmen.

Mit dem Auto an die südliche Adriaküste Für die Fahrt an die südliche Adriaküste ab etwa Ravenna gibt es zwei Hauptrouten. Die eine führt ebenfalls über den Brenner, Bozen und Verona und von dort weiter auf der E 45 durch die Po-Ebene nach Bologna. Bei Rimini erreicht diese Autobahn die Küste. Zwischen Rimini und Bari verläuft sie entlang der Küste und ist somit die wichtigste Verkehrsader auf der Ostseite des italienischen Stiefels. Für Urlauber, die aus der Schweiz oder aus dem Westen Deutschlands anreisen, empfiehlt sich die Route über den St. Gotthard oder den San Bernardino, Bellinzona und Como nach Mailand und von dort über Parma und Bologna an die Adriaküste.

Autobahngebühren, Verkehrslage Die Autobahnen in Österreich, der Schweiz und in Italien sind meist gebührenpflichtig. Auf der Strecke Innsbruck – Brenner muss man außerdem Mautgebühren für die Brennerautobahn bezahlen. Zwischen Juni und September sollte man die Autobahnen ans Meer und in die Berge an Samstagen und Sonntagen wenn möglich meiden, denn dann begeben sich Millionen von Italienern auf ihre Fahrt in die Ferien bzw. ins Wochenende. Aktuelle Auskünfte über günstige Reisezeiten, Beschreibungen der Alpenpässe (inklusive Öffnungszeiten), Baustellen sowie günstige Routen erteilt der ADAC. Weitere Informationen ►Verkehr.

Mit dem Bus Verschiedene Veranstalter bieten Busfahrten nach Italien an, u. a. das Busunternehmen Touring Eurolines, das mehrmals wöchentlich nach Bologna, Ancona, Verona, Venedig und Pescara fährt. Aus Österreich reist man mit dem ÖBB Intercitybus an.

Mit der Bahn Von allen wichtigen Städten Deutschlands, Österreichs und der Schweiz gibt es Verbindungen nach Triest, Venedig, Ravenna, Rimini, Pesaro, Ancona und Pescara. Eine Bahnfahrt von Köln nach Ancona dauert ca. 17 Stunden, von Köln nach Triest knapp 20 Stunden.

Autoreisezüge ► Darüber hinaus verkehren von Mai bis Oktober Autoreisezüge von Berlin, Düsseldorf, Hamburg, Hildesheim, Lörrach, München und Neu-Isenburg, Terminals in Italien sind Bozen, Triest und Verona. Weitere Auskünfte erhält man bei der Deutschen Bahn.

A D R E S S E N

BUS

► Touring Eurolines
Am Römerhof 17
D-60486 Frankfurt am Main
Tel. 0 69 / 79 03 50, Fax 70 60 59
www.touring.de

► ÖBB
www.oebb.at

BAHN

► Deutsche Bahn
www.bahn.de

Autoreisezüge:
Tel. 0 18 05 / 99 66 33
www.dbautozug.de

FLUGLINIEN

► Alitalia
Tel. 01 80 / 507 47 47
Fax 0 69 / 69 50 52 57
www.alitalia.com

► Airberlin
www.airberlin.com

► Airdolomiti
www.airdolomiti.it

► Austrian Airlines
Tel. 01 80 / 300 05 20
Fax 01 80 / 300 05 23
www.aua.com

► Germanwings
www.germanwings.com

► Lufthansa
Tel. 018 03 / 80 38 03
Fax 02 21 / 826 39 69

► Ryanair
www.ryanair.com

► Swiss Air Lines
Tel. 01 803 / 00 03 37
Fax 01 803 / 00 04 40
www.swiss.com

► Tuifly
www.tuifly.com

Mit dem Flugzeug

Flughäfen gibt es in Triest, Venedig, Treviso, Bologna, Rimini, Ancona und Pescara. Venedig wird von allen größeren internationalen Flughäfen in Deutschland, Österreich und der Schweiz direkt angeflogen. **Alitalia** bietet regelmäßige Verbindungen von Zürich, Wien, München, Frankfurt und Berlin nach Ancona, Lufthansa von Frankfurt nach Pescara sowie von verschiedenen deutschen Flughäfen nach Ancona, Rimini und Triest. Ryanair startet ab Frankfurt / Hahn nach Treviso und Pescara. **AirDolomiti** fliegt von Frankfurt nach Bologna, Venedig und Verona, und von Wien aus nach Italien, **Tuifly** von Köln/Bonn nach Bologna, Rimini, Verona sowie von verschiedenen deutschen Flughäfen nach Venedig. **EasyJet** bedient die Strecke Berlin – Venedig. **Ryanair** verbindet Düsseldorf / Weeze mit Ancona und Bologna sowie Frankfurt / Hahn mit Bologna, Treviso, Rimini, Pescara und Bremen mit Treviso.
Germanwings hat von verschiedenen deutschen Städten aus vor allem Bologna als Zielflughafen in Adrianähe. **Airberlin** fliegt zwischen Zü-

rich und Venedig sowie Zürich und Rimini. Der Sommerflugplan beinhaltet Flüge nach Rimini von Hamburg, Münster / Osnabrück, Stuttgart, Berlin, ab Köln/Bonn, Karlsruhe und Nürnberg. **Austrian Airlines** fliegt von Wien nach Bologna und Swiss Air Lines von Zürich und Basel nach Venedig.

Zwischen **Venedigs Aeroporto Marco Polo** und dem Stadtzentrum verkehren stündlich Schnellboote – das ist billiger und schneller als mit Bus und Vaporetto.

Ein- und Ausreisebestimmungen

Reisedokumente
Obwohl es für EU-Bürger keine Passkontrollen mehr gibt, sollte man nicht ohne Personalpapiere nach Italien reisen. Für Deutsche, Österreicher und Schweizer genügt der Personalausweis. Kinder unter 16 Jahren müssen einen Kinderausweis besitzen oder im Elternpass eingetragen sein.

Fahrzeugpapiere
Mitzuführen sind der Führerschein, der Kraftfahrzeugschein und die Internationale Grüne Versicherungskarte. Kraftfahrzeuge müssen das ovale Nationalitätskennzeichen tragen, sofern sie kein Euro-Kennzeichen haben.

Haustiere
Wer Haustiere nach Italien mitnehmen will, benötigt für diese einen Heimtierpass. Er enthält u. a. ein **amtstierärztliches Gesundheitszeugnis** (höchstens 30 Tage alt), ein mindestens 20 Tage und höchstens elf Monate vor der Einreise ausgestelltes Tollwut-Impfzeugnis sowie ein Passbild. Außerdem muss das Tier einen Mikrochip oder eine Tätowierung tragen. Maulkorb und Leine sind mitzuführen.

Zoll-bestimmungen für EU-Bürger
Innerhalb der Europäischen Union ist der Warenverkehr für private Zwecke weitgehend zollfrei. Zur Abgrenzung zwischen privater und gewerblicher Verwendung gelten folgende Höchstmengen: 800 Zigaretten, 400 Zigarillos, 200 Zigarren, 1 kg Rauchtabak; 10 l Spirituosen, 20 l Zwischenerzeugnisse, 90 l Wein (davon max. 60 l Schaumwein) und 110 l Bier. Bei Stichprobenkontrollen ist glaubhaft zu machen, dass die Waren tatsächlich nur für den eigenen privaten Verbrauch bestimmt sind.

Zoll-bestimmungen für Nicht-EU-Bürger
Für Reisende aus Nicht-EU-Ländern (u. a. Schweizer Staatsbürger) liegen bei der Einreise nach Italien die Freimengengrenzen für Personen über 17 Jahre bei 200 Zigaretten oder 100 Zigarillos oder 50 Zigarren oder 250 g Rauchtabak; ferner bei 2 l Wein und 2 l Schaumwein oder 1 l Spirituosen mit mehr als 22 Vol.-% Alkoholgehalt; 500 g Kaffee oder 200 g Kaffeeauszüge, 100 g Tee oder 40 g Tee-Extrakt, 50 ml Parfüm oder 0,25 l Eau de Toilette. Zollfrei sind ferner Waren bis zu einem Wert von 430 € für Flug- und Seereisende und für Bahn- und Autoreisende bis 300 €. Für Kinder unter 17 Jahren gilt unabhängig vom Verkehrsmittel ein Grenzwert von 175 €.

Bei der Wiedereinreise in die Schweiz gelten als abgabenfrei für Personen ab 17 Jahre: 200 Zigaretten oder 50 Zigarren oder 250 g Rauchtabak, 2 l alkoholische Getränke mit bis zu 15 Vol.-% Alkoholgehalt und 1 l mit mehr als 15 Vol.-% Alkoholgehalt sowie Geschenke im Wert bis 300 CHF. Nähere Auskünfte erteilt die Eidgenössische Oberzolldirektion, Monbijoustraße 40, CH-3000 Bern, Tel. 0 31 / 3 22 61 11.

Wiedereinreise in die Schweiz

Reiseversicherungen

Versicherte der deutschen Krankenkassen haben im Krankheitsfall in Italien Anspruch auf eine Behandlung nach den in Italien gültigen Vorschriften. Seit 2005 gibt es die **Europäische Krankenversicherungskarte (EHIC)**. Auch mit dieser Karte müssen oft die Kosten für ärztliche Behandlung und verordnete Arzneimittel selbst bezahlt werden. Gegen Vorlage der Quittungen übernimmt die Krankenkasse zuhause dann die Kosten – allerdings nicht für jede Behandlung. Schweizer müssen die ärztliche Behandlung und Medikamente selbst bezahlen. Privat-Versicherte legen zur Kostenerstattung bei ihrer Versicherung die Rechnung vor.

Krankenversicherung

Da die Kosten für ärztliche Behandlung und Medikamente in der Regel teilweise vom Patienten zu tragen sind und die Kosten eines eventuell notwendigen Rücktransports von den Krankenkassen nicht übernommen werden, empfiehlt sich der Abschluss einer zusätzlichen Reise-Krankenversicherung.

Private Reiseversicherung

Auskunft

 WICHTIGE ADRESSEN

AUSKUNFT ZU HAUSE

▶ **ENIT (Ente Nazionale Italiano per il Turismo)**
www.enit.it

▶ **ENIT in Deutschland**
Direktion für Deutschland,
Österreich und die Schweiz
Barckhausstr. 10
D-60325 Frankfurt am Main
Tel. 069 / 23 74 34
Fax 23 28 94
www.enit-italia.de

▶ **ENIT in Österreich**
Kärntner Ring 4
A-1010 Wien
Tel. 01 / 505 16 39
Fax 01 / 5 05 02 48
vienna@enit.at

▶ **ENIT in der Schweiz**
Uraniastrasse 32
CH-8001 Zürich
Tel. 043 / 466 40 40
Fax 466 40 41
zurich@enit.ch

AUSKUNFT DER REGIONEN

▶ **Abruzzo**
Corsa Vittorio Emanuele II 301
I-65100 Pescara
Tel. 085 42 90 02 12
Fax 085 42 90 02 39
www.abruzzoturismo.it

▶ **Emilia-Romagna**
APT Servizi
Piazzale Federico Fellini 3
I-46900 Rimini
Tel. 05 41 43 01 90
Fax 05 41 43 01 51
www.emiliaromagnaturismo.it

▶ **Friuli-Venezia Giulia**
Agenzia Turismo FVG
Villa Chiozza
Via Corso 3
I-33052 Cervignano de Friul
(Udine)
Tel. 04 31 38 71 11
Fax 04 31 38 71 99
Servicenummer:
Tel. 800 01 60 44
www.turismofvg.it

▶ **Marche**
Agenzia di Promozione Turistica
Marche
Via Thaon de Revel 4
I-60125 Ancona
Tel. 071 35 89 91
Servicenummer:
Tel. 800 22 21 11
www.turismo.marche.it

▶ **Veneto**
www.veneto.to

Internetadressen der Provinzen:
Padua:
www.turismopadova.it
Rovigo:
www.provincia.rovigo.it
Treviso:
www.turismo.provincia.treviso.it

Verona:
www.tourism.verona.it
Venedig:
www.turismovenezia,it

BOTSCHAFTEN

▶ **Deutsche Botschaft**
Via San Martino della
Battaglia 4
I-00185 Roma
Tel. 06 49 213-1
Fax 06 445 26 72
www.rom.diplo.de

▶ **Österreichische Botschaft**
Via G. B. Pergolesi 3
I-00198 Roma
Tel. 06 84 40 14-1
Fax 06 854 32 86
www.bmeia.gv.it

Honorarkonsulat in Triest:
Via San Nicolo 28
I-34121 Trieste
Tel./Fax 040 63 37 12

▶ **Schweizer Botschaft**
Via Barnaba Oriani 61
I-00197 Roma
Tel. 06 80 95 71
Fax 06 808 85 1 0
www.eda.admin.ch

INTERNET

▶ **www.spiaggeitalia.com**
Die Seiten enhalten eine Liste der
schönsten Strände Italiens.

▶ **www.adriacoast.com**
Die beste Adresse für die Küste der
Emilia-Romagna, die neben der
Beschreibung der Strände auch
weitere Themen abhandelt.

▶ **www.italien.com**
Hier kann man Hotels suchen und
Allgemeines zu den italienischen
Regionen erfahren.

An der Riviera del Conero garantiert: Sonne, Sand und Meer.

Badeurlaub

Die Adriaküste ist bekannt für ihre langen und meistens auch sehr breiten Sandstrände. Da fast alle flach ins Wasser abfallen und viele außerdem durch Wellenbrecher geschützt sind, eignen sie sich besonders gut für Kinder. Kiesstrände gibt es nur an wenigen Stellen, so z. B. an der Riviera del Conero und an der Triestiner Riviera. Zwischen Juni und September, ganz besonders im August, wenn ganz Italien Urlaub macht, herrscht an den Adriastränden Hochbetrieb. Einsame Plätzchen an der Sonne sind ausgesprochen rar.

Fast überall, wo gebadet werden kann, sind die Strände von **privaten Badeanstalten oder Hotels** (Bagni oder Stabilimenti balneari) belegt. Sie halten den Strand sauber und stellen gegen Gebühr Liegestühle und Sonnenschirme, Umkleidekabinen, Duschen, Toiletten, Kinderspielplätze etc. zur Verfügung, verkaufen Getränke und Snacks am Strand und verleihen Boote oder Surfbretter – ein Rundumservice, für man allerdings auch nicht zu knapp zur Kasse gebeten wird.

Familienfreundliche Sandstrände

Wasserqualität

Nachdem in den 1980er-Jahren die Meldungen von der Algenblüte Touristen erschreckt hatten, wurde in den vergangenen Jahren Einiges getan, um die Wasserqualität an der italienischen Adria zu verbessern. Mittlerweile werden die meisten Küstenabschnitte als gut beurteilt. Man sollte allerdings nicht in der Nähe von Häfen, Industrieanlagen oder Flussmündungen baden.

i **Die besten Strände**

- Riviera del Conero: Schmale Sandstrände in kleinen Buchten, ideal zum Surfen
- Bibione: so breit ist keiner
- Lidi di Spina: viel Platz zwischen den Badeanstalten und ein schöner Pinienwald im Hintergrund

Detaillierte **Informationen** über die wichtigsten Touristenstrände, über die aktuelle Wasserqualität und über Abschnitte, die man meiden sollte, gibt es beim **ADAC**, Tel. 018 05 / 10 11 12 (auch für Nichtmitglieder) oder im Internet: www.adac.de (nur für Mitglieder).

Seit vielen Jahren kontrolliert das Laborschiff Goletta Verde der **italienischen Grünen Legambiente** die italienischen Küsten und die Badeorte – Schwachpunkte sind vor allem die Flussmündungen und zu viele Baugenehmigungen; genaue Zustandsberichte auf Italienisch sind unter www.legambiente.eu abrufbar.

Die Stiftung für Umwelterziehung in Europa vergibt **Blaue Flaggen**. Diese garantieren nicht nur die Einhaltung der Grenzwerte für saubere Strände und reines Wasser, sondern auch strengere Richtwerte. Außerdem verlangt die Auszeichnung mit der Blauen Flagge (Bandiere Blu) aufwändige Infrastruktureinrichtungen. www.blueflag.org

Die **Badesaison** reicht von Juni bis Oktober, in der nördlichen Adria und im Golf von Genua bis Ende September. Zwischen Juni und August kann man mit 21 bis 24 °C warmem Wasser rechnen.

FKK Die italienische Adria ist kein Nacktbadeparadies, ganz im Gegensatz zur gegenüberliegenden kroatischen Küste. Sich oben ohne in die Sonne zu legen ist durchaus verbreitet, hüllenloses Baden stößt dagegen auf wenig Gegenliebe seitens der Italiener. An einigen wenigen Stellen wird dennoch nackt gebadet, so z. B. beim Leuchtturm von Bibione oder an einzelnen Strandabschnitten an der Riviera del Conero. Einen ausgewiesenen FKK-Strand gibt es z. B. bei Ravenna in Lido di Dante, beim FKK-Campingplatz.

Hunde am Strand An den meisten Stränden an der Adria sind (große) Hunde nicht erlaubt. In der Region Venetien zum Beispiel gibt es nur drei Strandabschnitte, an die man seinen Vierbeiner mitnehmen darf: in Eraclea, Bibione Faro und Caorle. In Rimini dürfen Hunde bis zu 7 kg in Absprache mit der jeweiligen Badeanstalt an den Strand, in Recanati in den Marken gibt es einen Strandabschnitt rechts vom Fluss Potenza, an dem die Vierbeiner erlaubt sind.

San Benedetto del Tronto: Badefreuden ohne Ende

Mit Behinderung unterwegs

Die Internet-Plattform **www.disabili.com** finden sich Informationen zu behindertengerechten Hotel und Restaurants, allerdings nur auf Italienisch.

▶ BEHINDERTENREISEN

▶ Bundesarbeitsgemeinschaft der Clubs Behinderter und ihrer Freunde e. V.
Langenmarckweg 21
51465 Bergisch Gladbach
Tel. 02202 / 989 98 11
Fax 989 99 10
www.bagcbf.de

▶ BSK-Reisedienst
Postfach 20, 74236 Krautheim
Tel. 062 94 / 428 10
Fax 42 81 79
www.bsk-ev.org

▶ Verband aller Körper- behinderten Österreichs
Schottenfeldgasse 29
A-1072 Wien
Tel. 01 / 914 55 62
Fax 01 / 512 36 61 55
info@vakoe.at

▶ Mobility International Schweiz
Frobergstr. 4
CH-4600 Olten
Reisedienst: Tel. 062 / 206 88 35
Fax 206 88 39
www.mis-ch.ch

Elektrizität

Das Stromnetz führt in der Regel 220 Volt. Im Allgemeinen ist wegen der verschiedenen Steckdosenbauarten ein Adapter (reduzione) nötig. Europanorm-Gerätestecker sind meist nur dann verwendbar, wenn sie dünne Kontaktstifte besitzen.

Essen und Trinken

La cucina italiana

Der Siegeszug der italienischen Küche quer durch alle Länder der Welt hat dazu geführt, dass man beinahe überall italienisch essen gehen oder die Ingredienzen für ein italienisches Essen kaufen kann. Dennoch schmeckt es vor Ort, aus den Töpfen der heimischen Köche, immer noch am besten. Sehr ausgeprägt sind die regionalen Unterschiede: Jede Region hat ihre besonderen Rezepte und Spezialitäten, je nachdem auch, welche Naturprodukte zur Verfügung stehen (▶Baedeker Special S. 66 / 67).

Trattoria, Osteria, Ristorante?

Die Auswahl an Restaurants lässt an der Adriaküste kaum Wünsche offen. Naturgemäß ist es überall dort, wo man mit vielen Feriengästen rechnet, teurer und bisweilen auch schlechter als abseits der Touristenströme. Ab und zu von der Küste ins Hinterland zu fahren, lohnt sich also auch unter kulinarischen Gesichtspunkten. Neben Restaurants (Ristorante) gibt es Trattorien (Trattoria), Osterien (osteria) und die als »Tavola calda« (warme Küche) bezeichneten Lokale. In den Städten und in den großen Badeorten behrrschen natürlich **Pizzerien** und Selbstbedienungsrestaurants die Gastronomieszene. Für einen Snack oder eine Tasse Kaffee zwischendurch setzt man sich in ein **Café** oder stellt sich an den Tresen einer **Bar**.

Eine gastronomische Besonderheit sind die so genannten **Önotheken (enoteche)** in Italien, Probierstuben, in denen man landestypisch essen, die Weine der Region probieren und sie natürlich auch kaufen kann.

In puncto **Essgewohnheiten** gibt es ein paar Unterschiede gegenüber Deutschland. In italienischen Restaurants ist es unüblich, sich seinen Tisch selbst auszusuchen. Man wartet, bis der Kellner den Platz anweist. Zu dem normalen Preis für ein Gericht werden teilweise

! Baedeker TIPP

Wieviel Trinkgeld darf es sein?

In Hotels und Restaurants ist die Bedienung im Preis inbegriffen, auch wenn es ein paar Restaurants gibt, die das Trinkgeld extra berechnen, was dann aber ausdrücklich auf der Speisekarte steht. Natürlich freut sich das Personal über zusätzliches Trinkgeld, etwa zwischen 5 und 10 %. Das gilt auch bei besonders netter Bedienung in Bars bzw. Cafés. Man rundet die Rechnung nicht auf, sondern legt eine glatte Summe auf den Tisch.

Piadina heißt das Fladenbrot aus der Emilia-Romagna.

noch Bedienung (servizio) und das Gedeck (coperto) zusätzlich berechnet. Das italienische **Frühstück (Colazione)** beschränkt sich häufig auf einen Cappuccino (Espresso mit aufgeschäumter Milch), einen Espresso oder Caffè (starker Espresso) mit Gebäck. Die Hotels sind jedoch in der Regel auf die Gewohnheiten ihrer ausländischen Gäste eingestellt und bieten ein Frühstücksbuffet mit größerer Auswahl an. Das **Mittagessen (Pranzo)** besteht meist aus einem antipasto (Vorspeise), primo (Pasta, Reis oder Suppe), secondo (Fleisch oder Fisch) mit Gemüse (Contorno) oder Salat. Anschließend kann man zwischen Käse (Formaggio), Dolce (Nachtisch) oder Frutta (Obst) wählen. Der Espresso schließt das Mittagessen ab. Manche bestellen ihn als »corretto«, d. h. mit Grappa, Cognac amaro oder Sambuco »korrigiert«. **Das Abendessen (Cena)**, bei dem sich die Speisenfolge des Mittagessens wiederholt, wird selten vor 19.30 Uhr serviert.

Was trinkt man?

Getränke

Standardgetränke zu allen Mahlzeiten sind Wein und Mineralwasser. Letzteres ist von hervorragender Qualität und schmeckt sehr gut. Der Tischwein wird offen serviert – entweder in einer Karaffe zu

◀ weiter auf S. 68

*Der Geschmack von
Sommer und Italien:
Basilikum*

DIE VIELFALT MACHT'S

Fünf Regionalküchen und viele lokale Spezialitäten erwarten den Besucher an der Adria. Fisch und Meeresfrüchte stehen natürlich an erster Stelle, aber auch die Fleisch- und vegetarischen Gerichte können sich sehen lassen.

Friaul-Julisch Venetien

Friaul-Julisch Venetien gehört nicht zu den reichen Regionen des Landes. Im Gegensatz zu Venetien ist die Küche einfach, robust und von intensivem Geschmack. Hauptgericht ist die Polenta. Sie wird auf dem Ofen oder auf offenem Feuer zubereitet, bis sie fest ist wie Pudding. Dazu werden Salamischeiben, Schweinefleisch, bestimmte Vogelarten oder sogar Fisch serviert. Von hervorragender Qualität sind in Julisch Venetien auch die Gerichte aus Schweinefleisch. Berühmt und besonders delikat ist der Schinken aus San Daniele. In Friaul werden auch die Teile verwendet, die als nicht so fein gelten, wie Schwarte,

*Unverzichtbar
in der italienischen
Küche: Rosmarin*

Schweinefüße oder Schweinerüssel. Vor allem in Triest, das lange zum Habsburgerreich gehörte, findet man viele Gerichte auf der Speisekarte, die ihre Herkunft aus der österreichischen Küche nicht leugnen können.

Venetien

Venetien kann sich einer fantasievollen Küche rühmen. Bei den Fischgerichten ist auch östlicher, aus der Berührung mit dem Byzantinischen kommender Einfluss zu erkennen: So wird beispielsweise Fisch mit Korinthen, Pinienkernen und Gewürzen gekocht.
Die Hauptkomponenten der venetischen Küche sind Reis (der hier angebaut wird) und dicke Bohnen. Vor allen Dingen Reis findet man in verschiedenen Variationen, z. B. als Reissuppe, die Frühlingssuppe genannt wird, zubereitet mit Tomaten, Stangensellerie, Kopfsalat, Spargelköpfen, Hopfensprossen, Kürbis, Kartoffeln, Spinat, Wirsing und Zucchini. So ist auch das berühmte Risi e bisi (Reis mit frischen Erbsen) aus der venetischen Küche nicht wegzudenken. Venetien ist außerdem die Hei-

*Frisch aus der
Adria auf den Tisch:
Meeresfrüchte*

mat des Pandoro, eines kuppelförmigen, luftigen Backwerks aus viel Butter und Vanille.

Emilia-Romagna

Die angrenzende Emilia-Romagna gilt als das kulinarische Zentrum Italiens. Zu den berühmtesten Produkten dieser Region gehören **Aceto balsamico**, **Parmigiano** und der **Prosciutto di Parma**. Auch die Eierteigwaren ge-

mindestens dreizehn verschiedenen Fischsorten. Außerdem gilt das Kochmotto: füllen, füllen, füllen – sei es nun Fisch, Huhn, Taube oder die beliebte Porchetta (Spanferkel). In Ascoli Piceno gilt dies sogar für Oliven: Olive Ripiene all' Ascolana heißen die mit verschiedenen Fleischsorten und Parmesan gefüllten und frittierten Oliven, die hier auf keinem Vorspeisenteller fehlen dürfen. Ausge-

*»Die italienische Küche ist für alle
      Länder des westlichen Europa der wahre
Ursprung aller Kochkunst«* (Larouse Gastronomique)

nießen einen besonders guten Ruf, vor allen Dingen Tortellini und Ravioli, gefüllt mit magerem Fleisch, Ricotta und Kräutern, Kürbis, Hühnerinnereien, Wild, Schweinefleisch, Rosinen und Käse.

In Küstennähe wird natürlich viel Fisch gegessen. Fast überall gibt es die Fischsuppe (Brodetto). Aale (Anguille) sollte man in Comacchio probieren, wo die Aalzucht eine lange Tradition hat.

Marken

Die Region Marken hat eine vielfältige Küche, nicht zuletzt wegen ihrer Lage zwischen Meer und Hügeln. Berühmt und von hoher Qualität ist der Brodetto di Ancona, eine Suppe mit

sprochen delikat schmecken auch Vincisgrassi, ein Nudelauflauf mit Fleischsauce, der nur in den Marken zu finden ist. Der Nudelteig wird mit Dessertwein verfeinert und die Fleischsauce mit Zimt gewürzt.

Abruzzen

In der Küche in der Region Abruzzen regiert der **Peperoncino**, die scharfe Paprikaschote. Viele Gerichte sind rot eingefärbt. Eine besondere Raffinesse sind die Maccheroni alla chitarra. Die Maccheroni – hier Bandnudeln – werden mit einer Soße aus Tomaten, geräuchertem Bauchspeck, Kräutern und etwas Pecorino (Schafskäse) oder auch mit einem Ragout aus Schaf- oder Hammelfleisch serviert.

Verdicchio dei Castelli di Jesi

1 Liter (un litro), 0,5 Liter (un mezzo litro), 0,25 Liter (un quarto litro) oder im Glas (un bicchiere). Die älteren Jahrgänge und Wein hoher Qualität werden wie üblich in der verschlossenen Flasche aufgetragen. **Bier** kommt in Italien, vor allem bei der jungen Generation, immer mehr in Mode. Getrunken wird in der Regel sowohl das leichte italienische als auch ausländisches, neben deutschem sehr oft auch dänisches oder holländisches.

Der Valpolicella und der Bardolino sind mittelschwere, angenehme Rotweine. Aus angetrockneten **Valpolicella-Trauben** wird der Amarone hergestellt, ein kräftiger, alkoholreicher trockener Rotwein. Beim **Recioto** handelt es sich um einen Dessertwein mit Restsüße. Bei den Weißweinen dominiert der **Soave**, ein leichter Tropfen, der aus den Traubensorten Garganega und Trebbiano gewonnen wird. In der Umgebung von Jesi wird der Verdicchio dei Castelli di Jesi hergestellt. Unbedingt probieren sollte man den **Prosecco di Valdobbiadone e Conegliano**. Der aromatische, weiße Schaumwein gehört zu den Spitzenprodukten der venetischen Weinlandschaft.

Weine aus Friaul-Julisch Venetien

Collio, Colli Orientali, Isonzo und Grave heißen die körperreichen, zum Teil großartigen Weiß- und Rotweine aus der Region Friaul-Julisch-Venetien.

Weine aus der Emilia-Romagna

Der Lambrusco ist ein hell- bis dunkelroter, fruchtiger Perlwein, der leider oft sehr süßlich schmeckt. Die besten haben die DOC-Auszeichnung und sind trocken. Der Sangiovese di Romagna dagegen ist ein kerniger, meist mit hartem Tannin ausgestatteter Rotwein.

Weine aus den Marken und Abruzzen

Der Verdicchio dei Castelli de Jesi ist ein vollmundiger, fruchtiger Weißwein mit feiner Säure. Bei den Rotweinen verdienen vor allem der dunkle, kräftige Rosso Conero und der Montepulciano d'Abruzzo, ein wuchtiger, meist einfacher Rotwein, Erwähnung.

Feiertage · Feste · Events

▶ FESTKALENDER

GESETZLICHE FEIERTAGE

1. Januar (Neujahr: Capodanno)
6. Januar (Hl. Drei Könige: Epifania)
Ostermontag (Pasqua, Lunedi dell'angelo)
25. April (Tag der Befreiung 1945: Festa della liberazione)
1. Mai (Tag der Arbeit: Festa del primo maggio)
2. Juni: Festa della Repubblica (Fest der Republik)
15. August (Mariä Himmelfahrt: Assunzione
1. November (Allerheiligen: Ognissanti)
1. Sonntag im November: Festa dell' Unità Nazionale (Tag der nationalen Einheit)
8. Dezember (Mariä Empfängnis: Immacolata Concezione)
25. und 26. Dezember (Weihnachten: Natale)

JANUAR

▶ Concordia Sagittaria (bei Caorle)

Am Vorabend des Dreikönigfestes, am 5. Januar, findet ein großes Flussfeuer am Lemene statt.

▶ Venedig

Die Regata delle Befane am Tag der Hl. Drei Könige (6. Januar) ist eine beliebte Regatta auf dem Canal Grande in Hexenkostümen.

FEBRUAR / MÄRZ

▶ An vielen Orten

Viele Städte feiern Karneval, u. a. Offida (bei Fermo) mit dem Zug der brennenden Reisigbündel. Der berühmteste und beeindruckendste von allen bleibt der Karneval in Venedig (►Baedeker Special S. 80/81).

MÄRZ

▶ In vielen Städten

Passionsspiele und eindrucksvolle Karfreitagsprozessionen während der Settimana Santa (Karwoche).

MÄRZ / APRIL

▶ San Marino

Eines der wichtigsten Feste für den Mini-Staat: Feierliche Einführung der neuen Regierung am 1. April.

▶ Venedig

Festa di San Marco (25. 4.): Gefeiert wird der Stadtpatron mit einer aufwändigen Prozession. Nachmittags gibt es die Regata dei Traghetti, die traditionelle Gondelregatta auf dem Canal Grande.

APRIL / MAI

Beim Drachenfestival Artevento in Cervia Ende April / Anfang Mai treffen sich Kite-Fans aus aller Welt, um am Strand ihre Drachen Marke Eigenbau steigen zu lassen. Von Nachbauten historischer Modelle bis zu verrückten Fantasiegebilden ist alles dabei.

MAI

▶ Cervia

Sposalizio del Mare: Seit 1445 wird die »Vermählung« Cervias mit dem Meer gefeiert –

u. a. mit einer Prozession in mittelalterlichen Kostümen, mit Bootsfahrten und Theatervorstellungen.

▶ **Cesenatico**
Jährlich treffen sich einige Tausend Teilnehmer zur Nove Colli, Europas größtem Amateurradrennen. Die Strecke führt über neun Pässe (daher der Name nove colli) durch das bergige Hinterland von Cesenatico.

▶ **Mille Miglia**
Das traditionsreiche Oldtimerrennen über eine 1000-Meilen-Strecke beginnt in Brescia und berührt viele Städte, u. a. Ravenna, Urbino und Ancona.

MAI / JUNI

▶ **Venedig**
Bei der Festa della Sensa, am Sonntag nach Christi Himmelfahrt, findet eine Schiffsprozession statt. Gefeiert wird die »Vermählung« des Dogen mit dem Meer. Am Sonntag danach gibt es die Vogalonga, eine Bootsregatta für Fahrzeuge, die mit nur einem Ruder bewegt werden.

JUNI

▶ **Padua**
Fest des Stadtpatrons St. Antonio mit Prozession und Fackelumzug am 13. Juni.

▶ **Faenza**
In dem Ort wird der Palio del Niballo veranstaltet. (3. / 4. Juniwochenende)

▶ **Ravenna**
Ravenna Festival: Musik- und Theaterveranstaltungen an eindrucksvollen Spielstätten.

▶ **Pesaro**
Mostra internazionale del nuovo Cinema sowie Festival des unabhängigen Films.

▶ **Cattolica**
Das Mystfest ist ein Festival des Krimis und des fantastischen Films.

JUNI BIS NOVEMBER

▶ **Venedig**
Die Biennale d'Arte di Venezia, kurz auch nur Biennale genannt, ist eine der interessantesten internationalen Ausstellungen für zeitgenössische Kunst – nicht zuletzt wegen der ungewöhnlichen Orte, an denen die Kunst präsentiert wird. Sie wird an den ungeraden Jahreszahlen veranstaltet.

JULI

▶ **Venedig**
Festa del Redentore: Zur Erinnerung an das Ende der Pest im Jahr 1576 findet am 3. Julisonntag ein Schiffskorso von San Marco bis zur Erlöserkirche auf der Insel Giudecca statt.

▶ **Grado**
Seit 1237 wird in der Lagune von Grado am ersten Julisonntag der Perdòn veranstaltet, eine Schiffsprozession von Grado bis zur Insel Barbana, zur ältesten Marienwallfahrtsstätte in der Region.

▶ **Brisighella**
Bei der Festa Medievale verwandelt sich die Stadt für ein bis zwei Wochen in die Zeit des Mittelalters zurück.

▶ **Santarcangelo di Romagna**
Internationales Theaterfestival auf den Straßen der Stadt.

▶ Küste der Romagna

La Notta Rosa: Am 1. Samstag im Juli wird die Küste von Comacchio bis Cattolica in rosa Licht getaucht; dazu gibt es Konzerte und Strandfeste.

▶ Macerata

Beginn der Opernsaison in der Arena Sferisterio.

AUGUST

▶ Ascoli Piceno

Giostra della Quintana am ersten Augustsonntag: Umzug in historischen Kostümen und Lanzenwettspiel der einzelnen Stadtviertel zu Pferde.

▶ Fermo

Palio dell' Assunta (15. August): Traditionelles Pferderennen in historischen Kostümen.

▶ Cervia

Fest zu Ehren von San Lorenzo mit Spielen und Feuerwerk.

▶ Cesenatico

Garibaldi-Fest am 1. Wochenende: Traditionelles Stadtfest mit Feuerwerk zu Ehren des italienischen Nationalhelden, der 1849 von Cesenatico auslief, um dem besetzten Venedig zu Hilfe zu eilen.

▶ Comacchio

Fest am 13. August zu Ehren des Schutzheiligen San Cassiano mit einem Bootsrennen.

▶ Pesaro

Rossini-Opernfestival (Aug./Sept.)

▶ Verucchio

Malatesta-Fest mit Akrobaten und einem mittelalterlichen Festessen.

▶ Venedig

Die internationalen Filmfestspiele von Venedig (Mostra Internationale del Cinema) sind nach Cannes der zweite wichtige Termin im Jahreskalender von Filmfreaks.

SEPTEMBER

▶ Venedig

1. Sonntag:
Farbenprächtige Gondel-Regatta auf dem Canal Grande.

▶ Caorle

Am dritten Sonntag im September wird in Caorle die Fraima ausgetragen, ein Bootswettrennen in der Lagune.

Drachenfestival in Cervia

► **San Marino**
Am 3. September begehen die
Bewohner des Ministaats San
Marino das Fest zum Gründungs-
tag der Republik.

► **Canale di Brenta**
Riviera Fiorita: Bei diesem Fest
wird eine historische Regatta in
Kostümen, ein farbenfrohes
Schauspiel auf dem Brentakanal
(2. Sonntag), veranstaktet.

OKTOBER

► **Dovadola (bei Forli)**
Das ungwöhnliche Fest ist dem
weißen Trüffel gewidmet.
Auch Sant' Agata in Feltria (bei

San Leo) lockt Zuschauer mit
einem Trüffel- und Pilzfest.

► **Triest**
Am 2. Oktoberwochenende gehen
im Golf von Triest Tausende von
Segelbooten bei der Barcolana, der
größten Regatta Italiens, an den
Start.

DETEMBER

► **Loreto**
In dem Ort wird ein großes
Marienfest (8. Dez.) und zwei Tage
(10. Dez.) später das Fest der
Überführung der Santa Casa
gefeiert, wobei in der Nacht überall Feuer angezündet werden.

Geld

Euro Seit 2002 ist der Euro (€) in Italien ebenso wie in Deutschland, Österreich und anderen Ländern der Europäischen Union das offizielle
Zahlungsmittel.

1 CHF = 0,81 €, für 1 € = 1,06 CHF

**Devisen-
bestimmungen** Bürger aus EU-Mitgliedsländern dürfen EU-Währungen in beliebiger
Höhe nach Italien ein- und ausführen.

i **Karte verloren?**

■ Unter der zentralen Sperr-Notrufnummer
Tel. 116 116 (aus dem Ausland mit Vorwahl
0049) kann man verlorene oder gestohlene
Bank- und Kreditkarten sowie Handys sperren
lassen.

Die **Banken** in Italien sind mit ge-
ringen Abweichungen von Mo. bis
Fr. vormittags von 8.30 bis 13.00
Uhr geöffnet; nachmittags variieren
die Öffnungszeiten (ca. 14.30 bis
15.30 Uhr). An Tagen vor Feierta-
gen (prefestivi) schließen die Banken um 11.20 Uhr.

Geldautomaten An Geldautomaten kann man mit Kredit- und Bankkarten (immer
in Kombination mit der persönlichen Geheimnummer) in fast allen
Orten Italiens, ganz besonders in den großen Seebädern und in den
touristisch bedeutenden Städten, problemlos rund um die Uhr Geld
abheben.

Die meisten internationalen Kreditkarten werden von Banken, Hotels, Restaurants, Autovermietern und Einzelhandelsgeschäften akzeptiert. Verbreitet sind Visa, Eurocard, American Express und Diners Club. Bei Verlust von Kreditkarten benachrichtige man unverzüglich die zuständige zentrale Sperr-Notrufnummer (►Info-Kasten oben).

Kreditkarten

Gesundheit

In allen größeren Orten und in den touristischen Zentren ist eine medizinische Versorgung gewährleistet. Vielerorts gibt es die **Guardia Medica**, die auch nachts, sonntags und feiertags zur Verfügung steht (Guardia Medica notturna e festiva). Erste Hilfe (Pronto Soccorso) leisten in Italien außerdem die Krankenhäuser, das Rote Kreuz (Croce Rossa Italiana), das Weiße Kreuz (Croce Bianca) und das Grüne Kreuz (Croce Verde). Die Adressen dieser Einrichtungen sind auf den ersten Seiten des Telefonbuchs (Avantielenco) zu finden. Zahnärzte werden im Telefonbuch unter »medici dentisti« aufgelistet.

Ärztliche Hilfe

Apotheken (Farmacia) haben meistens Mo.–Fr. 9.00–12.30 Uhr und 16.00–19.30 Uhr geöffnet. Sie schließen wechselweise mittwochs und samstags. Ein Verzeichnis mit den nachts und feiertags geöffneten Apotheken (Farmacie di turno) hängt in den Schaufenstern oder an den Türen aller Apotheken aus.

Apotheken

►Anreise · Vor der Reise

**Kranken-
versicherung**

Mit Kindern unterwegs

Die Adriaküste ist ein beliebtes Familienurlaubsziel, und das aus gutem Grund. Kinder sind überall sehr willkommen und die meisten Badeorte auf die kleinen Feriengäste bestens eingerichtet. Bereits die Auswahl an Ferienwohnungen, Apartments, Pensionen und Hotels mit familiengerechten Mehrbettzimmern ist riesig. An der gesamten Küste fallen die Strände sehr flach ins Meer ab – ideal für kleine Kinder. Spielplätze, Rutschen und Animationsprogramme sorgen dafür, dass es den Kleinen am Strand nicht langweilig wird. Einige Badeorte, insbesondere in der Emilia-Romagna, besitzen Vergnügungs- und/oder Wasser-

Kinderparadies

i **Wohin mit Kindern?**

- Mirabilandia: Ein Freizeitpark mit vielen Attraktionen bei Ravenna (►S. 204)
- Italia in miniatura in Rimini: Sehenswürdigkeiten im Maßstab 1 : 50 (►S. 210)
- Aquario (in Cattolica): Meeresleben spannend veranschaulicht (►S. 212)

parks sowie – vor allem für ältere Kinder und Jugendliche interessant –
Rollschuh- und Inlineskatebahnen. Delphinarien gibt es z. B. in Rimini, Riccione und Cattolica.

Knigge

Bella Figura, der schöne äußerliche Schein, ist für die meisten Italiener und Italienerinnen ein innerliches Bedürfnis. Auch wenn es sich
bloß um den Gang zum Postamt oder einen Markteinkauf handelt,
wer auf die Straße tritt, macht sich gern für die Öffentlichkeit fein –
frei nach der Devise Coco Channels, immer so angezogen zu sein,
dass frau jederzeit den Mann ihres Lebens treffen könnte. Im Zwei-
felsfall gibt man sein Geld eher für Mode (und gutes Essen) als für
Möbel oder Fassadenanstriche aus.

Was kommt an in Italien und was nicht?

Umso verständnisloser oder amüsierter schaut man auf etikettelose
Touristen herab, die mit Badeschlappen in Kathedralen tappen, in
Shorts Gemäldegalerien besichtigen, mit Sandalen in Restaurants sitzen oder gar mit nacktem Oberkörper durch die Altstadt wandeln –
das würde selbst den Tifosi, den Fußballfans von Juventus Turin, La-
zio Roma oder Sampdoria Genua im größten Fußballfieber kaum je
einfallen.

Bella Figura beweisen auch jeden Morgen die wahren Hauptdarsteller
in den Hunderttausenden von Bars von Bozen bis Palermo: Die
dampfenden Espresso bereitenden **Baristi** tragen meist korrekte Kell-
nerjacken und regieren souverän das vor ihnen stehende Publikum,
an das sie mit unnachahmlicher Eleganz aufgeschäumte Cappuccini,
frisch gebackene cornetti und natürlich Gläser mit frischem Wasser
verteilen. Wie langweilig ist gegen diesen Auftritt doch ein deutsches
Frühstück im Sitzen – brechen Sie wenigstens einmal aus der Hotel-
routine aus und gönnen sich eine »colazione all' italiana«. Und lassen
Sie den Jungs hinterm Tresen ein paar Münzen Trinkgeld da – Ser-
viceberufe werden oft schlecht bezahlt.

Bars

Bella Figura macht es auch dem Fotografen leicht. Die meisten Italiener freuen sich, wenn sie vor die Linse kommen, ihr Theaterblut ge-
rät in Wallung. Nutzen Sie die Chance zu einem Schwätzchen, das
sich schnell zu einem spontanen Casting entwickeln kann. Oft will
dann die Nachbarin von nebenan mit aufs Bild, die Kinder winken
die ganze Schulklasse zum Fototermin, der Padrone besteht darauf,
dass auch die Kellnerbrigade abgelichtet wird. Ein Foto ist immer ein
öffentliches Ereignis, ein Moment der Erwähltheit und Lebensfreude.

Fotografieren

*← Funparks und Kinderspielplätze wie hier in Rimini lassen bei den »Kleinen«
keine Langeweile aufkommen.*

Große Museen sind eher die Ausnahme an der Adria. Dafür gibt es viele interessante kleine wie z. B. das Elternhaus des Malers Raffael in Urbino.

Verkehr Spontan sind Italiener auch hinter dem Steuer. Wenn die Regierung Berlusconi auch 2004 beschlossen hat, die Flensburger Verkehrssünderkartei nachzuahmen, erweisen sich die Italiener immer wieder als Lebenskünstler, die unbekümmert im Fiat auf Standspuren zum Überholen ansetzen oder in dritter Reihe parken – wie schön, wenn das Verkehrschaos sich dann doch entwirrt, und möglichst viele Menschen mit möglichst vielen Gesten daran beteiligt sind. Denn dann wird die Straße zur lebendigen Piazza, wird die mechanisierte Routine des Alltags durchbrochen. Dass es dabei um **Kommunikation** und kaum je um Rechthaberei geht, beweist die kavaliersmäßige Rücksicht gegenüber Fußgängern, die im Gegensatz zu anderen mediterranen Ländern angenehm auffällt.

Umgangsformen Glücklich wird in Italien, wer auf die Italiener zugeht und ihnen durch ein Lächeln oder eine Geste zu verstehen gibt, dass man es schätzt und genießt, es gerade mit diesem besonders kompetenten und gewinnenden Gegenüber zu tun zu haben. Fragen Sie ruhig nach dem Vornamen des Kellners, rufen Sie lieber ein »bravo«, »grande« oder »bello« zuviel als zu wenig. Und wenn wieder einmal etwas nicht klappen sollte, dann schmeicheln Sie ganz macchiavellistisch der uralten italienischen Kunst des »arrangiarsi«. Ein **Kompliment** führt bei Italienern meist schneller zum Ziel als herrische Drohgebärden, die – Sie ahnen es schon – die bella Figura beschädigen. Denn diese Nation lässt sich lieber bewundern als etwas sagen.

Museen

Die Öffnungszeiten der Museen, insbesondere der kleinen, variieren **Öffnungszeiten**
sehr stark und ändern sich – leider – auch häufig. Wer ganz sichergehen will, sollte vorher bei der Touristeninformation vor Ort anrufen.
Zur Orientierung: Die meisten Museen sind zwischen 9.00 und 19.00
Uhr geöffnet, in der Regel mit einer Mittagspause zwischen 13.00
und 15.00 bzw. 16.00 Uhr. In den Sommermonaten gelten oft abends
längere Öffnungszeiten. Letzter Einlass ist in vielen Fällen eine halbe
Stunde vor dem Schließen. Montags sind fast alle Museen geschlossen oder nur vormittags geöffnet. Viele **kleinere Museen** sind nur
vormittags oder nach Vereinbarung zugänglich. In solchen Fällen
helfen die örtlichen Touristenbüros weiter. Archäologische Sehenswürdigkeiten sind meist Di. bis So. von 9.00 Uhr bis eine Stunde vor
Sonnenuntergang zu besichtigen.

Notrufe

Auf den ersten Seiten der örtlichen Telefonbücher (elenco telefonico
bzw. pagine bianche) sind unter dem Stichwort »Paginebianche informa« die Notrufnummern der jeweiligen Orte angegeben.

▶ WICHTIGE RUFNUMMERN

► **Allgemeiner Notruf**
113 (landesweit)

► **Feuerwehr**
(vigili fuoco)
Tel. 115 (landesweit)

► **Unfall und Krankendienst**
Tel. 118 (landesweit)

► **Pannenhilfe des ACI**
(soccorso stradale)
Tel. 80 31 16 (gebührenfrei)

► **ADAC Notruf in
Italien**
Tel. 03 92 10 41

► **ADAC Pannenhilfe und Notruf
in München**
Tel. 00 49 / 89 / 22 22 22

► **ACE-Notrufzentrale Stuttgart**
Tel. 00 49 / 18 02 / 34 35 36

► **ADAC-Ambulanzservice
München**
Tel. 00 49 / 89 / 76 76 76

► **DRK-Flugdienst Bonn**
Tel. 00 49 / 228 / 23 00 23

► **Deutsche Rettungsflugwacht
Stuttgart**
Tel. 00 49 / 711 / 70 10 70

Post · Telekommunikation

Post Die italienischen Postämter sind nur für den Post- und Paketdienst sowie für die Geschäfte der Postbank zuständig. Sie sind Mo.–Fr. 8.25–13.45 und Sa. 8.25–12.00 Uhr geöffnet. Am Monatsletzten schließen alle Postämter um 12.00 Uhr.

Briefmarken ▶ Briefmarken (Francobolli) kauft man in Postämtern oder in Tabakwarengeschäften, die durch ein »T«-Schild (Tabacchi) gekennzeichnet sind. Der Vatikan und San Marino haben eigene Postsysteme. Ein Brief bis 20 g sowie eine Postkarte von Italien ins europäische Ausland kosten 0,75 €.

Öffentliche Fernsprecher Die Direktwahl nach Deutschland, Österreich oder in die Schweiz ist von öffentlichen Fernsprechern mit orangerotem Telefonhörersymbol möglich. Die öffentlichen Fernsprecher funktionieren mit Telefonkarten (carta telefonica), die es u. a. in Bars, an Zeitungskiosken oder in Tabakgeschäften gibt.

CallingCard Mit der CallingCard der Deutschen Telekom kann man bargeldlos und ohne Karte telefonieren. Informationen erteilt die Telekom (Internet: www.telekom.de).

Trotz Handymania gibt es sie noch, die öffentlichen Telefone.

VORWAHLEN

▶ **von Italien**
nach Deutschland: 0049

nach Österreich: 0043
in die Schweiz: 0041

▶ **von Deutschland, Österreich und der Schweiz nach Italien:**
0039

ORTSVORWAHLEN

Die Ortsvorwahlen sind Bestandteil der italienischen Rufnummern. So muss auch bei Ortsgesprächen sowie bei Anrufen aus dem Ausland die Vorwahl und die 0 mitgewählt werden.

TELEFONAUSKUNFT

Inland Tel. 12 40
Ausland Tel. 12 54

TARIFE

Billigtarife gelten täglich ab 18.30 bis 8.00 Uhr.

Informationen zu den italienischen Roamingpartnern und zu allem, was mit der Benutzung des Handys und seinen Tarifen in Italien zu tun hat, erhält man unter den Internetadressen www.teltarif.de und www.tariftip.de.

Mobilfunk

Preise · Vergünstigungen

Außerhalb der Hauptsaison kann man an der italienischen Adria günstig Urlaub machen – vor allem in den Badeorten an der Küste, wo die Hotels in den Frühjahrs- und Herbstmonaten zu wenig Auslastung haben. Viele Hotels bieten zu diesen Zeiten deutlich niedrigere Zimmerpreise oder Wochenendarrangements für wenig Geld. Manche Hoteliers kombinieren ihre Wochenendangebote auch mit Eintrittskarten in den Mirabilandia-Park oder ins Aquario di Cattolica. Grundsätzlich kann mit besseren Hotelpreisen rechnen, wer länger, d. h. mindestens drei Tage, bleibt.

Günstig wohnen

▶ WAS KOSTET WIE VIEL?

Benzin (1 l Super) ca. 1,30 Euro

Einfache Mahlzeit ab 8 Euro

Espresso ab 1 Euro

3-Gang-Menü ab 25 Euro

Fragen Sie in den größeren Städten nach Kombikarten für die Sehenswürdigkeiten – fast alle bieten eine solche an (▶Reiseziele von A bis Z).

Kombikarten für Sehenswürdigkeiten

Reisezeit

Die italienische Adriaküste ist nicht ohne Grund ein Hauptreiseziel im Ferienland Italien. Wer sich mehr für die kulturelle Seite interessiert und es vor allem auf Stadtbesichtigungen abgesehen hat, sollte schon im Frühjahr an die Adria fahren. An der Küste, in den Badeorten, beginnt die Saison Mitte/Ende Mai. Zu dieser Zeit gibt es bereits Tage, die ein Sonnenbad am Strand erlauben. Ausgesprochen warm und sonnig sind die Monate Juni bis August. An der nördli-

◀ weiter auf S. 83

*Auch kleine Narren haben
ihren Spaß beim Karneval in
Venedig.*

TOLLE TAGE

**Januar und Februar sind normalerweise nicht die begehrtesten Reisemonate,
auch für Italien nicht. Venedig macht da allerdings eine Ausnahme. Denn: Die
ersten Wochen des Jahres sind zugleich die verrücktesten – Karneval in der
Lagunenstadt!**

Es ist Sonntagmorgen, zehn Tage vor
Beginn der Fastenzeit. Eine dicht
gedrängte Menge starrt auf dem
Markusplatz hinauf zum Kampanile,
zu der großen Taube, die nach alter
Tradition von dessen Glockenstube zu
den oberen Arkaden des Dogenpalastes gezogen wird. Punkt 12 Uhr ist
es so weit: Farbenfrohe Luftballons
steigen in den Himmel, und es regnet
bunte Konfetti auf die Menge – Venedigs Karneval ist wieder einmal eröffnet.
Auf den Schaubühnen in der Stadt
werden Konzerte gegeben und Ver-
kleidungen prämiert, in den Theatern
und Palästen brilliert die internationale Kunstszene, und auf dem
schwimmenden Floß vor der Piazzetta
erwacht die venezianische Vergangenheit zu neuem Leben. Bis tief in die
Nacht wird in den Gassen und auf
den Kanälen der Lagunenstadt ge-

feiert – bis am Faschingsdienstag ein
gewaltiges Feuerwerk den Narren-
zauber für ein Jahr beendet.

Feiern vor der Fastenzeit

Urkundlich erwähnt wird der venezianische Karneval erstmals im Jahr
1094. Der ursprüngliche heidnische
Sinn der Zeremonie war es, nach
einem langen Winter den **Einzug des
Frühlings** zu feiern. Die mit dem
Christentum aufkommende Bezeichnung Carneval vom lateinischen »car-
ne vale« (»Fleisch lebe wohl«) meinte
zunächst das letzte Mahl vor der
Fastenzeit, stand jedoch bald für alle
Karnevalsfeiern vor Aschermittwoch.
Auf dem Markusplatz wurden in
Anwesenheit des Dogen, hoher Wür-
denträger und ausländischer Staats-
gäste Ochsen geschlachtet, Schwert-
kämpfe ausgetragen, akrobatische
Glanzleistungen vollführt und natür-

Kostüme mit Tradition

lich ausgiebig dem Glücksspiel gefrönt, das nur zur Karnevalszeit erlaubt war. Besonders aufwändig waren die **Umzüge auf dem Wasser** mit prächtig geschmückten Gondeln. Als 1797 der letzte Doge zurücktrat und die Franzosen in Venedig einzogen, bedeutete das für zwei Jahrhunderte

Das Tragen von Masken dürfte vor allem durch den **Kontakt mit dem Orient** und moslemischer Kleidung aufgekommen sein. Eigentlich waren Maskierungen nur im Karneval erlaubt, doch die vornehme Bautta, eine schwarze Kapuze aus Samt oder Seide,

»In diesem schönen Fest liegt die unbändigste Freude
neben süßester Melancholie«

das Ende des tollen Treibens: Napoleon ließ den verrufenen Carnevale abschaffen.

Wiedergeburt

Erst seit 1979 wird er wieder offiziell gefeiert, von Tourismusmanagern sozusagen erneut aus der Taufe gehoben. Schnell entwickelte sich Venedig wieder zu einer Hochburg des Karnevals, erfuhren Kostümbildner und Maskenhersteller eine Renaissance. Und die aus Pappmaché, Keramik oder Leder gefertigten **Masken** sind längst zum Wahrzeichen der Stadt avanciert.

die das Gesicht frei ließ, war auch zu besonderen Festlichkeiten zugelassen. Zur bautta trug man den Dreispitz (tricorno) und einen langen schwarzen Mantel (tabarro). Die eigentliche Maske war weiß oder schwarz und verbarg die obere Gesichtshälfte; wollte man völlig unerkannt bleiben, so bedeckte ein Spitzentuch am unteren Rand der Maske auch Mund und Kinn. Spanischen Ursprungs war der domino, ein weiter Umhang ähnlich einer Mönchskutte, der seinen Träger völlig verbarg. Die moretta, eine kleine, ovale Samtmaske, wurde nur von Frauen getragen. Großer Beliebt-

*Der Karneval –
eine lustige
Veranstaltung?*

heit erfreuten sich die mattacini, **farbenfrohe Narrenkostüme** mit großen Federhüten. Der medico della peste war als Folge der verheerenden Pestepidemien entstanden, von denen Venedig wiederholt heimgesucht wurde. Der grobe Überwurf und ein tief ins Gesicht gezogener Schlapphut ließen bei diesem Kostüm nur die Augen frei, die Maske mit der charakteristischen überlangen Schnabelnase sollte die verpestete Atemluft filtern, und mit dem langen Stock konnten Patienten in sicherer Entfernung untersucht werden.

Arlecchino und Co.

Bunt bereichert wurde die Karnevalsszene mit den Figuren der **Commedia dell'Arte**, darunter als berühmteste der für seine Possen bekannte Arlecchino in einem farbenfrohen Kostüm. Als die beiden Zanni treten Arlecchino und der einfallsreiche Diener Brighella auf. Das weibliche Gegenstück heißt Colombina, eine schlagfertige Dienstmagd, während der aus dem Hinterland Neapels stammende Pulcinella den Prahlhans verkörpert. Sinnbild des schlauen venezianischen Kaufmanns ist der spitzbärtige Pantalone, in rote Bundhosen, rotes Wams und schwarzen Rock gekleidet, den heißgeliebten Geldbeutel am Gürtel. Als Parodie der intellektuellen Eitelkeit gilt der Dottore, ein schwarz gekleideter Rechtsgelehrter mit Knollennase. Eine besondere Rolle spielt der Capitano mit buntgestreifter Uniform, Schwert und breitkrempigem Federhut als Symbol der Auflehnung gegen Fremdherrschaft und Inbegriff der **Karnevalsfreiheit**, einmal sagen zu können, was man will. Wenn heute auch nicht wenige Venezianer vor dem Karnevalstrubel aufs Festland fliehen, nehmen doch nach wie vor viele am lebhaften Treiben teil, andere treffen sich auf Privatbällen, während das offizielle Maskenspektakel mediengerecht auf und rund um den Markusplatz abläuft. Jedes Jahr steht der Karneval unter einem **anderen Motto**, und trotz aller Kritik bleibt der Karneval ein fester Bestand des venezianischen Festkalenders. Am besten man macht einfach mit und gibt sich der alten Sehnsucht hin, wenigstens für einen Augenblick in die Rolle eines anderen zu schlüpfen.

chen Adria kann es auch in dieser Zeit ab und zu regnen – 4 bis 9 Regentage pro Monat –, doch je weiter man nach Süden kommt, umso trockener wird es. An der Küste scheint im Sommer 8 bis 10 Stunden am Tag die Sonne, und die Temperaturen klettern auf durchschnittliche 25 bis 28 °C. Im Juli und August kann es ziemlich schwül werden, im September dagegen herrschen wieder ähnliche Bedingungen wie im Mai.

Ungemütlich sind eigentlich nur der **Spätherbst** und der **Winter**. Dann wird es ziemlich feucht und – für Mittelmeerverhältnisse – relativ kühl. Die Mittelwerte sinken auf 9 bis 6 °C, örtlich sogar noch tiefer. Die durchschnittliche tägliche Sonnenscheindauer beträgt im Januar nur noch 3 Stunden. Feucht-

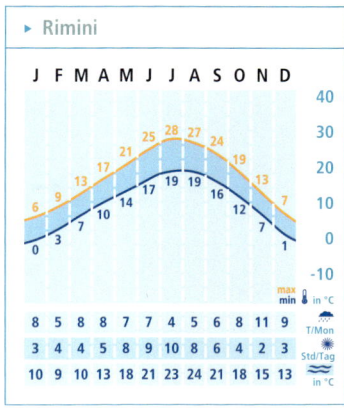

kalte Nebel liegen oft wochenlang über dem Po-Delta. Charakteristisch für den Winter an der nördlichen Adria sind die manchmal wochenlang anhaltenden Bora-Winde. Das warme Pendant zur Bora ist der Scirocco, der als feuchter Südwestwind weht und in der nördlichen Adria einen hohen Seegang verursachen kann.

Shopping

Einkaufsparadies

Egal, ob Schuhe, Mode, Pasta oder Wein, ob auf Märkten, in Boutiquen oder im Fabrikverkauf – Italien ist ein Einkaufsparadies. Natürlich sind die Seebäder an der Küste bestens auf kauffreudige Urlauber eingestellt: An der strandnahen Einkaufsmeile von Rimini beispielsweise bleiben die Geschäfte in den Sommermonaten bis 23.00 Uhr geöffnet, und das Angebot dort lässt fast nichts aus. Am größten ist die Auswahl bei **Mode**, Accessoires und Schuhen. Wirklich preisgünstig sind diese Artikel allerdings auch nur auf Märkten, im Fabrikverkauf oder bei den Händlern an den Uferpromenaden der Badeorte. Qualität oder besonders ausgefallenes Design haben jedoch auch in Italien ihren Preis.

Kunsthandwerk

Es gibt in den einzelnen Regionen ein paar typische kunsthandwerkliche Erzeugnisse, die allerdings oft nur noch für den Verkauf an Touristen hergestellt werden. In Friaul-Julisch Venetien zum Beispiel sind es Schnitzarbeiten, Kunstschmiedeerzeugnisse und Webarbeiten. Venetien ist bekannt für Glas- und Kristallwaren – man denke nur etwa an das berühmte Murano-Glas, Silber- und Goldschmiedearbeiten sowie für die Karnevals-Masken, die einem in Venedig auf Schritt und Tritt begegnen. Berühmt sind auch die Spitzen aus Burano sowie

Keramik aus Bassano. In den Marken werden Gebrauchsgegenstände aus Stroh und Weidenruten, Keramik, Teppiche sowie Musikinstrumente und Majolika hergestellt.

Kulinarisches
Wer gerne seine Urlaubserinnerungen mit etwas Kulinarischem konservieren bzw. auffrischen möchte, hat angesichts des riesigen Angebots an schmackhaften Lebensmitteln und köstlichen landestypischen Produkten die Qual der Wahl. In den kleinen Delikatessen- und Tante-Emma-Läden, die es durchaus noch gibt in Italien, macht das Einkaufen dieser Köstlichkeiten am meisten Spaß, günstiger bekommt man fast alle in jedem Supermarkt. Gut zu transportieren und außerdem haltbar sind die italienischen **Nudeln** (Pasta), die es in einer unglaublichen Variationsbreite gibt. Ebenfalls beliebt als Mitbringsel sind Olivenöl aus

> **! Baedeker TIPP**
>
> **Herbstvergnügen**
>
> Oktober und November sind keine klassischen Reisemonate für die Adriaküste – es sei denn, man ist auf der Suche nach Trüffeln. Berühmt sind die Trüffeln aus den Wäldern in den Marken.

Umbrien oder aus den Marken, Balsamico-Essig, getrocknete Steinpilze oder eingelegte Trüffel. Auch Käse, vor allem Parmesan oder Pecorino, lässt sich einige Zeit aufbewahren, ebenso Süßigkeiten wie Panettone oder Mandelgebäck. In den Weinanbaugebieten, vor allem in Venetien und in Friaul-Julisch Venetien, kann man die regionalen Weine und Spirituosen in den Enotheken oder in den Weingütern probieren und kaufen (▶Essen und Trinken, Weine).

Einzelhandels-geschäfte
Die **Öffnungszeiten** der Einzelhandelsgeschäfte sind sehr unterschiedlich. Die meisten Händler haben ihre Läden 9.00–12.30 und 16.00–19.00 Uhr geöffnet, in den touristischen Zentren oft auch länger. Am Samstagnachmittag und Sonntag sind Geschäfte normalerweise geschlossen, viele auch am Montagvormittag. In den Seebädern kann man im Juli und August meist auch samstags und sonntags einkaufen, oft sogar bis spät in die Nacht.

Hinweis
Beim Kauf ist die quittierte Rechnung (ricevuta fiscale) zu verlangen und aufzubewahren, denn diese muss bei einer Kontrolle durch die Steuerfahndung vorgewiesen werden.

Sprache

Romanische Sprache
Das Italienische hat sich aus dem Lateinischen entwickelt und steht diesem von allen romanischen Sprachen am nächsten. Nicht zuletzt infolge der früheren politischen Zerrissenheit des Landes entstanden zahlreiche Mundarten, unter denen sich das Toskanische durchsetzte und bis heute die gültige Schriftsprache blieb.

SPRACHFÜHRER ITALIENISCH

Auf einen Blick

Sì/No	Ja/Nein
Per favore/Grazie	Bitte/Danke
Non c'è di che	Gern geschehen
Scusi!/Scusa!	Entschuldigen Sie!
Come dice?	Wie bitte?
Non La/ti capisco	Ich verstehe Sie/dich nicht
Parlo solo un po' di ...	Ich spreche nur wenig
Mi può aiutare, per favore?	Können Sie mir bitte helfen?
Vorrei ...	Ich möchte ...
(Non) mi piace	Das gefällt mir (nicht)
Ha ...?	Haben Sie ...?
Quanto costa?	Wie viel kostet?
Che ore sono?/Che ora è?	Wie viel Uhr ist es?
Come sta?/Come stai?	Wie geht es Ihnen/dir?
Bene, grazie. E Lei/tu?	Danke. Und Ihnen/dir?

Unterwegs

a sinistra	links
a destra	rechts
diritto	geradeaus
vicino/lontano	nah/fern
Quanti chilometri sono?	Wie weit ist das?
Vorrei noleggiare ...	Ich möchte ... mieten
... una macchina	... ein Auto
... una bicicletta	... ein Fahrrad
... una barca	... ein Boot
Scusi, dov'è ...?	Bitte, wo ist ...?
la stazione centrale	der Hauptbahnhof
la metro(politana)	die U-Bahn
l'aeroporto	der Flughafen
all'albergo	zum Hotel
Ho un guasto.	Ich habe eine Panne.
Mi potrebbe mandare un carro-attrezzi?	Würden Sie mir einen Abschleppwagen schicken?
Scusi, c'è un'officina qui?	Gibt es hier eine Werkstatt?
Dov'è la prossima stazione di servizio?	Wo ist die nächste Tankstelle?
benzina normale	Normalbenzin
super/gasolio	Super/Diesel
Deviazione	Umleitung
Senso unico	Einbahnstraße
sbarrato	gesperrt
rallentare	langsam fahren
tutti le direzioni	alle Richtungen
tenere la destra	rechts fahren

SS 16 Adriatica

Die SS 16 weist den Weg an der Adria

Zone di silenzio	Hupverbot
Zona tutelata inizio	Beginn der Parkverbotszone
Aiuto!	Hilfe!
Attenzione!	Achtung!
Chiami subito ...	Rufen Sie schnell ...
... un'autoambulanza	... einen Krankenwagen
... la polizia	... die Polizei

Ausgehen

Scusi, mi potrebbe indicare ...?	Wo gibt es ...?
... un buon ristorante?	... ein gutes Restaurant?
... un locale tipico?	... ein typisches Restaurant?
C'è una gelateriaqui vicino?	Gibt es hier eine Eisdiele?
Può riservarci per stasera un tavolo per quattro persone?	Kann ich für heute abend einen Tisch für vier Personen reservieren?
Alla Sua salute!	Auf Ihr Wohl!
Il conto, per favore.	Bezahlen, bitte.
Andava bene?	Hat es geschmeckt?
Il mangiare era eccellente.	Das Essen war ausgezeichnet.
Ha un programma delle manifestazioni?	Haben Sie einen Veranstaltungskalender?

Einkaufen

Dov'è si può trovare ...?	Wo finde ich ...?
... una farmacia	... eine Apotheke
... un panificio	... eine Bäckerei
... un negozio di articoli fotografici	... ein Fotogeschäft
... un grande magazzino	... ein Kaufhaus
... un negozio di generi alimentari	... ein Lebensmittelgeschäft
... il mercato	... den Markt
... il supermercato	... den Supermarkt
... il tabaccaio	... den Tabakladen
... il giornalaio	... den Zeitungshändler

Übernachten

Scusi, potrebbe consigliarmi ...?	Können Sie mir bitte ... empfehlen?
... un albergo	... ein Hotel
... una pensione	... eine Pension
Ho prenotato una camera.	Ich habe ein Zimmer reserviert.
È libera ...?	Haben Sie noch ...?
... una singola	... ein Einzelzimmer
... una doppia	... ein Zweibettzimmer
... con doccia/bagno	... mit Dusche/Bad
... per una notte	... für eine Nacht
... per una settimana	... für eine Woche
... con vista sul mare	... mit Blick aufs Meer

Ins Gespräch kommen ist in Italien meist nicht schwer – vorausgesetzt, man kann zumindest ein paar Brocken Italienisch!

Quanto costa la camera ...?	Was kostet das Zimmer ...?
... con la prima colazione?	... mit Frühstück?
... a mezza pensione?	... mit Halbpension?

Arzt und Apotheke

Mi può consigliare un buon medico?	Können Sie mir einen guten Arzt empfehlen?
Mi puo dare una medicina per ...	Geben Sie mir bitte ein Medikament gegen...
Soffro di diarrea.	Ich habe Durchfall.
Ho mal di pancia.	Ich habe Bauchschmerzen.
... mal di testa	... Kopfschmerzen
... mal di gola	... Halsschmerzen
... mal di denti	... Zahnschmerzen
... influenza	... Grippe
... tosse	... Husten
... la febbre	... Fieber
... scottatura solare	... Sonnenbrand
... costipazione	... Verstopfung

Zahlen

zero	0
uno	1
due	2
tre	3
quattro	4
cinque	5
sei	6
sette	7
otto	8
nove	9
dieci	10

undici	11
dodici	12
tredici	13
quattordici	14
quindici	15
sedici	16
diciassette	17
diciotto	18
dicianove	19
venti	20
ventuno	21
trenta	30
quaranta	40
cinquanta	50
sessanta	60
settanta	70
ottanta	80
novanta	90
cento	100
centouno	101
mille	1000
duemille	2000
diecimila	10 000
duecento	200
un quarto	1/4
un mezzo	1/2

Speisekarte

Prima colazione	Frühstück
caffè, espresso	kleiner Kaffee ohne Milch
caffè macchiato	kleiner Kaffee mit wenig Milch
caffe latte	Kaffee mit Milch
cappuccino	Kaffee mit aufgeschäumter Milch
tè al latte/al limone	Tee mit Milch/Zitrone
cioccolata	Schokolade
frittata	Omelett/Pfannkuchen
pane/panino/pane tostato	Brot/Brötchen/Toast
burro	Butter
salame	Wurst
prosciutto	Schinken
miele	Honig
marmellata	Marmelade
iogurt	Joghurt

Antipasti	Vorspeisen und Suppen
affettato misto	gemischter Aufschnitt

anguilla affumicata	Räucheraal
melone e prosciutto	Melone mit Schinken
minestrone	dicke Gemüsesuppe
pastina in brodo	Fleischbrühe mit feinen Nudeln
vitello tonnato	kalter Kalbsbraten mit Thunfischmayonnaise
zuppa di pesce	Fischsuppe
Primi piatti	Nudel- und Reisgerichte
pasta	Nudeln
fettuccine/tagliatelle	Bandnudeln
gnocchi	kleine Kartoffelklößchen
polenta (alla valdostana)	Maisbrei (mit Käse)
agnolotti/ravioli/tortellini	gefüllte Teigtaschen
vermicelli	Fadennudeln
Carni e Pesce	Fleisch und Fisch
agnello	Lamm
ai ferri/alla griglia	vom Grill
aragosta	Languste
brasato	Braten
coniglio	Kaninchen
cozze/vongole	Miesmuscheln/kleine Muscheln
fegato	Leber
fritto di pesce	gebackene Fischchen
gambero, granchio	Krebs, Krabbe
maiale	Schweinefleisch

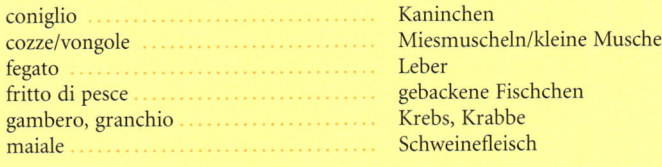

Italien bittet zu Tisch – mit Pasta natürlich!

pesce spada	Schwertfisch
platessa	Scholle
pollo	Huhn
rognoni	Nieren
salmone	Lachs
scampi fritti	gebackene kleine (See-)Krebse
sogliola	Seezunge
tonno	Thunfisch
trota	Forelle
vitello	Kalbfleisch

Verdura	Gemüse
asparagi	Spargel
carciofi	Artischocken
carote	Karotten
cavolfiore	Blumenkohl
cavolo	Kohl
cicoria belga	Chicorée
cipolle	Zwiebeln
fagioli	weiße Bohnen
fagiolini	grüne Bohnen
finocchi	Fenchel
funghi	Pilze
insalata mista/verde	gemischter/grüner Salat
lenticchie	Linsen
melanzane	Auberginen
patate	Kartoffeln
patatine fritte	Pommes frites
peperoni	Paprika
pomodori	Tomaten
spinaci	Spinat
zucca	Kürbis

*Aubergin
lassen sich a
viele Art
zubereite*

Formaggi	Käse
parmigiano	Parmesan
pecorino	Schafskäse
ricotta	quarkähnlicher Frischkäse

Dolci e frutta	Nachspeisen und Obst
cassata	Eisschnitte mit kandierten Früchten
coppa assortita	gemischter Eisbecher
coppa con panna	Eisbecher mit Sahne
tirami su	in Kaffee getränkte Löffelbiskuit mit Mascarpone-Creme
zabaione	Eierschaumcreme
zuppa inglese	likörgetränktes Biskuit mit Vanillecreme

Bevande	Getränke
acqua minerale	Mineralwasser
aranciata	Orangeade
bibita	Erfrischungsgetränk
bicchiere	Glas
birra alla spina	Bier vom Fass
birra senza alcool	alkoholfreies Bier
bottiglia	Flasche
con ghiaccio	mit Eis
digestivo	Digestif
con gas/senza gas	mit/ohne Kohlensäure
secco	trocken
spumante	Sekt
succo	Fruchtsaft
vino bianco/rosato/rosso	Weiß-/Rosé-/Rotwein
vino della casa	Hauswein

Übernachten

Das Angebot an Übernachtungsmöglichkeiten ist erwartungsgemäß riesig – vom Luxushotel in der ersten Reihe hinter dem Strand oder abgelegen in den Hügeln des Hinterlandes über die einfache Familienpension bis zum Campingplatz unter Pinien gibt es alles. In den Badeorten hat man während der Saison die Qual der Wahl, außerhalb der Sommermonate sind allerdings viele Hotels, vor allem die Zwei- und Drei-Sterne-Häuser, geschlossen (s. u.).

Agriturismo lässt sich am besten mit »**Ferien auf dem Land**« über- **Agriturismo**
setzen. Die Auswahl der Unterkünfte reicht von Zeltplätzen und Zimmern auf einem Bauernhof bis zu gut ausgestatteten Apartments in Villen in ländlicher Umgebung, meist nicht direkt an der Küste, sondern eher im Hinterland. Für Aktiv-Urlauber sind die Agriturismo-Unterkünfte vor allem wegen ihres meist umfangreichen Freizeitangebots (Schwimmbäder, Tennisplätze, Fahrradverleih, Reitmöglichkeiten usw.) attraktiv. Einige Betriebe haben ländliche Restaurants oder bieten Erzeugnisse aus eigener Herstellung an – wie z. B. Olivenöl, Naturhonig, Marmelade oder Wurstwaren. Informationen erhält man bei den Fremdenverkehrsämtern vor Ort (► Auskunft · Wichtige Adressen) und über den Interessenverband Agriturist in Rom, der jährlich einen Führer herausgibt.

Camping

An der italienischen Adriaküste gibt es zahlreiche Campingplätze, die je nach Komfort in unterschiedliche Kategorien (1 Stern bis 4 Ster-

ADRESSEN

FERIEN AUF DEM LAND

▶ **Agriturist**
Corso Vittorio Emanuele 101
I-00186 Roma
Tel. 06 685 23 42
Fax 06 685 24 24
www.agriturist.it
www.agriturismo.it

B & B

▶ **B & B Italia**
Corso Vittorio Emanuele II, 282
I-00186 Roma
Tel 06 687 86 18, Fax 06 687 86 19
www.bbitalia.it.

CAMPING

▶ **Federazione Italiana del Campeggio e del Caravaning**
Via Vittorio Emanuele 11
I-50041 Calenzano (Firenze)
Tel. 0 55 88 23 91
Fax 0 55 882 59 18
www.camping.it

JUGENDHERBERGEN

▶ **Associazione Italiana Alberghi per la Gioventù**
Via Cavour 44
I-00184 Roma
Tel. 06 487 11 52, Fax 06 488 04 92
www.travel.it/hostels
www.aighostels.com

▶ **Deutsches Jugendherbergswerk**
Postfach 1455
D-32704 Detmold
Tel. 0 52 31 / 74 01 10
Fax 74 01 74
www.djh.de

ne) klassifiziert sind. Insbesondere in der Hochsaison, das heißt von Mitte Juli bis Mitte September, empfiehlt sich eine rechtzeitige Anmeldung. Campingplatzverzeichnisse werden von der ENIT (▶ Auskunft) sowie vom italienischen Camping-Verband herausgegeben.

Caravaning, wildes Zelten Mit einem Wohnmobil oder Wohnwagen darf man generell eine Nacht auf einem Park- oder Rastplatz bzw. am Straßenrand stehen, sofern dies nicht durch Hinweise verboten ist. Wildes Zelten in freier Natur ist nicht erlaubt.

Jugendherbergen

Jugendherbergen findet man an der italienischen Adria nur in den größeren Städten – in Triest, Venedig, Padua, Ravenna, Ancona und in Ascoli Piceno sowie in dem Wallfahrtsort Loreto. Die italienischen Jugendherbergen (**Alberghi per la Gioventù**) sind dem Internationalen Jugendherbergsverband angeschlossen. Für die Übernachtung benötigt man einen internationalen Jugendherbergsausweis, der u. a. beim Deutschen Jugendherbergswerk in Detmold erhältlich ist. Eine Voranmeldung ist vor allem in der Saison unbedingt ratsam. Ein Verzeichnis mit Adressen der italienischen Jugendherbergen kann man beim Deutschen Jugendherbergswerk anfordern. Die Preise schwanken abhängig von Lage und Ortsgröße; in der Regel liegen sie zwischen 13 und 19 € pro Person und Tag.

Hotels

Die Hotels in Italien sind amtlich in **fünf Kategorien** eingeteilt, vom Luxushotel mit fünf Sternen bis zur einfachen Unterkunft mit einem Stern. Zudem findet man auch kleinere, nicht klassifizierte Betriebe, die durchaus akzeptabel sind. In den Badeorten überwiegen die Hotels der Drei- und Vier-Sterne-Kategorie, wobei die Zimmerpreise vor allem durch die Nähe zum Strand bestimmt werden. Bettenbunker sind in der Minderheit, die meisten Hotels in den Badeorten – viele davon Familienbetriebe – sind mit 30 bis 40 Zimmern noch angenehm überschaubar. Während der Hochsaison ist man an der Küste auf Gäste eingestellt, die ein oder zwei Wochen bleiben. Deshalb gibt es für einen Mindestaufenthalt von drei Tagen spezielle Konditionen. Manche kleineren Hotels haben keine eigene Garage, kümmern sich aber in der Regel darum, wo man parken kann. Oft muss man für einen Stellplatz auf dem Hotelgelände extra bezahlen. Am Beginn und am Ende der Saison kann man in vielen Hotels einen günstigen Preis aushandeln. Die Mehrzahl der Hotels und Pensionen an der Küste schließen im Winter.

Die Hotelpreise variieren je nach Saison zum Teil sehr stark, am höchsten sind sie im August, wenn auch die Italiener Urlaub machen. Für Einzelzimmer zahlt man in der Regel 20 bis 25 % weniger als für ein Doppelzimmer.

Hotelverzeichnisse erhält man von den ENIT-Vertretungen zugeschickt sowie von den regionalen und örtlichen Fremdenverkehrsämtern (▶Auskunft) oder Reisebüros.

Eine empfehlenswerte Alternative zum Hotelaufenthalt bietet **Bed & Breakfast Italia**, in Italien der Marktführer in der Vermittlung von Privatunterkünften. Das Angebot reicht von Zimmern mit Badmitbenutzung (2 Sterne) bis zu Unterkünften in namhaften historischen Gebäuden mit eigenem Bad etc. (4 Sterne).

Hotelkategorien

◀ Preiskategorien

Hotel-verzeichnisse

! Baedeker TIPP

Pensione completa

Viele Hotels an der Adria bieten ihren Gästen Voll- oder Halbpension an (Pensione completa bzw. Mezza Pensione). Da die häuslichen Küchen in den Regel gut sind und der Aufpreis zur Übernachtung mit Frühstück nicht hoch ist, sollten Sie dieses Angebot nutzen!

 Preiskategorien Hotels

■ Luxus: ab 180 €
■ Komfortabel: ab 100 €
■ Günstig: bis 100 €
  (Doppelzimmer mit Frühstück)

■ Adressen ausgewählter Hotel und Pensionen
  ▶Reiseziele von A bis Z

Urlaub aktiv

Sport wird groß geschrieben an der italienischen Adriaküste. **Wassersport** spielt naturgemäß eine große Rolle, aber auch für verschiedene Landsportarten, vor allem Joggen, Radfahren und Skaten, sind die Voraussetzungen bestens. Jeder Badeort verfügt über Sportanlagen, v. a. natürlich Fußball-, Volleyball- bzw. Beachvolleyball-, Tischtennisplatten, Tennis- und Minigolfplätze, aber auch Inlineskatebahnen sowie Go-Kart-Pisten findet man in vielen Seebädern.

Angeln

Die vielen Adriazuflüsse und die Adria selbst sind bei Anglern beliebt. Zum Angeln im Meer braucht man keine Genehmigung, in Flüssen und Seen jedoch schon. Diese erhält man gegen Gebühr bei der zuständigen Verwaltung (in den Verkehrsbüros erfragen) oder man wendet sich an ein Jagd-und Anglergeschäft vor Ort (Caccia Pesca), die in der Regel berechtigt sind, gegen Vorlage des Anglerscheins die lokale Licenza di Pesca auszustellen.

Golf

Noch ist die Zahl der Golfplätze an der Adria und im näheren Hinterland überschaubar. Es gibt u. a. Plätze bei Triest, Grado, Lignano, Padua, Venedig, auf der Isola di Albarella, in Cervia, Rimini und Pesaro. Als einer der schönsten gilt der Golfplatz bei Sirolo, oberhalb der Riviera del Conero. Für weitere Informationen schauen Sie auf die deutschsprachige Website www.golf.eu.

Rad fahren

Rad fahren ist in Italien fast **eine Art Volkssport**, so dass man sich in vielen Städten und in allen Seebädern bequem auf Radwegen fortbewegen kann. Viele Badeorte haben für ihre Gäste Radtouren ausgearbeitet und bieten die Möglichkeit, Fahrräder zu leihen. Besonders günstig sind die Bedingungen in den flachen Lagunenlandschaften der nördlichen Adria. So kann man z. B. mit dem Drahtesel den Naturpark Po-Delta oder die Valli di Comacchio (▶ Reiseziele von A bis Z, Comacchio) erkunden oder das von Kanälen und Flussläufen durchzogene, fruchtbare Küstengebiet zwischen Venedig und Triest entdecken.

Sportlicher dagegen wird es im Hinterland der Regionen Marken und Abruzzen, wo man in den quer zur Küste verlaufenden

Die Radstrecken an der Küste sind eher gemütlich.

Tälern schöne, wenig befahrene Strecken entdecken kann. So ganz ohne Anstrengung geht das Radfahren hier allerdings nicht ab, denn man muss mit zum Teil heftigen Steigungen rechnen. Eine Herausforderung für alle echten Radfans ist das internationale **Amateurrennen Nove Colli**, das jedes Jahr im Mai in Cesenatico startet (Auskünfte über die Teilnahmebedingungen erteilt der Allgemeine Deutsche Fahrradclub, ADFC). Mehr als 3000 Höhenmeter sind auf diesem Rundrennen zu bewältigen!

Reiten

Reiten ist vor allem im Rahmen der Agriturismo-Angebote, aber auch in vielen Badeorten möglich. Sehr viele der Agriturismo-Betriebe bieten Reitausflüge an, stellen Pferde für Ausritte zur Verfügung oder weisen auf Reiterhöfe hin.

Wandern

Das Wandern ist in Italien nicht sehr verbreitet. Auch ist die Kennzeichnung nicht so weit entwickelt. Gute Wandermöglichkeiten bieten allerdings die Naturschutzparks in den Marken und in der Region Abruzzen. Exkursionen mit unterschiedlichen Schwierigkeitsgraden werden von Juli bis September vom italienischen Alpenverein (Club Alpino Italiano; CAI) angeboten. Auch örtliche Wandergruppen lassen einen gern mitwandern, in den Fremdenverkehrsbüros kann man sich danach erkundigen. Dort gibt es mittlerweile zahlreiches Prospektmaterial mit Wanderanregungen.

Wassersport

Überall an der Adria, vor allem in den großen Seebädern, gibt es Segel- und Surfschulen. Um ein Segelboot zu mieten, muss man einen Segelschein vorlegen. Tauchschulen findet man u. a. in Rimini, Gabicce Mare, Porto Recanati, Pesaro, Sirolo und Senigallia. Auch Kanu- und Kajakfahren in den Flüssen erfreuen sich zunehmender Beliebtheit. Genauere Auskünfte erhält man bei regionalen Fremdenverkehrsämtern und bei der ENIT (▶Auskunft • Wichtige Adressen).

Verkehr

Straßennetz

Das Straßennetz an der italienischen Adriaküste ist sehr gut ausgebaut. Zwischen Rimini und Pescara hat man die Wahl zwischen der Autobahn und der SS 16, die streckenweise nahezu parallel verlaufen. Zwischen Rimini und Venedig gibt es direkt an der Küste nur die SS 16 bzw. E 55. Wer auf diesem Abschnitt schnell vorankommen möchte, muss den Umweg über Bologna und Padua (A 14 bzw. A 13) in Kauf nehmen.

Autobahn

Die Benutzung der Autobahn (autostrada) in Italien ist meist gebührenpflichtig (pedaggio). Die Autobahngebühr kann entweder bar, mit Kreditkarte oder mit Viacard bezahlt werden. Man erhält sie in

Italien bei den Automobilclubs, bei ACI-Büros an den Grenzübergängen oder bei den wichtigsten Autobahneinfahrten, in Tabakwarengeschäften sowie an Tankstellen.

Tankstellen Die Einfuhr und der Transport von **Benzin** in Kanistern sind verboten. Es gibt bleifreies Benzin (95 Oktan, benzina senza piombo oder benzina verde), Superbenzin (97 Oktan) und Dieselkraftstoff (gasolio). Die Tankstellen sind in der Regel von 7.00 bis 12.00 und von 14.00 bis 20.00 Uhr geöffnet, an den Autobahnen meist 24 Stunden. An den Wochenenden, über die Mittagspause und nachts kann an vielen Tankstellen nur an automatischen Tanksäulen getankt werden.

Verkehrsvorschriften In Italien gelten folgende **Tempolimits**: Pkws, Motorräder und Wohnmobile bis 3,5 t: innerorts 50 km/h, außerorts 90 km/h, auf Schnellstraßen (2 Fahrstreifen in jeder Richtung) 110 km/h, auf Autobahnen (Autostrada) 130 km/h; Pkws und Wohnmobile über 3,5 t: außerorts 80 km/h, auf Schnellstraßen 80 km/h und auf Autobahnen 100 km/h. Wer zu schnell fährt und erwischt wird, muss mit hohen Geldstrafen rechnen.
Die Höchstgrenze für den Blutalkoholgehalt liegt bei 0,5 Promille. Straßenbahnen haben grundsätzlich Vorfahrt. Außerhalb der Ortschaften muss auch tagsüber mit Abblendlicht gefahren werden. Motorrädern über 50 cm³ besteht Helmpflicht. Bei Totalschaden ist der italienische Zoll zu verständigen, da sonst u. U. für das Schadensfahrzeug Einfuhrzoll bezahlt werden muss.

Mit der Vespa die Küste entdecken – für jugendliche und jung gebliebene Urlauber eine Alternative zum Auto.

 **ADRESSEN**

AUTOMOBILKLUBS

▶ **Automobile Club d'Italia (ACI)**
(Auslandspartner des ADAC)
Via Marsala 8, I-00185 Roma
Tel. 80 31 16
(Pannendienst)

▶ **Touring-Club Italiano (TCI)**
Corso Italia 10
I-20100 Milano
Tel. 02 852 66 05

MIETWAGEN

▶ **National Car Rental**
Tel. 08 00 / 464 73 36
www.nationalcar.de

▶ **Avis**
Tel. 018 05 / 55 77 55
www.avis.com

▶ **Budget**
Tel. 0 18 05/24 43 88
www.budget.de

▶ **Europcar**
Tel. 01 80 / 580 00
www.europcar.de

▶ **Hertz**
Tel. 0 18 05 / 33 35 35
www.hertz.de

▶ **Sixt**
Tel. 01 80 / 525 25 25
www.e-sixt.de

BAHN

▶ **Auskunft in Deutschland**
Tel. 018 05 / 99 66 33
www.bahn.de

▶ **Auskunft in Italien**
Tel. innerhalb Italiens:
199 89 20 21
Tel. vom Ausland
00 39 / 06 68 47 54 75
www.trenitalia.it

Parken

Das Auto sicher und legal abzustellen, ist in allen italienischen Städten nicht einfach, auch oder gerade an der Küste. Historische Innenstädte sind mittlerweile meist verkehrsberuhigt oder völlig autofrei. Die Zufahrt zu den Hotels ist allerdings gestattet. Generell sollte man die Beschilderung und Markierungen an den Straßenrändern beachten: Gelb markierte Parkplätze sind für Taxis, Busse, Kommunalfahrzeuge etc. reserviert. Auf blau gekennzeichneten Parkplätzen kann man sein Fahrzeug mit Parkschein abstellen. Weiß markierte Parkplätze können mit Parkscheibe eine Stunde lang gebührenfrei benutzt werden.

Panne – was nun?

Privates Abschleppen auf Autobahnen ist in Italien verboten. Im Falle einer Panne verständigen Sie am besten den rund um die Uhr erreichbaren Pannendienst des Italienischen Automobilclubs (ACI). Seit 2004 ist es in Italien Pflicht, eine Pannenweste nach EU-Norm dabei zu haben.

Mietwagen

Um in Italien einen Mietwagen zu bekommen, muss man mindestens 21 Jahre alt sein, einen nationalen Führerschein sowie eine Kreditkarte besitzen und ein Jahr Fahrpraxis haben. Bei den internationalen Autovermietern kann man bereits von Deutschland, Österreich und der Schweiz aus buchen. Mietstationen (»Autonoleggio«) gibt es in allen größeren Städten und Seebädern.

Bahn

Viele Orte an der italienischen Adria sind mit der Bahn erreichbar, da die Bahnlinie südlich von Ravenna unmittelbar an der Küste verläuft. Die Badeorte ganz im Norden der Adriaküste sind nicht direkt an das **Bahnnetz** angebunden, da die Bahnlinie zwischen Venedig und Triest etwa 20 bis 30 km landeinwärts verläuft. Der größte Teil des Streckennetzes wird von den Staatsbahnen, den Ferrovie dello Stato (FS), unterhalten; ergänzend verkehren einige Privatbahnen (Fahrpläne im Kursbuch der FS).

Es gibt verschiedene **Zugarten**: den langsamen und preiswerten Regionale, den etwas schnelleren Intercity sowie den schnellen Eurocity-Frecciabianca und den neuen Hochgeschwindigkeitszug Frecciarossa. Die beiden letzten sind reservierungspflichtig (im Ticket eingeschlossen) und teuer.

Fahrkarten Es gibt einfache (andata) und Rückfahrkarten (andata e ritorno) für die erste (prima) und zweite (seconda) Klasse (classe). Internationale Fahrkarten sind ab dem Ausstellungsdatum zwei Monate lang gültig, wobei der Reisende der Zugfahrt beliebig oft Unterbrechungen einlegen kann.

Für die in Italien gelösten Fahrkarten gilt: Bei Entfernungen bis zu 200 km gilt das Ticket 6 Std., über 200 km Fahrtstrecke 24–48 Std. Besondere **Ermäßigungen** gelten für Gruppenreisende, Senioren über 60 Jahren, Jugendliche unter 26 Jahren und Familien. Fahrkarten müssen in Italien am Abfahrtsbahnhof abgestempelt werden!

Wellness

An der Adriaküste gibt es eine Reihe von Orten mit Thermalquellen und Kureinrichtungen, so u. a. Grado, Jesolo, Bibione, Cervia, Riccione oder Milano Marittima. Die bekanntesten Thermalkurorte im Hinterland sind Abano Terme und Montegrotto Terme südlich von Padua. Die bei der ENIT (▶Auskunft) erhältliche Broschüre »Thermalorte Italia« stellt sie alle vor.

Genauere Auskünfte erteilen auch die regionalen und örtlichen Fremdenverkehrsbüros (▶Auskunft).

Spielt Zeit in dieser Landschaft eine Rolle?

Zeit

In Italien gilt die Mitteleuropäische Zeit (MEZ). Für die Sommermonate (ab Ende März bis Ende Oktober) wurde die Mitteleuropäische Sommerzeit (MESZ = MEZ + 1 Std.) eingeführt.

Touren

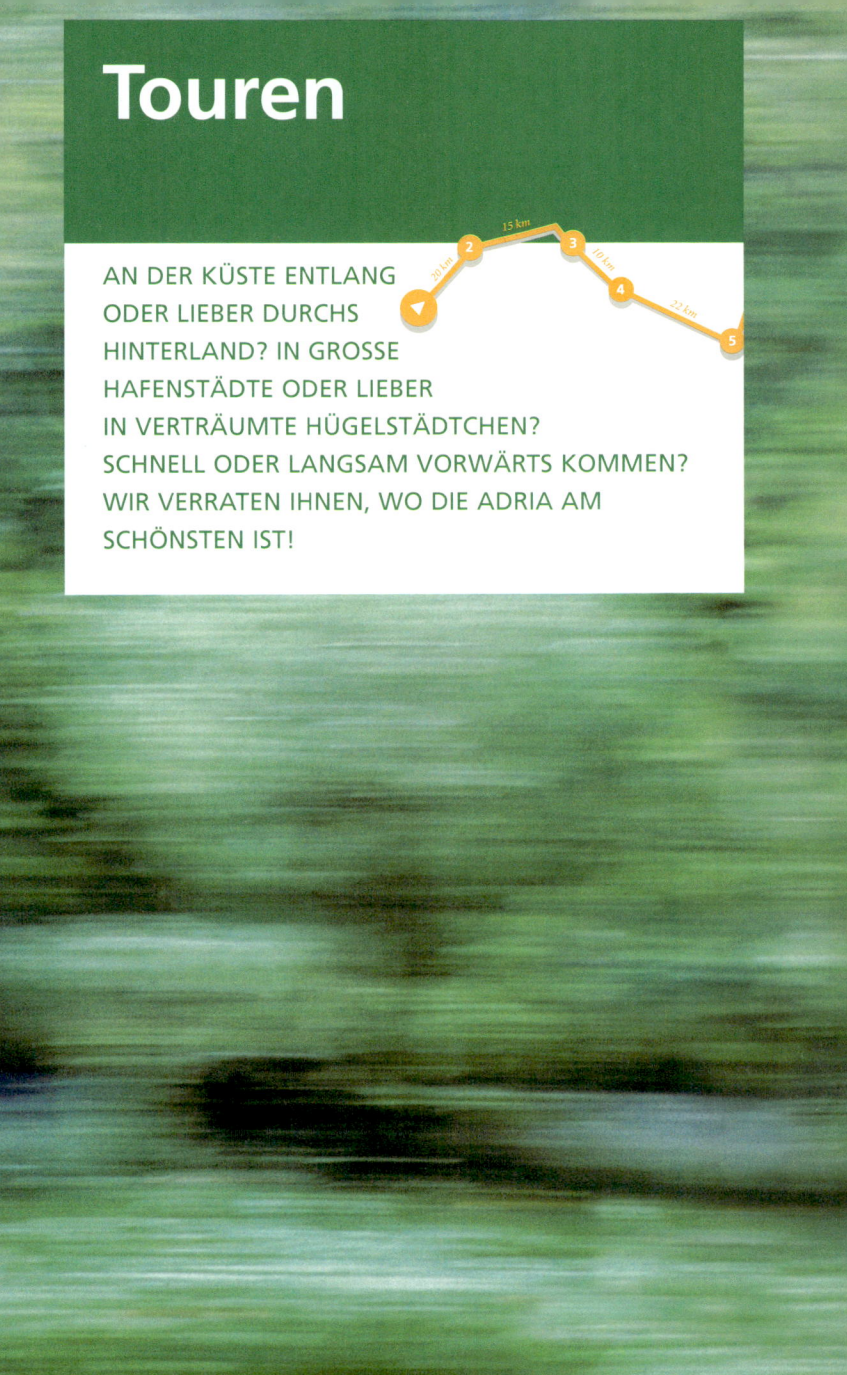

AN DER KÜSTE ENTLANG
ODER LIEBER DURCHS
HINTERLAND? IN GROSSE
HAFENSTÄDTE ODER LIEBER
IN VERTRÄUMTE HÜGELSTÄDTCHEN?
SCHNELL ODER LANGSAM VORWÄRTS KOMMEN?
WIR VERRATEN IHNEN, WO DIE ADRIA AM
SCHÖNSTEN IST!

TOUREN DURCH'S LAND

Sie wissen noch nicht, wo es lang gehen soll? In unseren Routen finden Sie Vorschläge für besonders schöne Strecken und Tipps für den besten Standort!

Venedig
ist Ausgangspunkt von gleich zwei Touren.

━━━ TOUR 1 **Lagunen und Sandstrände**
Entdecken Sie auf schmalen Landstraßen die abwechslungsreiche Lagunenküste zwischen Venedig und Triest. Auf der Strecke liegen Städtchen wie Treviso oder Grado und so berühmte Strände wie Bibione und Lignano. ▶ **Seite 108**

Fischfa
*in den S
von Comacc*

━━━ TOUR 2 **Kunststädte und Valli**
Zwischen Venedig und Cesena ist Einiges geboten: Naturfreunde können in die einzigartige Wasserlandschaft des Naturparks Po-Delta eintauchen, Kunstbegeisterte kommen in Ravenna oder Padua auf ihre Kosten. ▶ **Seite 110**

━━━ TOUR 3 **Von Burg zu Burg**
Dieser Ausflug macht Sie mit dem Montefeltro bekannt. Zahlreiche Burgen erinnern daran, dass diese liebliche Landschaft einst heiß umkämpft war. ▶ **Seite 112**

Marecchia-Tal
Ab in die Natur!

━━━ TOUR 4 **Unbekannte Marken**
Von den Marken kennt man meistens nur die gepflegten Seebäder: San Benedetto del Tronto, Senigallia oder Giulianova. Wir (ent)führen Sie jedoch auch ins Hinterland, wo so hübsche Orte wie Fermo, Sant' Elpidio a Mare oder Macerata auf Besucher warten! ▶ **Seite 113**

Grottammare
lohnt sich immer für einen Stopp.

© Baedeker

FRIULI-VENEZIA GIULIA

TOUR 1

★ ★ Treviso
★ Portogruaro
★ ★ Aquileja
★ ★ Triest
★ ★ Grado
★ Lignano
★ Caorle
★ Lido di Jesolo
★ ★ Venedig

VENETO

★ ★ Padua

★ ★ Chioggia

★ Abbazia di Pomposa

★ Comacchio

TOUR 2

EMILIA-ROMAGNA

★ ★ Ravenna

★ Cesena
★ Santarcangelo
★ Verucchio
★ ★ Rimini
★ San Leo
★ ★ San Marino
★ Pennabilli
TOUR 3

Mare

Adriatico

MARCHE

★ Ancona
★ ★ Riviera del Conero
★ Loreto
★ Sant' Elpidio a Mare
★ Macerata
★ Fermo
★ ★ Grottammare
TOUR 4
★ San Benedetto del Tronto
★ ★ Ascoli Piceno

ABRUZZI

Unterwegs an der Adria

Küste oder Hinterland?

So manchen mag es erstaunen, aber die italienische Adria ist ein Reiseziel für beinahe jeden Urlaubsgeschmack. Baden und Wassersport stehen zwar ganz oben auf der Liste der Möglichkeiten, doch darin erschöpft sich das Angebot keineswegs – egal, ob man in Rimini, Lignano oder Giulianova sein Quartier aufschlägt.

Dennoch haben die einzelnen Feriengebiete, die ja auch zu unterschiedlichen italienischen Regionen gehören, Unterschiedliches zu bieten. Eines gilt allerdings für die gesamte Küste: Wer vor allem des **Badens** wegen an die Adria kommt und sich am dortigen Nachtleben nicht stört, sollte sich direkt in den Badeorten einquartieren. Viele Hotels dort sind auf Familien und Badegäste eingestellt (siehe dazu auch: Praktische Informationen, Übernachten). Für alle anderen, die nur ab und zu – für ein kurzes Bad oder ein Abendessen am Meer – die Nähe der Küste suchen, sind die Unterkünfte im Hinterland besser geeignet. Sie sind nicht unbedingt günstiger, aber oft schön gelegen und mit individueller Note.

Zwischen Triest und Venedig

★ ★
Badestrände der Superlative ▶

Die Küste der beiden Regionen Friaul-Julisch Venetien und Venetien hat einen wesentlichen Vorteil – ihre Nähe zu Süddeutschland und Österreich. Das bedeutet aber umgekehrt eben auch, dass man an den **Stränden von Chioggia, Lido di Jesolo, Bibione und Lignano** – um nur die größten zu nennen – im Sommer nicht allein ist. Auch Städtchen wie Caorle oder Grado – beide mit einem hübschen alten Zentrum – sind in der Hochsaison alles andere als ruhige Ferienorte. Doch dafür ist hier die Auswahl an Unterkünften riesig, die Wege zum Strand meist kurz und die Wassersportmöglichkeiten nahezu grenzenlos. Alle Einrichtungen – Hotels, Restaurants, Badeanstalten usw. – sind auf Familien mit Kindern eingestellt.

Die flache Lagunenlandschaft des Veneto mit ihren vielen schmalen Landsträßchen bietet sich an für gemütliche Radtouren an Kanälen und Seen entlang. Mit dem Schiff kann man Tagesausflüge nach Venedig unternehmen, mit dem Auto ist man schnell in einigen sehenswerten Städtchen im Hinterland.

Zwischen dem Po-Delta und Cattolica

Die Badeorte der Emilia-Romagna – allen voran **Cervia-Milano Marittima, Cesenatico und Rimini** – stehen in der Beliebtheitsskala direkt hinter den Stränden Venetiens. Auch die Bewohner der norditalienischen Großstädte schätzen die romagnolischen Strände, die man über Bologna schnell erreicht.

Ganz im Norden der Region, im Po-Delta an der Grenze zu Venetien, ist es noch am ruhigsten. Vor allem Naturfreunde verschlägt es in diese Ecke der Emilia-Romagna. Ab Comacchio beginnt die lange Kette der Strände und Badeorte, die bis Gabicce Mare und damit an die Grenze zur Region Marken nicht mehr abreißt. Erholsame Ferien verspricht der Aufenthalt in einer der »Lidi« von Comacchio und Ra-

Wer lange Nächte liebt, ist in Rimini genau richtig.

venna. Wer auf ein abwechslungsreiches Nachtleben keinen Wert legt, ist hier gut untergebracht. Auch der Doppelgemeinde Cervia-Milano Marittima eilt der Ruf voraus, ein ruhiger Ferienort zu sein. Für Cesenatico, ganz besonders aber für Rimini, Riccione und Cattolica, trifft dies sicher nicht zu, im Gegenteil: Riminis Nachtleben ist in ganz Italien eine bekannte Größe. Verständlich, dass die Jugendlichen und jung Gebliebenen vor allem hier absteigen. Allerdings gilt auch in diesen Orten das Motto: je weiter vom Strand und der Strandpromenade entfernt, desto ruhiger. Familienfreundlich wie man in Italien gemeinhin ist, wird auch an das Vergnügen der **kleinen Gäste** gedacht – mit Freizeit- und Wasserparks sowie einem der größten Parks in Italien, Mirabilandia bei Ravenna.

◀ Rimini: Familienbad und Nightlife-Kapitale

Für **Kunstfreunde** ist dieser Abschnitt der Adriaküste ebenfalls nicht uninteressant, denn das flache bis leicht hügelige Hinterland hält so manches kulturelle Highlight bereit – von Ravenna mit seinen frühchristlichen Kirchen über das charmante alte Lagunenstädtchen Comacchio oder die wunderschöne Altstadt von Rimini, die gerne ein bisschen hinter dem berühmten Seebad vergessen wird, bis zu San Leo oder San Marino.

Der südlichste in diesem Buch vorgestellte Adria-Abschnitt gehört zu den Regionen Marken und Abruzzen. Für beide Regionen gilt, dass sie trotz ihrer landschaftlichen Schönheit und kulturellen Vielfalt zu den weniger bekannten und von deutschen Gästen auch nicht so sehr frequentierten Reisezielen in Italien gehören. Je weiter man

Küste der Marken und der Abruzzen

nach Süden kommt, umso mehr trifft man auf einheimische Touristen. An der Küste, die nun von einem hügeligen Hinterland gerahmt wird, bietet sich ein ähnliches Bild wie in der Emilia-Romagna. Allerdings haben viele Badestädtchen hier einen alten Ortskern – Senigallia oder Fano zum Beispiel – oder eine hoch gelegene, romantische Altstadt – Grottammare –, in denen man sich gleich weit weg fühlt vom Rummel an der Küste. Ein besonderer Küstenabschnitt ist die Riviera del Conero südlich von Ancona. Hier bestimmen steil zum Meer abfallende Felsen und kleine Badebuchten mit Kiesstränden das Bild.

★ ★
Riviera del
Conero ▶

Der Reiz der märkischen Adria-Küste liegt aber vor allem im **Hinterland**, das immer noch erfreulich untouristisch ist. Sicher hängt dies auch mit der Topografie der Region zusammen – viele Täler, zwischen denen es keine gut ausgebauten Querverbindungen gibt. Obwohl das Meer per Luftlinie nur ein paar Kilometer entfernt ist, spürt man hier nichts mehr von der typischen Küstenatmosphäre. Außerhalb der Saison wird man hier kaum auf Mitbesucher treffen, und selbst im Sommer ist der Unterschied zu den Küstenorten wohltuend. Überall gibt es gemütliche Agriturismo-Adressen, die sich vor allem für Kultur- und Aktivurlauber bestens eignen.

Naturfreunde und Wanderer finden im Gran-Sasso-Nationalpark ein ideales Revier, Liebhaber italienischer Lebenskultur und Kunst werden über Städtchen wie Sant'Elpidio a Mare, Jesi, Fermo oder das schon etwas berühmtere Ascoli Piceno begeistert sein.

Das richtige Verkehrsmittel

Auto, Bahn oder
Flugzeug?

Die **Bahnlinie** verläuft ab Ravenna dicht an der Küste und berührt dort quasi jeden größeren Ort. Wer also seinen Urlaub hauptsächlich am Strand verbringen und keine größeren Ausflüge unternehmen will, kann lange Autofahrten und Staus bequem umgehen. Dies gilt vor allem für die Badeorte an der märkischen und abruzzischen Küste, bei den venetischen Badestädten ist die Anreise per Bahn nicht ganz so komfortabel, da die Bahnlinie etwa 20 km landeinwärts verläuft und man vom Bahnhof dann noch den Bus nehmen muss. Ganz anders liegt der Fall, wenn man das Hinterland individuell erkunden möchte. Viele Orte sind nur umständlich oder gar nicht mit öffentlichen Verkehrsmitteln zu erreichen – ein eigenes Fahrzeug ist für diese Urlaubsalternative unabdingbar.

Für die Anreise mit dem Flugzeug gilt im Grund dasselbe wie für die Bahn. Wer allerdings mal schnell ein paar Tage an die abruzzische Küste zum Baden will und einen Billigflug nach Pescara erwischt, ist mit dieser Wahl möglicherweise gut bedient.

Das Städtchen Urbino mit seinem beeindruckenden Herzogspalast ist →
ein ideales Tagesausflugsziel im Hinterland der Küste.

Tour 1 Lagunen und Sandstrände

Länge der Tour: 294 km   **Dauer:** 3 – 5 Tage

Von der Autobahn bietet die flache Landschaft ein unspektakuläres Bild, auf den kleinen Landstraßen jedoch sieht das schon wieder ganz anders aus. Wer den Zwischenstopp mit einem Bad im Meer verbinden will, hat die Qual der Wahl zwischen den langen Sandstränden von Bibione, Lignano, Grado.

Einkaufsparadies
... für Schuhe und anderes: Treviso

Kaffeevielfalt
– in Triest hat sie Tradition.

★★ Aquileja

35 km

30 km

★ Portogruaro

★★ Treviso

★ Lignano

★ Caorle

★ Grado

★★ Tri

★★ Venedig

★ Lido di Jesolo

27 km · 70 km · 40 km · 25 km · 12 km · 55 km

2 · 5 · 7 · 6 · 4 · 3 · 8 · 9

Rialtobrücke
Das Wahrzeichen Venedigs

Badesachen
– keinesfalls vergessen bei einem Abstecher nach Lignano

Von **❶ ★ ★ Venedig** fährt man nach **❷ ★ ★ Treviso** (auf der SS 13). Völlig unverdient liegt diese hübsche, von Kanälen geprägte Stadt ein bisschen im Schatten von Padua und Venedig. Von Treviso aus kann man Ausflüge in das Prosecco-Anbaugebiet oder in Richtung Castelfranco unternehmen, wo es noch einige schöne Renaissancevillen zu besichtigen gibt. Weinkenner kommen auch in Roncade, etwa 10 km südöstlich von Treviso, auf ihre Kosten, wo der Besitzer der festungsartigen Villa seinen eigenen Tropfen anbaut. Auf kleinen Straßen geht es weiter nach S. Dona und von dort durch eine flache Agrarlandschaft nach ❸ ✶ **Lido di Jesolo**, wo man an endlosen Sandstränden dem grenzenlosen Badevergnügen frönen kann. Für die Weiterfahrt nach Caorle gibt es eine ganz besonders schöne, allerdings auch sehr langsame Strecke: Man verlässt Lido di Jesolo in Richtung Cortellazzo und folgt dann dem gemächlich dahinfließenden Piave-Fluss. Mit großen Netzen, die vom Ufer ins Wasser hängen, werden hier Fische gefangen. Bei Eraclea überquert man auf einer kleinen mautpflichtigen Brücke den türkisblauen Fluss. Auf alleengesäumten Landstraßen, vorbei an Weingärten und Gehöften, erreicht man nach rund 40 km das Badestädtchen ❹ ✶ **Caorle**.

Von Caorle muss man wieder ein Stück ins Landesinnere zurück, um nach Lignano zu kommen, so dass ❺ ✶ **Portogruaro**, das etwa 25 km nördlich von Caorle an der SS 14 liegt, fast keinen Umweg bedeutet. Das hübsche Städtchen mit seinen schönen alten Laubenhäusern und romantischen Kanälen ist eine Entdeckung wert! Von Portogruaro nach ❻ ✶ **Lignano** sind es ca. 30 km, davon 12 km auf der SS 14 und dann auf der Landstraße. Etwa 35 km und die Laguna di Marano trennen Lignano und ❼ ✶ ✶ **Aquileja**, die bedeutendste römische Ausgrabungsstätte der Region. Knapp 12 km südlich von Aquileja hat man wieder das Meer erreicht – und ist in ❽ ✶ **Grado**, das mit einer pittoresken Altstadt, Thermalquellen, einem hübschen Hafen und langen Sandstränden viele Besucher anzieht.

Für die Fahrt nach Monfalcone gibt es eine erholsame Alternative zur Staatsstraße. Kürzer und vor allem schöner ist die Fahrt auf schmalen Landstraßen, vorbei an schilfbewachsenen Wasserläufen durch das fruchtbare Mündungsdelta des tief türkisblauen Isonzo. Landwirtschaft, insbesondere Spargelanbau, wird hier sehr intensiv betrieben. Für die Strecke von Monfalcone nach Triest nimmt man die Küstenstraße SS 14. Wenige Kilometer hinter der Stadt beginnt die herrliche Steilküste mit ihren weißen Karsthängen. Die Straße verläuft weit oben, doch immer wieder gibt es Parkbuchten, von denen man herrliche Ausblicke auf das Meer und die bezaubernde Küste genießt. Bade- und Schiffsanlegeplätze gibt es in Duino und Sistiana. Vor der Bucht von ❾ ✶ ✶ **Triest** sieht man schon aus einiger Entfernung die Schiffsriesen vor Anker liegen. Ein Stopp lohnt sich auch im Schloss Miramare, das sich kurz vor Triest majestätisch auf einem Landvorsprung erhebt. Triests eigenwilliger Charme beruht vor allem auf der Mischung unterschiedlicher Völker und Kulturen. Gönnen Sie sich zum Abschluss der Tour einen Cappuccino in einem der herrlichen Cafés aus der k. u. k.-Zeit!

> **!** *Baedeker* TIPP
>
> **Mach mal Pause!**
>
> Irgendwann kommt der Hunger. Die besten Stationen auf dieser Route für einen Essensstopp sind Treviso, Caorle und Grado. Hier haben Sie die Wahl zwischen vielen Restaurants mit individueller Note. Guten Appetit!

Tour 2 Kunststädte und Valli

Länge der Tour: 195 km   **Dauer:** 2 – 4 Tage

Naturfreunde und Kunstbegeisterte kommen auf dieser Route gleichermaßen zu ihrem Recht. Während die einen auf Booten oder mit dem Rad in die Wasserlandschaft des Po-Deltas »eintauchen«, halten sich die anderen ein bisschen länger in Padua oder Ravenna auf. Mit Comacchio und Chioggia stehen außerdem noch zwei typische Lagunenstädtchen auf dem Besichtigungsprogramm.

Für die Fahrt von ❶ ✳ ✳ **Venedig** nach Padua kann man die Autobahn nehmen, schöner ist die Strecke an der kanalisierten Brenta, die wegen der dortigen Renaissancevillen berühmt geworden ist. Sowohl in Mira als auch in Dolo oder in Stra, den Hauptorten an der Brenta, kann man Beispiele für diese ehemaligen Adelssitze besichtigen. Mit herrlichen Plätzen, guten Einkaufsmöglichkeiten und einigen unvergleichlichen Sehenswürdigkeiten – wie zum Beispiel der Scrovegnikapelle mit den berühmten Fresken von Giotto – wartet ❷ ✳ ✳ **Padua** auf. Die Universitätsstadt beansprucht mehr als nur einen Besichtigungstag.

Über die SS 516 nähert man sich wieder dem Meer. Rund 40 km südöstlich ist ❸ ✳ ✳ **Chioggia** erreicht. Wegen seiner bezaubernden Altstadt wird Chioggia, das einen der größten Fischereihäfen der italienischen Adria besitzt, gern besucht. Südlich von Chioggia mündet Italiens längster Fluss, der Po, in die Adria. Die besonders markanten oder typischen Teile seines von zahlreichen Flussarmen, süß- oder salzwasserhaltigen Brackenseen, sandigen Nehrungen und Inseln geprägten Deltas bilden heute das Naturschutzgebiet Parco Regionale del ❹ ✳ **Delta del Po**. In vielen Orten zwischen Chioggia und Ravenna werden Ausflüge in die naturgeschützten Gebiete des Deltas angeboten. Aber auch Kulturschätze liegen hier am Weg, wie die mittelalterliche ❺ ✳ **Abbazia Pomposa** (ca. 35 km südlich von Chioggia an der SS 309).

Knapp 20 km weiter erreicht man ❻ ✳ **Comacchio**, das nicht direkt an der SS 309, sondern 5 km landeinwärts liegt. Auch Comacchio ist vom Wasser und von seinen Kanälen geprägt. In dem bezaubernden Städtchen fühlt man sich in frühere Zeiten zurückversetzt. Durch einen schiffbaren Kanal ist Comacchio mit Porto Garibaldi an der Küste verbunden. Der Hafenort ist einer der sieben Lidi di Comacchio, die im Sommer zu viel besuchten Badeorten erwachen. 35 km südlich von Comacchio kommt man in die antike Kaiserstadt ❼ ✳ ✳ **Ravenna**, die allein schon wegen ihrer einzigartigen frühchristlichen Kirchen einen Besuch lohnt. Etwa 15 km südlich von Ravenna, bei Savio, verspricht Italiens größter Freizeitpark ❽ ✳ **Mi-**

rabilandia Vergnügungen für Kinder und jung gebliebene Erwachsene. Von Ravenna erreicht man über die vierspurig ausgebaute SS 71 schnell das etwas im Hinterland gelegene ❾ ✸ **Cesena**, ein angenehmes Städtchen mit einer mächtigen Burg und netten kleinen Geschäften.

★★ Venedig

Brenta-Kanal

Padua
Lebendige Großstadt mit schönen Plätzen und sehenswerten Kunstschätzen

35 km

❷ ★★ Padua

40 km

★★ Chioggia

❸

Venedig
Zu jeder Jahreszeit eine Reise wert

15 km

❹

20 km

★ Delta del Po

★ Abbazia di Pomposa

❺

20 km

★ Comacchio ❻

Stille
herrscht in den Valli von Comacchio.

35 km

❼

8 km

★★ Ravenna

Mosaiken
verleihen Ravennas Kirchen ihren besonderen Glanz.

★ Mirabilandia ❽

22 km

❾

★ Cesena

Artischocken
und anderes Gemüse wächst auf den Feldern rund um Cesena.

Tour 3 Von Burg zu Burg

Start L 13

Länge der Tour: 118 km   **Dauer:** 1 Tag

Sie haben ein Faible für mittelalterliche Burgen, um die sich alte Legenden ranken? Dann ist diese Tour genau richtig für Sie! Sie führt ins hügelige Montefeltro, die nach dem Fürstengeschlecht benannte Landschaft im nördlichsten Winkel der Marken.

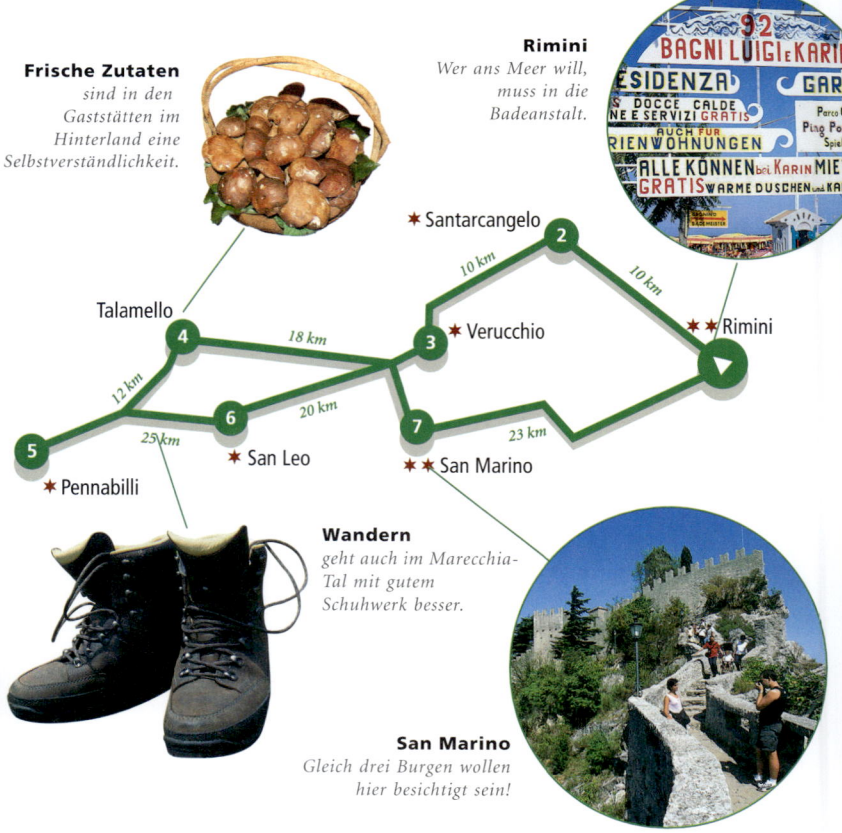

Frische Zutaten
sind in den Gaststätten im Hinterland eine Selbstverständlichkeit.

Rimini
Wer ans Meer will, muss in die Badeanstalt.

Talamello

★ Santarcangelo

★ Verucchio

★★ Rimini

18 km   10 km   10 km

4   **3**   **2**

12 km

5   **6**   **7**

25 km   20 km   23 km

★ Pennabilli   ★ San Leo   ★★ San Marino

Wandern
geht auch im Marecchia-Tal mit gutem Schuhwerk besser.

San Marino
Gleich drei Burgen wollen hier besichtigt sein!

Etwa 10 km westlich von der Bademetropole ❶ ★ ★ **Rimini** erreicht man ❷ ★ **Santarcangelo di Romagna**, die Heimat des Drehbuchautors und Fellini-Freundes Tonino Guerra. Das Städtchen besitzt ein hübsches altes Zentrum und eine mittelalterliche Burg. Sie gehörte den Malatesta, dem Adelsgeschlecht aus dem 10 km entfernten ➌ ✳ **Verucchio**. Bis ins 15. Jh. beherrschten die Malatesta von ihrer Burg in Veruccio die Gegend, bevor die Montefeltro die Burg einnahmen (s. Baedeker Special S. 28 / 29).

In Novafeltria, der etwa 16 km flussaufwärts gelegene Hauptort des oberen Marecchia-Tals, kann man einen Stopp einlegen, lohnender ist allerdings das benachbarte Hügelstädtchen ➍ **Talamello**, wo ein köstlicher Käse hergestellt wird – der Ambra von Talamello. Nach weiteren 12 km kommt man in das 600 m hoch gelegene ➎ ✳ **Pennabilli**, ein hübscher alter Ort, von dem sich ein herrlicher Blick auf das Marecchia-Tal bietet. Von Pennabilli muss man erst einmal ein Stück das Marecchia-Tal zurück, bevor man nach ➏ ✳ **San Leo** abbiegt. Unbedingt sollte man zur dortigen Burg der Montefeltro hinaufsteigen, die pittoresk auf einem Felsen thront.

Baedeker TIPP

Grubenkäse

Wenn Sie den Grubenkäse gleich vor Ort probieren wollen, sollten Sie zum Fest Fiera del Formaggio di Fossa in Talamello Mitte November kommen. Auch das Ristorante Locanda dell'Ambra (Piazza Garibaldi, Tel. 05 41 92 09 02, Mo geschl.) bietet dazu Gelegenheit.

Gleich drei Burgen sowie eine Reihe kleiner skurriler Museen erwarten den Besucher im 20 km entfernten ➐ ✳ ✳ **San Marino**, dem Zwergenstaat mit eigener Verfassung und eigener Münzprägung und der letzten Station dieser Rundfahrt.

Tour 4 Unbekannte Marken

Start R 16

Länge der Tour: 172 km   **Dauer:** 2 – 4 Tage

Mal direkt am Meer, mal im bergigen Hinterland bewegt man sich auf dieser landschaftlich sehr schönen Route. Anfang und Ende markieren zwei Highlights: die Riviera del Conero mit ihrer weißen Steilküste und kleinen Kiesstränden und Ascoli Piceno, die Kleinstadt mit einem der schönsten Plätze Italiens. Dazwischen liegen hübsche alte Hügelstädtchen und gepflegte Seebäder wie Civitanova Marche, Grottammare oder San Benedetto del Tronto.

➊ ✳ **Ancona**, die betriebsame Hafenstadt mit den vielen guten Einkaufsmöglichkeiten, macht den Anfang. Südlich von Ancona ragt der Monte Conero beinahe halbinselartig ins Meer. Seine Küste ist steil und von weißen Kalkfelsen, dichten Wäldern und schmalen Kies-

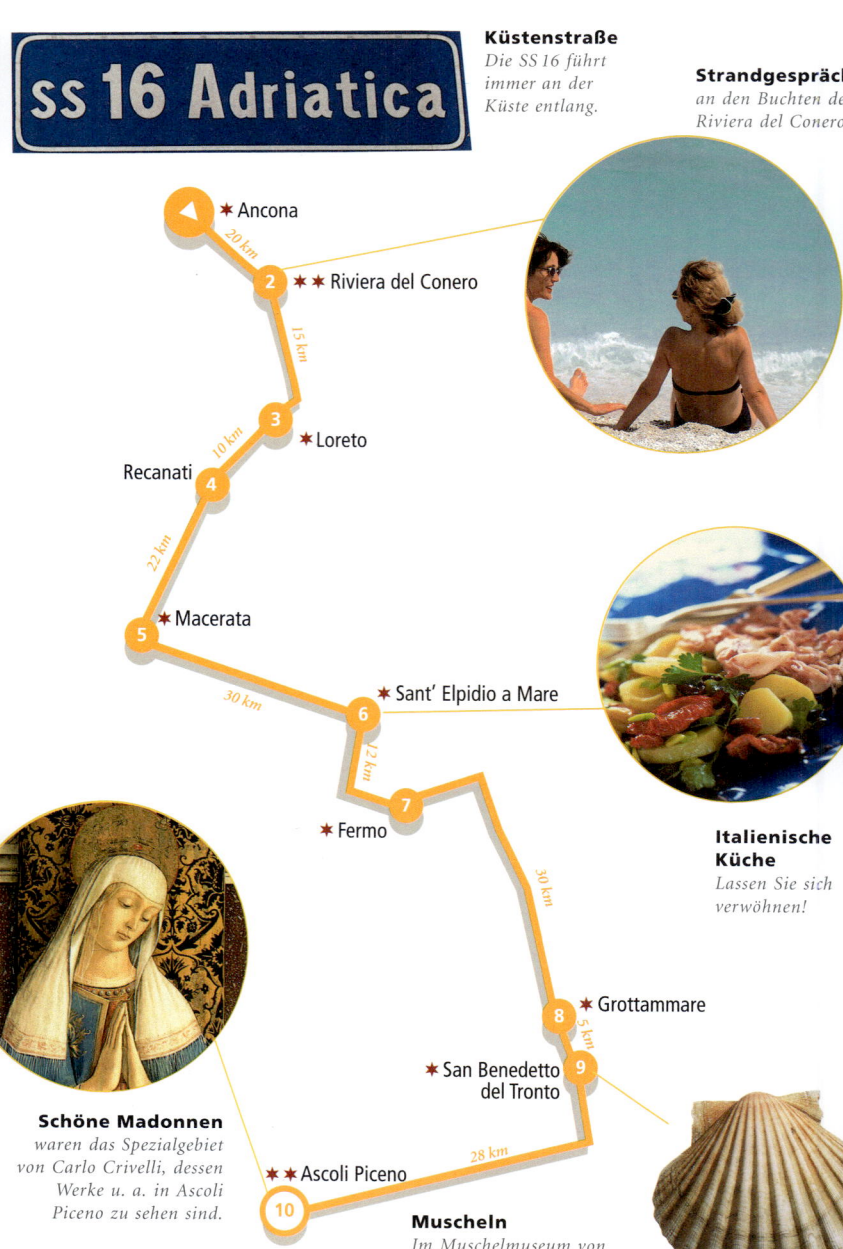

ss 16 Adriatica

Küstenstraße
Die SS 16 führt immer an der Küste entlang.

Strandgespräch
an den Buchten der Riviera del Conero

★ Ancona

20 km

2 ★ ★ Riviera del Conero

15 km

3 ★ Loreto

10 km

Recanati 4

22 km

5 ★ Macerata

30 km

6 ★ Sant' Elpidio a Mare

12 km

7 ★ Fermo

30 km

Italienische Küche
Lassen Sie sich verwöhnen!

8 ★ Grottammare

5 km

★ San Benedetto del Tronto 9

Schöne Madonnen
waren das Spezialgebiet von Carlo Crivelli, dessen Werke u. a. in Ascoli Piceno zu sehen sind.

★ ★ Ascoli Piceno

28 km

10

Muscheln
Im Muschelmuseum von Cupra Marittima kann man sie bestaunen.

buchten geprägt – ein landschaftliches Highlight an der italienischen Adriaküste. Man verlässt Ancona nicht auf der SS 16, sondern auf der Landstraße Richtung Sirolo. Sie führt etwas landeinwärts über den Monte Conero und erreicht bei Numana, dem südlichsten der drei Orte an der ➋ ✳ ✳ **Riviera del Conero**, wieder die Küste – eine herrliche, landschaftlich besonders schöne Strecke. Baden kann man an einem der Strände von Portonovo oder in Numana.

Von Numana folgt man der Landstraße – nun an der Küste – bis Porto Recanati. Dort geht es wieder landeinwärts nach ➌ ✳ **Loreto**, den viel besuchten Wallfahrtsort. Weit weniger Trubel herrscht in ➍ ✳ **Recanati**, das man nach 10 km in südwestlicher Richtung auf der SS 77 erreicht.

Über Sambucheto kommt man nach ➎ ✳ **Macerata**. Die kleine, lebendige Universitätsstadt besitzt ein ungewöhnliches Amphitheater, das im Sommer einen phantastischen Rahmen für die Opernfestspiele abgibt. Karten für dieses Musikerlebnis können Sie unter Tel. 07 33 2307 35, Fax 07 33 26 15 70 oder im Internet unter der Adresse www.macerataopera.org bestellen.

Um von Macerata nach ➏ ✳ **Sant'Elpidio a Mare** zu kommen, kann man entweder zur Küste zurück (nach Civitanova Marche) oder die langsamere, aber abwechslungsreichere Strecke nehmen über die Ortschaften Corridonia, Monte San Giusto und Montegranaro. Obwohl nur wenige Kilometer vom Meer entfernt, ist Sant'Elpidio a Mare kein touristischer Ort, sondern eine normale Kleinstadt mit einem entzückenden alten

✔ **NICHT VERSÄUMEN**

- Riviera del Conero: besonders reizvolle Küstenpartie
- Grottammare: wunderschöne Altstadt
- Ascoli Piceno: eine Perle in den Marken

Zentrum. Der Weg nach ➐ ✳ **Fermo**, das ebenfalls durch ein sehenswertes Stadtbild besticht, führt zunächst hinab ins Tenna-Tal und von dort wieder hinauf auf die nächste Bergkuppe. An klaren Tagen bietet sich von hier oben ein wunderbarer Blick auf die Küstenlandschaft. Besonders schön ist es in Fermo am späten Nachmittag, wenn die Abendsonne die hohen Arkaden an der zentralen Piazza del Popolo in ein warmes Licht taucht.

Von Fermo sind es nur 12 km und man ist wieder am Meer, in Porto S. Giorgio. Der nächste größere Badeort ist Cupra Marittima, gefolgt von ➑ ✳ **Grottammare**, das eine wunderhübsche kleine Altstadt oben auf dem Hügel besitzt, und ➒ ✳ **San Benedetto del Tronto**, einem der größten Badeorte der Marken mit einer berühmten Palmenstrandpromenade. Etwa 7 km hinter San Benedetto, in Martinsicuro, mündet der Tronto ins Meer. Folgt man dem Flusstal knapp 30 km aufwärts, dann erreicht man ➓ ✳ ✳ **Ascoli Piceno**, die »Perle der südlichen Marken« mit einem fantastischen Hauptplatz.

Reiseziele von A bis Z

ES GIBT VIEL ZU ENTDECKEN
AN DER ADRIA: ENDLOS LANGE
SANDSTRÄNDE, LAGUNEN UND
BERGE, BEZAUBERNDE ALTE
STÄDTCHEN, KIRCHEN UND
PALÄSTE, MUSEEN UND
EINKAUFSMEILEN ...

★ Ancona

R 16

Region: Marken   **Einwohnerzahl:** 106 000

Ancona ist eine typische Industrie- und Hafenstadt, in der die historischen Denkmäler eher eine Randposition einnehmen. Wer sich also für die Geschäftigkeit einer Großstadt und vor allem für Hafenatmosphäre begeistern kann, wird den Besuch Anconas als wohltuende Abwechslung erleben zu Strandaufenthalt und beschaulichen Kleinstädten.

Traditionelle Hafenstadt

Charakter und Wirtschaftskraft von Ancona, Hauptstadt der Region Marken und der Provinz Ancona, beruhen auf dem Hafen, von dem Fährverbindungen mit Venedig, Kroatien, Albanien, Griechenland und der Türkei bestehen. Ancona liegt in einer natürlichen halbrunden Bucht, geschützt durch den Colle Guasco, einen ins Meer ragenden Sporn des Monte Conero (► Riviera del Conero), auf dem der Dom über Stadt und Hafen thront. Die **Altstadt** wurde während der Bombardements der Alliierten 1943/1944 zu drei Vierteln zerstört, hinzu kam 1972 ein Erdbeben, so dass sich im Stadtbild nur wenige Spuren des alten Ancona finden.

Gegründet wurde Ancona um 390 v. Chr. als Ancon Dorica (von griech. »ankón«, Bogen) von dorischen Griechen aus Syrakus. Seit dem 3. Jh. v. Chr. römische Kolonie, wurde die Stadt unter Cäsar und Trajan zum Flottenstützpunkt ausgebaut. Im Mittelalter musste sich die Stadt gegen den deutschen Kaiser, Venedig und die päpstlichen Truppen zur Wehr setzen, bevor sie 1532 bis zur Einigung Italiens 1870 Teil des Kirchenstaates wurde.

> ! **Baedeker** TIPP
>
> **Hafen im Blick**
> Um einen Eindruck von der Stadt und ihrer Lage zu bekommen, sollte man unbedingt zum Dombezirk auf dem Colle Guasco hochsteigen. Von hier oben hat man den schönsten Blick auf den Hafen mit den Fährschiffen.

Sehenswertes in Ancona

★
Hafen

Anconas Mittelpunkt ist, so komisch das klingen mag, der Hafen, der trotz aller Modernität auf eine sehr alte Tradition zurückblicken kann. Der äußere Hafen, ein Becken von ca. 800 m Durchmesser, wurde unter Kaiser Trajan ausgebaut, dem zu Ehren 115 n. Chr. der marmorne **Arco di Traiano** errichtet wurde, der ganz im Norden verloren in den Hafenanlagen steht. Westlich von ihm ehrt der 1738 von Vanvitelli erbaute **Arco Clementino** Papst Clemens XII. Im südlichen Hafenbecken (Jachthafen) liegt die fünfseitige Mole Vanvitelliana (Lazaretto), die im 18. Jh. v. a. als Quarantänestation diente. Gegenüber steht die **Porta Pia**, das Stadttor von 1789, das mit der Zita-

▶ ANCONA ERLEBEN

AUSKUNFT

Via della Loggia 50
Tel. 071 35 89 91, Fax 071 358 99 12
iat.ancona@regione.marche.it

EINKAUFEN

Corso Mazzini, Corso Garibaldi und
Corso Stamira sind die Straßen mit
den schönsten Modeboutiquen und
schicksten Schuhgeschäften. Jeden
Vormittag, außer So., findet auf dem
Corso Mazzini ein bunter Markt statt.
Ob Markenkleidung, Designerschuhe
oder Billig-T-Shirt – hier wird einfach
alles angeboten.

Giustozzi
Castelfidardo, Via Puccini 2
Tel. 071 78 07 65
Castelfidardo (20 km südlich) ist die
Stadt der Ziehharmoniken und Gius-
tozzi ein bekannter Hersteller.

ESSEN

▶ Erschwinglich

① *La Moretta*

Piazza del Plebiscito 52
Tel. / Fax 071 20 23 17, So. geschl.
Schon seit 1897 werden in diesem
Restaurant im Herzen der Stadt
Spezialitäten aus den Marken serviert.

② *Rocca Verde*

Via Piantate Lunghe 77
Frazione Candia, Tel. 07 12 90 61 83
www.laroccaverde.it
Geöffnet: Do. – Sa.abend, So.
Hier kommt alles frisch vom eigenen
Hof auf den Tisch, der Wein stammt
aus benachbarten Betrieben. Selbst
gemachte Pasta. Auch 2 Z..

ÜBERNACHTEN

Ancona ist für die wenigsten Reisenden ein Ort für einen längeren
Urlaub. Näher am Meer und ruhiger
lässt es sich an der ►Riviera del
Conero übernachten.

▶ Luxus

① *Grand Hotel Passetto*

Via Thalon de Revel 1
Tel. 07 13 13 07, Fax 07 13 28 56
www.hotelpassetto.it, 42 Z.
Die beste Adresse am Ort, in unmittelbarer Strandnähe.

delle durch Mauern verbunden war. Letztere, 1532 – 1538 von Antonio da Sangallo dem Jüngeren für Papst Clemens VII. erbaut, ist Sitz
der Regionalregierung. Westlich davon erstrecken sich die modernen
Hafenanlagen mit 25 Piers, die insgesamt über 4 km lang sind.

An der Piazza della Repubblica öffnet sich die Stadt zum Hafenbe-   **Piazza della**
cken. Der Platz wird von der klassizistischen Fassade des Teatro delle   **Repubblica**
Muse (1825) und der Kirche SS. Sacramento aus dem Jahr 1538 do-

Anlegestelle für die »Riesen« der Adria: der Hafen von Ancona

miniert. Zwischen dem Theater und dem Palazzo Benincasa beginnt mit der Via delle Logge der parallel zum Hafen verlaufende, früher bedeutendste Straßenzug. Hier steht die spätgotische **Loggia dei Mercanti** (Börse) mit einer Frührenaissancefassade, deren Statuen die Tugenden eines Kaufmanns darstellen. Von der Piazza della Repubblica führt der breite Corso Garibaldi, eine von Anconas Haupteinkaufsstraßen, stadteinwärts.

Piazza del Plebiscito

Rechter Hand erreicht man die lang gestreckte Piazza del Plebiscito – wegen der Statue von Clemens XII. auch »del Papa« genannt – mit dem Palazzo del Governo (14./15. Jh.). Die obere Schmalseite wird von der barocken Kirche **S. Domenico** abgeschlossen, die 1783 von Carlo Marchioni erbaut wurde und eine Kreuzigung von Tizian (1558) sowie eine Verkündigung von Guercino (1662) besitzt. An diesem Platz befindet sich auch das **Museum zur Stadtgeschichte** Anconas (Museo della Città).

★ S. Maria della Piazza

Vom Palazzo del Governo steigt die Via Pizzecolli nach Norden an. Linker Hand liegt die neben dem Dom interessanteste Kirche der Stadt, S. Maria della Piazza, die im 12. Jh. auf Resten frühchristlicher Kirchen errichtet wurde. Ihre Fassade besitzt ein mit ausdrucksvollen, teils skurrilen Reliefs geschmücktes **Portal**, ein Werk des lombardischen Meisters Filippo (1210–1225). Im Inneren sind Mosaiken und Fresken aus den Vorgängerbauten zu sehen.

Im Palazzo Bosdari an der Via Pizzecolli (Nr. 17) ist die Städtische Gemäldesammlung untergebracht. Neben **Werken der zeitgenössischen italienischen Malerei** besitzt sie auch einige sehenswerte Gemälde von Tizian, Lotto und Crivelli. Öffnungszeiten: Di.–Sa. 9.00 bis 19.00, So. 10.00–13.00, 16.00–19.00 Uhr.

Pinacoteca Comunale

Sehenswert an der **Kirche S. Francesco** (Anfang 14. Jh.), weiter nördlich an der gleichnamigen Piazza, sind das gotische Portal mit den 1454 von Giorgio Orsini geschaffenen Reliefs sowie im Inneren eine Himmelfahrt Mariens von Lorenzo Lotto. Im weiteren Verlauf der Via Pizzecolli stößt man auf die säkularisierte **Kirche del Gesùs**, 1738–1743 von Luigi Vanvitelli aus istrischem Marmor und Ziegelstein erbaut, und gegenüber auf den Palazzo degli Anziani, Vasari zufolge schon 1270 entstanden und im 16. Jh. umgestaltet.

Piazza S. Francesco

Unweit nördlich stößt man auf den um 1565 erbaute Palazzo Ferretti. Unter Deckenfresken im Stil des Manierismus werden in dem noblen Palast heute die Exponate des Archäologischen Museums der Marken gezeigt, u. a. attische Vasen, etruskische Bronzen und keltischen Schmuck. Öffnungszeiten: Di.–So. 8.30–19.30 Uhr.

Museo Archeologico Nazionale delle Marche

Ancona Orientierung

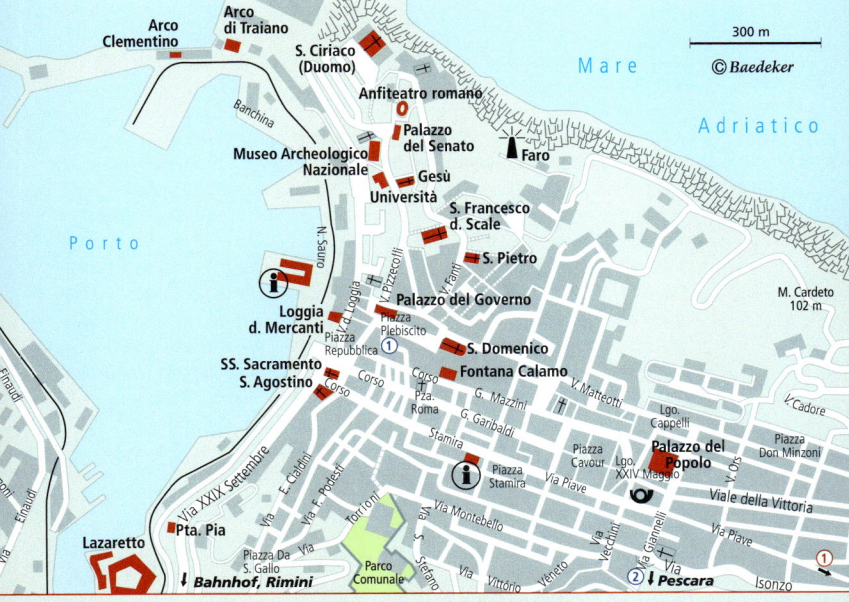

Essen
① La Moretta   ② La Rocca Verde

Übernachten
① Grand Hotel Passetto

✳
Duomo S. Ciriaco

Blickfang der Stadt ist die dem hl. Cyriacus geweihte Kathedrale auf dem Monte Guasco, die vermutlich am Platz eines Venus-Tempels errichtet wurde und eine der interessantesten romanischen Kirchen Italiens darstellt. Der **byzantinisch beeinflusste Kuppelbau**, zwischen dem 11. und 14. Jh. über griechischem Kreuz erbaut, besitzt ein gotisches Portal. Die Vorhalle, deren Säulen auf liegenden Löwen ruhen, kam im 13. Jh. hinzu. Sehenswert ist der Altar im linken Querhaus von Luigi Vanvitelli (1738). In der Krypta, wo die Gebeine des hl. Cyriacus aufbewahrt werden, sind Reste eines Tempels aus dem 3. Jh. v. Chr. und einer frühchristlichen Kirche zu sehen.

Im ehemaligen Bischofspalast links des Doms ist das **Museo Diocesano** (Diözesanmuseum) untergebracht. Neben dem Domschatz und Skulpturen ist vor allem der römische Sarkophag des Flavius Gorgonio (4. Jh.) sehenswert. Öffnungszeiten: Mai – Sept. Sa. 10.00 – 12.00, So. 17.00 – 19.00, Okt. – Apr. Sa. 10.00 – 12.00, So. 16.00 – 18.00 Uhr.

Umgebung von Ancona

✳
Loreto

Das Städtchen, 22 km südlich von Ancona auf einem Hügel landeinwärts gelegen, ist seit dem 14. Jh. nach Rom und Assisi der bedeutendste Wallfahrtsort Italiens. Nach einer **Legende** haben Engel das Haus, in dem Maria geboren wurde und Jesus als Jüngling lebte, von Nazareth über verschiedene Stationen nach Loreto getragen und im Jahr 1294 in einem Lorbeerhain abgesetzt. Über dem Haus wurde dann eine Basilika errichtet. 1586 erhielt der Ort durch Papst Sixtus V. Stadtrecht und Stadtmauern. Zu den Marienfeiertagen und an dem Tag der angeblichen Ankunft des Hauses in Loreto (9. 12.) ist der Strom der Pilger besonders groß.

✳
Wallfahrtskirche
Basilica della Santa
Casa ►

Die Wallfahrtskirche wurde ab 1468 über einem Vorgängerbau errichtet, zuletzt folgte 1754 der Kampanile von Vanvitelli. Beteiligt waren **bedeutende Renaissancebaumeister** wie Bramante, Andrea Sansovino und Giuliano da Sangallo, der die Kuppel entwarf. Eigenwillig ist die festungsartige Ostpartie. An der 1587 vollendeten Fassade sind v. a. die drei um 1600 entstandenen Bronzeportale zu beachten. Im mächtigen, 93 x 60 m messenden Innenraum steht links vom Eingang ein schöner Taufbrunnen (1607).

Kostbar ausgestattet sind die **Markussakristei** mit dem Kuppelfresko von Melozzo da Forlì (nach 1477) und die **Johannessakristei** mit Majolikaboden, Marmorbecken von Benedetto da Maiano und Fresken von dem jungen Luca Signorelli. Die Kapellen in Querhaus und Apsis wurden im 19. / 20. Jh. von Künstlern je eines Landes gestaltet. Unter der Vierungskuppel steht die **Santa Casa**, ein einfacher Ziegelbau mit einer prächtigen Marmorverkleidung, die von Bramante 1509 entworfen wurde. Öffnungszeiten: tgl. 6.00 – 12.30, 14.30 bis 20.00 Uhr.

✳
Palazzo-
Apostolico ►

Die zweigeschossigen Arkaden, die den Vorplatz, die Piazza della Madonna, mit dem Barockbrunnen einrahmen, gehören zum Palazzo Apostolico, an dem Bramante, Antonio da Sangallo d. J. und Luigi

Von Löwen bewacht: der romanische Dom von Ancona

Vanvitelli gearbeitet haben. Er beherbergt das **Museo Pinacoteca** mit hervorragenden Spätwerken von **Lorenzo Lotto**, Brüsseler Wandteppichen nach Entwürfen von Raffael und Majoliken aus Urbino. Öffnungszeiten: Apr. – Okt. Di. – So. 9.00 – 13.00, 16.00 – 19.00, Nov. bis März Sa., So. 10.00 – 13.00, 15.30 – 17.30 Uhr

Castelfidardo

Auf kleinen Straßen kommt man von Loreto in das 6 km nordwestlich gelegene Castelfidardo. Das aussichtsreich auf einem steilen Hügel thronende, sympathische Städtchen ist vor allem für eines bekannt: Hier werden seit rund 140 Jahren **Ziehharmoniken** gebaut. 1863 fertigte und verkaufte Paolo Soprani die ersten Instrumente und begründete die Ziehharmonikaproduktion in dem Städtchen. Klar, dass es in Castelfidardo zu diesem Thema ein **Museum** gibt – im Untergeschoss des Palazzo Comunale (Via Civiaco Mordini). Wenn man Glück hat, geben die freundlichen älteren Herren, die die stattliche Sammlung alter und neuer Exemplare betreuen, auch eine kleine Kost- bzw. Hörprobe!
Da bei Castelfidardo 1860 die Schlacht zwischen savoyischen und päpstlichen Truppen ausgetragen wurde, ist diesem Ereignis ebenfalls ein Museum gewidmet, das **Museo del Risorgimento** (Via Mazzini).

Osimo

Weitere 7 km nordwestlich ist Osimo erreicht, das zwischen den Flüssen Aspio und Musone auf einer Anhöhe mit herrlicher Aussicht liegt. Das Stadtbild wird von hohen Palazzi mit prächtigen Backsteinfassaden geprägt. Aus hellem Kalkstein wurde der **Dom San Leopardo** erbaut, der im Lauf der Jahrhunderte mehrfach verändert wurde. Hinter der romanischen Fassade aus dem 12. Jh. mit schöner Bauornamentik verbirgt sich ein überwiegend gotischer Innenraum. Eindrucksvoll ist die aus dem 12. Jh. stammende Krypta mit antiken Sarkophagen. In einem davon werden die Gebeine des ersten Bischofs von Osimo, San Leopardo, aufbewahrt. Die Taufkapelle mit dem herrlichen Bronzetaufbecken wurde zu einem prächtigen Barockraum umgestaltet. Weiterhin sehenswert sind der elegante Palazzo Comunale an der Piazza del Comune und der Palazzo Campana, die Wallfahrtskirche S. Giuseppe da Copertino (1231) sowie der Fonte Magna, ein interessantes Bauwerk aus der Römerzeit. Das kleine **Museo Civico** (Stadtmuseum) im Palazzo Campana besitzt einen Altar von Antonio und Bartolomeo Vivarini (1464)

Recanati »Was gibt es Schönes in Recanati, das man sehen oder kennen lernen möchte? Nichts!« So harsch urteilte der **Dichter Giacomo Leopardi**

Alte Männer im Gespräch

(1798–1837) über seine Heimatstadt, die sich 10 km südwestlich auf dem Grat eines lang gestreckten Hügels hinzieht. Die Stadt, in der nicht nur der berühmte Dichter, sondern auch der in Italien ebenso geschätzte Tenor **Beniamino Gigli** geboren wurde, ist natürlich keineswegs so unattraktiv, wie Leopardi sie darstellt.

Der Renaissancemaler Lorenzo Lotto, der von 1511 bis 1513 in Recanati lebte, hinterließ in der **Kirche San Domenico** (Piazza Leopardi) am linken Altar ein meisterhaftes Fresko. Andere Werke von ihm sind im **Museo Civico** in der Villa Colloredo Mels (Via Gregorio XII) beim Dom zu besichtigen. Biegt man von der Piazza Leopardi in die Via Cavour und danach in die Via Calcagni, kommt man am Palazzo Roberti vorbei, einem der schönsten Paläste der Stadt. Ein paar Meter weiter auf der rechten Seite steht die **Kirche S. Agostino** mit einem bemerkenswerten Portal aus istrischem Stein (1484).

In dem Elternhaus von Leopardi, der **Casa Leopardi** (Via Leopardi 14), ist besonders beeindruckend die Bibliothek des Poeten mit mehr als 25 000 Bänden. Öffnungszeiten: Apr.–Sept. tgl. 9.00–18.00, Okt. bis März tgl. 9.30–12.30, 14.30–17.30 Uhr.

Porto Recanati Etwa 10 km weiter, direkt am Meer, liegt der **Badeort** Porto Recanati. Die Geschichte des Ortes ist eng verbunden mit der von Recanati. Erst 1893 erhielt das alte Fischerdorf das Recht auf Selbstverwaltung. Mittlerweile ist die ehemalige Hafenstadt ein beliebtes Ferienziel:

9 km Küstenstreifen mit einem traumhaften Blick auf den Monte Conero (►Riviera del Conero), ein feiner, breiter Sandstrand, blaues Meer, eine Strandpromenade und die direkte Anbindung an die Fußgängerzone machen Porto Recanati zu einem sprichwörtlichen »Salotto sul Mare«, einem »Wohnzimmer am Meer«. Aber auch Liebhaber von Kultur und Geschichte kom-

! *Baedeker* TIPP

La Festa del Mare …

… sollten Sie nicht versäumen. Sie findet jedes Jahr am 2. Julisonntag in Porto Recanati statt – mit Darbietungen und kulinarischen Genüssen an Land und einer feierlichen Bootsprozession zu Wasser.

men hier auf ihre Kosten. Das **Schloss Svevo**, eine Stauferburg, wurde zur Abwehr von Angriffen von Piraten und Türken errichtet. Die Erbauungszeit ist ungewiss, vermutlich das 13. Jahrhundert. Mehrmals angegriffen, erobert und fast ganz zerstört, beherbergt es heute eine Gemäldesammlung.

★ ★ Aquileja · Aquileia

Q 3

Region: Friaul-Julisch Venetien   **Einwohnerzahl:** 3300

Der Weg in das Badestädtchen ► Grado führt zwangsläufig durch Aquileja, heute eine Kleinstadt, die man kaum besuchen würde, wäre sie nicht die bedeutendste römische Ausgrabungsstätte im Nordosten Italiens. Die Überreste der Römerstadt sowie der romanische Dom mit seinem frühchristlichen Mosaikfußboden gehören seit 1998 zum UNESCO-Weltkulturerbe.

 ## AQUILEJA ERLEBEN

AUSKUNFT
Via Iulia Augusta (Bus-Terminal)
Tel./Fax 04 31 91 94 91
info@aquileia@turismo.fvg.it

ESSEN
► Erschwinglich
La Colombara
Loc. Colombara, Via San Zili 42
Tel. 04 31 915 13, Fax 04 31 91 95 60
Leckere Fischgerichte und eine anständige Weinkarte bietet dieses Restaurant, Mo. geschl.

ÜBERNACHTEN
► Komfortabel
Die Hotelauswahl ist bescheiden in Aquileja, dafür umso besser im benachbarten Grado.

Patriarchi
Via Giulia Augusta 12
Tel. 04 31 91 95 95, Fax 04 31 91 95 96
www.hotelpatriarchi.it. 23 Z.
Familienbetrieb mit angenehmer Atmosphäre mitten in Aquileja; hauseigenes Restaurant.

Geschichte   Aquileja liegt nicht weit von der Stelle entfernt, wo der Isonzo in die Adria mündet. Die Römer gründeten hier 181 v. Chr. einen Posten gegen die Kelten. Dank seiner Lage und seinem Adriahafen, dem heutigen Grado, entwickelte sich dieser Verteidigungsposten bald zu einem bedeutenden Handelsplatz mit eigenem Hafen und – unter Kaiser Augustus – zur Hauptstadt der Region Venetia et Histria. Die Völkerwanderungszeit machte dieser Blütezeit ein Ende – zweimal wurde die Stadt zerstört, zuerst von den Hunnen, dann von den Langobarden. Später bemächtigten sich die Venezianer, dann die Habsburger der Stadt.

> **? WUSSTEN SIE SCHON …?**
>
> ■ Aquileja war in der Spätantike mit rund 100 000 Einwohnern die viertgrößte Stadt Italiens.

Sehenswertes in Aquileja

✱
Römische Überreste   Die Überreste der römischen Stadt sind über den gesamten heutigen Ort verteilt und dank Ausschilderung gut zu finden. In der Touristeninformation bei der Basilica S. Maria erhält man außerdem einen Übersichtsplan.
Von Udine bzw. von der Autobahn Venedig – Triest kommend, sieht man als Erstes linker Hand die hohen Säulen auf dem einstigen **Forum**. Gegenüber, auf der anderen Straßenseite, sind die Reste einer Straße zu erkennen, und wenige Meter weiter passiert man ein prächtiges **Grabmal**, das von seinem Fundort hierher versetzt wurde. Das Amphitheater und die Thermen der einstigen Stadt sind verschüttet. Nordwestlich der romanischen Basilica wurden Grundmauern und (Mosaik-)Fußböden von römischen **Wohnhäusern** freigelegt. Lohnend ist ein Spaziergang von der Basilica entlang der zypressengesäumten Via Sacra zum ehemaligen **Flusshafen** (Porto fluviale). Er besaß ein 350 m langes Hafenbecken, an dessen Kais große Lagerhallen standen.

Museen   Nordöstlich des ehemaligen Flusshafens, auf den Resten einer Basilika, steht das **Frühchristliche Museum** (Museo Paleocristiano), in dem Graburnen, Chorschranken und Fragmente von Mosaiken zu sehen sind. Im **Museo Archeologico** (südwestlich vom Dom; Eingang Via Roma 1) werden römische Grabungsfunde aufbewahrt, darunter Porträtbüsten sowie Edelstein- und Glasarbeiten.

✱
Basilica S. Maria   Das am besten erhaltene Zeugnis der großen Vergangenheit Aquilejas ist die von hohen Zypressen umgebene Basilica S. Maria, deren freistehenden Kampanile man schon von weitem sehen kann. Anfang des 11. Jh.s wurde der Bau über einem älteren, vermutlich auf die frühchristliche Zeit zurückgehenden Gotteshaus errichtet und Ende des 14. Jh.s gotisch umgestaltet. Zwei Säulenreihen teilen den schlichten Innenraum in drei Schiffe. Aus dem 16. Jh. stammt die

Aquileja war einst eine blühende römische Stadt, wie man an den Resten des alten Forums noch erkennen kann.

★ ★
◄ Mosaikfußboden

Holzdecke im Mittelschiff, die die Form eines Schiffskiels aufweist. Das künstlerische Highlight der Basilica ist aber der herrliche Mosaikfußboden aus dem 4. Jh., der noch aus der Vorgängerkirche stammt. Auftraggeber des gewaltigen Kunstwerks war Theodorus, zu Beginn des 4. Jh.s Bischof von Aquileja. Mit einer Fläche von 760 m² gilt der Fußboden als das größte und **bedeutendste frühchristliche Mosaik Europas**. Entdeckt wurde der gut erhaltene Fußboden erst Anfang des 20. Jh.s, da er unter einem zweiten Boden versteckt war. Dargestellt sind menschliche Figuren, Tiere und Pflanzen, die von geometrischen Mustern eingefasst werden.

Die Apsis und die seitlichen Kapellen schmücken Fresken aus dem 11. bis 14. Jahrhundert. Einen Besuch verdient auch die **Krypta**, die man vom linken Seitenschiff aus betritt. Sie wurde vermutlich im frühen 9. Jh. angelegt und im 12. / 13. Jh. ebenfalls mit einem Freskenzyklus ausgemalt.

Durch einen Portikus mit der Kirche verbunden ist das **Baptisterium**, ein rekonstruierter Zentralraum aus dem 5. Jh. mit einem sechseckigen Taufbecken in der Mitte. Öffnungszeiten: Apr. – Okt. ⏱ tgl. 9.00 – 19.00, sonst 9.00 – 12.30, 14.30 – 17.30 Uhr

Umgebung von Aquileja

Laguna di Marano
Zwischen den Mündungen des Isonzo und des Tagliamento erstreckt sich die riesige Laguna di Marano mit kilometerlangen Stränden, kleinen Inseln und Sandbänken. Wichtigste Städte sind die Badeorte ▶ Grado und ▶ Lignano sowie der Fischerort Marano.

Palmanova
Das Idealbild einer uneinnehmbaren **Festungsstadt aus der Spätrenaissance** verkörpert Palmanova, rund 15 km nördlich von Aquileja. Venedig ließ sie Ende des 16. Jh.s als Bollwerk gegen die Habsburger und die Türken bauen, als Ersatz für das verlorene Gradisca (s. u.).
Mittelpunkt des radialen Stadtgrundrisses ist die sechseckige Piazza Grande, von der sechs Straßen ausgehen. Insgesamt umgab ein Kranz von neun Bastionen die Stadt. Die **Porta Udine**, eines der drei Stadttore, vermittelt noch am ehesten einen Eindruck von der einstigen Wehrhaftigkeit dieser Festung.
Wer sich etwas genauer über die Geschichte dieser Reißbrettstadt informieren möchte, sollte ins **Museo Civico** (Borgo Udine 4 c) gehen.
🕐 Öffnungszeiten: tgl. 9.30 – 12.30, Sommer auch 16.00 – 18.00 Uhr.

Gradisca d' Isonzo
Knapp 20 km östlich von Palmanova erreicht man Gradisca d' Isonzo. Das 1479 angelegte Festungsstädtchen war sozusagen der erste Versuch der Venezianer, einen Vorposten gegen die Habsburger und Türken einzurichten. Nachdem Venedig die Stadt allerdings bereits zu Beginn des 16. Jh.s an Habsburg verloren hatte, ging man an die Planung von Palmanova. Während des 17. und 18. Jh.s erhielt die nunmehr habsburgische Stadt ein barockes Gepräge – deutlich zu sehen am Dom und an einigen Palästen in der Altstadt.

Gorizia (Görz)
Die knapp 40 000 Einwohner zählende Provinzhauptstadt Gorizia breitet sich 12 km nordöstlich von Gradisca, am Westrand von Karsthügeln aus, wo der Isonzo in die friaulische Ebene mündet. Ab 1500 war die Stadt (mit ein paar Unterbrechungen) habsburgisch, 1918 fiel sie an Italien. Den Ostteil verlor sie 1947 an das damalige Jugoslawien. Seither ist sie eine geteilte Stadt und besteht aus dem um den Burgberg gelegenen italienischen Gorizia mit slowenischen und deutschsprachigen Minderheiten und der jenseits der Bahn sich anschließenden slowenischen Neustadt Nova Gorica.
Obwohl die Stadt in den beiden Weltkriegen stark zerstört wurde, hat sich viel von ihrer historischen Bausubstanz erhalten. Hauptsehenswürdigkeit ist der dreifach ummauerte, 148 m hohe Burgberg mit dem mittelalterlichen **Castello**.
Auf dem Weg hinauf kommt man am **Museo di Storia e d' Arte** vorbei, in dem archäologische und kunsthandwerkliche Gegenstände, altes Handwerksgerät sowie Dokumente zur Stadtgeschichte und des östlichen Friaul gezeigt werden. Die Geschichte des Ersten Weltkriegs behandelt das **Museo della Grande Guerra**. Am Fuß des Burgbergs liegt die Piazza della Vittoria mit der Jesuitenkirche Sant' Ignazio aus

dem 17. Jahrhundert. Auf der Via Rastello gelangt man südlich zum Dom (14. Jh.), auf der Via Carducci in Richtung Norden zur Piazza Amicis, wo der stattliche Palazzo Attems steht. Internet: www.comu ne.gorizia.it.

Etwa 3,5 km nördlich der Stadt erinnert das **Ossario** für 60 000 italienische Gefallene an die Isonzo-Schlachten des Ersten Weltkriegs.

✶ ✶ Ascoli Piceno

R 20

Region: Marken   **Einwohnerzahl:** 52 000

Das Hinterland der Marken hält so manche Überraschung bereit, unter anderem so hübsche Städte wie Ascoli Piceno, das auf einem Plateau rund 30 km von der Küste entfernt liegt. Die von den Flüssen Tronto und Castellano umflossene Industrie- und Provinzhauptstadt gilt auch als das Tor zum Apennin.

Im Westen ragen die Monti Sibillini auf, im Süden die Abruzzen mit dem Massiv des Gran Sasso, des höchsten Gebirges des Apennin. Der Name der Stadt leitet sich vom antiken Asculum ab, dem Hauptort der Picenter. Der Tourismus in Ascoli Piceno ist noch verhältnismäßig jung, doch die Stadt empfängt den Besucher mit einer freundlichen, urbanen Atmosphäre, insbesondere auf der Piazza del Popolo, die sicher zu den schönsten Plätzen Italiens gehört.

Hauptort der Picenter

Ascoli Piceno Orientierung

Essen		Übernachten	
① Al Teatro	② Locandiera	① Piceno	② Villa Cicchi

Sehenswertes in Ascoli Piceno

Piazza Arringo Der Corso Vittorio Emanuele, der Hauptstraße durch die Altstadt von Ascoli Piceno, weitet sich zur Piazza Arringo. Der Platz ist benannt nach den Volksversammlungen (arengo), die hier abgehalten wurden.

Im Palazzo Arengo an der Platzsüdseite hat die **Städtische Kunstsammlung** ihren Sitz, nach der Galerie in Urbino die zweite **bedeutende Gemäldesammlung** in den Marken. Glanzpunkt dieses Museums sind die Tafelbilder des Venezianers **Carlo Crivelli**, der 1469

 ASCOLI PICENO ERLEBEN

AUSKUNFT
Piazza Arrigo 7
Tel. 07 36 25 30 45
Fax 07 36 25 23 91
iat.ascoli@provincia.ap.it

FESTE
Das prächtigste und bekannteste historische Spektakel in den Marken, die Giostra della Quintana, hat ihren Höhepunkt am ersten Augustsonntag.

ESSEN
► **Erschwinglich**
② *La Locandiera*
Via C. Goldoni 2
Tel. 07 36 26 25 09
So. abend und Mo. geschl.
Di. und Fr. gibt es in diesem sehr netten Restaurant immer ein Fischmenü, Mi., Do., Sa. und So. ein Fleischmenü zu einem passablen Fixpreis, der auch Wein beinhaltet.

① *Al Teatro*
Via del Teatro
Tel. 07 36 25 35 49
www.ristorantealteatro.com
Normalerweise sind Restaurants keine guten Pizzerien, doch hier liegt der Fall anders: Sowohl die Menüs als auch die Pizzen schmecken im Al Teatro fantastisch. Mo. geschl.

ÜBERNACHTEN
► **Komfortabel / Günstig**
① *Albergo Piceno*
Via Minuccia 10
Tel. 07 36 25 30 17, Fax 07 36 25 18 03
www.albergopiceno.it, 20 Z.
Sehr schön gestylte Zimmer in einem restaurierten alten Palazzo mit gutem Preis- / Leistungsverhältnis.

Baedeker-Empfehlung

② *Agriturismo Villa Cicchi*
Abazia di Rosara
Via Salaria Superiore 137
Tel. 07 36 25 22 72, Fax 07 36 24 72 81
www.villacicchi.it, 6 Z.
In einer bezaubernden Hügellandschaft lieg diese charakteristische Villa (17. Jh.). Die Zimmer sind charmant, aber sehr einfach und nicht alle mit Bad. Gegessen wird im Sommer auf einer großen Aussichtsterrasse

Piazza Arringo: der schöne Hauptplatz von Ascoli Piceno

nach Ascoli kam und in der Region zahlreiche Werke hinterlassen hat (►Baedeker Special S. 133). Außerdem zu sehen sind Bilder von Crivellis Schüler Pietro Alamanno, Cola dell' Amatrice, Guido Reni, Tizian und ein von Papst Nikolaus IV. 1288 dem Dom vermachtes Pluviale sowie Werke von Künstlern des 19. und 20. Jh.s. Öffnungszeiten: tgl. 9.00 – 13.00 Uhr

Im Bischofspalast nebenan befindet sich das ebenfalls sehenswerte **Museo Diocesano** (Diözesanmuseum).

Die gesamte Ostseite des Platzes nimmt der ursprünglich frühromanische, später mehrfach veränderte Dom S. Emidio ein. Die an antiken Triumphbögen orientierte Renaissancefassade von 1539 wird Cola dell' Amatrice zugeschrieben. Unbedingt anschauen sollte man sich in der Sakramentskapelle rechts den wunderbaren **Flügelaltar von Carlo Crivelli** (1473). Im Mittelpunkt des großen Altars sitzt, von einer gemalten Maßwerkarchitektur eingefasst, eine Madonna mit Kind. Die Krypta birgt den Sarkophag des hl. Emidius, des ersten Bischofs der Stadt.

Duomo S. Emidio

Links neben dem Dom steht das achteckige romanische **Baptisterium** aus dem 12. Jh., das sein ursprüngliches Aussehen bis heute bewahren konnte.

Das dritte Museum an der Piazza Arringo ist das Archäologische Museum im Palazzo Panichi (18. Jh.) an der Nordseite des Platzes. Es zeigt u. a. Funde zur **Kultur der Picenter** sowie römische Skulpturen und Mosaikfußböden von Ausgrabungen im Stadtzentrum.

Archäologisches Museum

Von der Piazza Arringo verläuft der Corso Vittorio Emanuele am Stadtgarten entlang zur Brücke Ponte Maggiore. Von dort blickt man auf das Forte Malatesta (1348) und auf die Reste des Ponte di Cecco.

Ponte Maggiore

★★
Piazza del Popolo

Von Frühjahr bis Herbst gibt es nur einen abendlichen Treffpunkt in Ascoli Piceno: die Piazza del Popolo. Die rundbogigen Arkaden auf der Ostseite und der spiegelblanke Travertinboden verleihen dem zauberhaften Platz die Atmosphäre eines großen Wohnzimmers. Der Platz, der im 16. Jh. sein heutiges Aussehen erhielt, wird beherrscht vom **Palazzo dei Capitani del Popolo** an der Westseite. Der von einem Turm überragte Bau stammt aus dem 13. Jahrhundert. Seine herrliche ungleichmäßige Fassade ist das Ergebnis mehrfacher Umgestaltungen. Über dem Renaissanceportal (1520) sitzt segnend die Statue des Papstes Paul III. (1549).

An den Palazzo schließt sich das 1907 eröffnete Caffè Meletti an, berühmt wegen seiner originalen Jugendstilausstattung mit Wandspiegeln, gusseisernen Säulen und Kaffeehaustischchen aus Carrara-Marmor. Kosten sollte man hier den Anisetta genannten Anislikör, eine Schöpfung von Silvio Meletti.

> **!** *Baedeker* TIPP
>
> **Probieren!**
>
> Der Vorspeisenteller von Ascoli Piceno kennt eine besondere Variante: Olive all' ascolana, große, weiche Oliven, die mit Fleisch gefüllt und frittiert werden. Der Wein, der dazu passt, kommt aus der Umgebung von Ascoli Piceno und heißt Vino Rosso Piceno bzw. Vino Rosso Piceno Superiore.

S. Francesco

Im Norden schließt die gotische Hallenkirche S. Francesco die Piazza ab. Der äußere Schmuck der zwischen 1258 und 1371 erbauten ehemaligen Franziskanerkirche war entsprechend der Ordensregel ursprünglich zurückhaltend. Umso mehr fallen die schön gearbeiteten **Travertinportale an der Hauptfassade**, die auf die Via del Trivio blickt, und das herrliche, der Piazza del Popolo zugewandte **Seitenportal** im Stil der venezianischen Gotik ins Auge. Letzteres bekrönt eine Statue von Papst Julius II. (1506). Direkt neben dem Portal wurde 1513 für die mächtige Wollweberzunft die **Loggia dei Mercanti** an das Gotteshaus angebaut, damit diese dort ihre Waren ausstellen konnte. Nördlich, von der Via del Trivio zugänglich, schließen zwei hübsche Kreuzgänge an die Kirche an. Im großen Kreuzgang (Chiostro Maggiore) wird Markt gehalten.

Am Tronto

Die Via del Trivio / Via Cairoli führt von der Piazza del Popolo nach Norden zum Tronto. Eigenartig ist die Fassade der romanischen Kirche **Santi Vincenzo e Anastasio** aus dem 11. Jh. (1389 erweitert) mit 64 quadratischen, einst freskierten Feldern und einem Portal aus dem beginnenden 13. Jahrhundert. Sich rechts haltend, geht es hinunter zur Kirche S. Pietro in Castello, wo man den Blick über die Schleifen des Tronto genießt. Weiter westlich wird er vom 62 m langen und 25 m hohen **Ponte di Solestà** aus der Zeit von Kaiser Augustus überspannt. Nun geht man die Via di Solestà hinauf, dann rechts zum **Palazzetto Longobardo**, der im 12. Jh. im Stil der Romanik erbaut wurde. Nebenan steht die **Torre Ercolani**, mit 40 m der höchste erhaltene Geschlechterturm der Stadt.

Spätmittelalterlicher Realismus: Ausschnitt aus einem Altar von Carlo Crivelli

DER MADONNENMALER

Neben den vielen großen Namen der italienischen Malerei hat es die zweite Garde schwer, beachtet zu werden. Doch zumindest einen Namen sollte man sich merken: Carlo Crivelli. Seine Altäre und Madonnenbilder gehören mit zum Schönsten, was man im Hinterland der Küste entdecken kann.

Eigentlich stammt Carlo Crivelli aus Venedig, wo er – ein genaues Geburtsdatum ist nicht bekannt – zwischen 1430 und 1435 das Licht der Welt erblickte. Er trat in die Fußstapfen des Vaters und wurde Maler. Doch in seiner Geburtsstadt hatte der junge Künstler kein Glück: 1457 wurde er von der Quarantia Criminale wegen Ehebruchs verurteilt. Vermutlich verließ er nach Abbüßung seiner Strafe die Lagunenstadt, um der Rache des Ehegatten zu entgehen. So wurden die Marken seine zweite Heimat.

Crivelli hatte spätestens seit den 1480er-Jahren volle Auftragsbücher und beschäftigte Gehilfen, darunter auch seinen wesentlich jüngeren Bruder Vittorio. Er malte vor allem **große, mehrteilige Altarbilder** und brachte es gar zu so großem Ansehen, dass Ferdinand II., Fürst von Capua,

ihn 1490 in den Ritterstand erhob. Eine Ehre für den Meister, der seine Bilder ab diesem Zeitpunkt mit dem Zusatz »Miles« (»Ritter«) signierte.

Altmeisterliche Rafinesse

Crivellis Malstil ist altmodisch, aber von großer Rafinesse. **Mittelalterlicher Goldgrund** rückt die Madonnen und Heiligen seiner Gemälde in himmlische Sphären. Ihre Körper – sofern man sie hinter den kostbaren, bis in kleinste Details geschilderten Stoffen überhaupt erkennt – sind fragil und schmalgliedrig, doch ihre Gesichter verraten trotz aller Steifheit Anzeichen von Trauer oder Schmerz, Freude oder Glück. Der 1495 verstorbene Künstler hinterließ viele Werke, von denen die meisten in große Museen wanderten, einige aber doch noch in der Region entdeckt werden können.

Westliche Stadtteile Ganz im Westen der Stadt, bei der Piazza Cecco d'Ascoli, erinnert das Doppeltor **Porta Gemina** aus dem ersten vorchristlichen Jahrhundert an die römische Vergangenheit Ascoli Picenos. Etwa 100 m weiter, an der Via Ricci, sieht man am Hang noch die **Grundmauern des römischen Theaters**. Von hier kann man auf den im Süden aufragenden Hügel mit den mächtigen Resten römischer Bauten und der Kirche des ehemaligen Konvents SS. Annunziata hinaufsteigen. Noch schöner ist der Blick von der **Fortezza Pia** (1543). Östlich unterhalb des Hügels (vom Viale della Rimembranza geradeaus) ist die kleine **Kirche S. Gregorio** zu finden, die im 13. Jh. über den Resten eines römischen Tempels erbaut wurde.

Umgebung von Ascoli Piceno

✳
Colle S. Marco, Monte Piselli Ein Ausflug nach Süden führt zunächst hinauf zum 12 km entfernten Colle San Marco (694 m), einem »Balkon« über dem Piceno, und weiter zur Talstation (1105 m) der Kabinenbahn auf den 1676 m hohen Monte Piselli, der an klaren Tagen eine herrliche Aussicht bis zur dalmatinischen Küste bietet.

Civitella del Tronto Der Ort, 15 km südlich von Ascoli Piceno oberhalb des Tronto-Tals gelegen, wird von einer der größten Festungsanlagen Italiens überragt, die im 16./17. Jh. von den spanischen Königen Neapels auf einem Felsplateau errichtet wurde. Die beeindruckende, nahezu einen halben Kilometer lange Wehranlage kann besichtigt werden.

Gola del Salinello Bei Ripe (südwestlich des Ortes) liegen die Grotta S. Angelo und die Gola del Salinello, eine der faszinierendsten Schluchten der Abruzzen. Nach weiteren 20 km erreicht man Teramo.

Parco Nazionale Monti Sibillini Von Ascoli Piceno aus lohnt sich ein Abstecher in den etwa 50 km entfernten Nationalpark. Die höchsten Gipfel dieses kargen Karstgebirges sind knapp 2500 m hoch (Monte Vettore 2476 m).

✳ Bibione

0 4

Region: Venetien   **Einwohnerzahl:** 2700

Bibione, Lignano und Lido di Jesolo – diese drei Badeorte stehen für Strandleben pur an der Adriaküste zwischen den Städten Venedig und Triest. Mit dem extrem breiten, etwa 8 km langen Sandstrand ist das populäre Seebad Bibione vor allem auf Familien bestens eingerichtet.

Reißbrettstadt Bibione liegt auf einer Halbinsel an der Mündung des Tagliamento-Flusses, der die Grenze bildet zwischen Venetien und Friaul-Julisch

Venetien. Der lang gestreckte Ort, der sich hinter dem Strand an einem Pinienwald entlangzieht, ist kein gewachsenes Seebad, sondern eine großzügig angelegte Reißbrettstadt, die ausschließlich für die Bedürfnisse des Badetourismus konzipiert wurde.

Der Urlauber hat die Qual der Wahl zwischen unzähligen Ferienapartments, Hotels nahezu aller, vor allem aber der Drei- und Vier-Sterne-Kategorien, Pensionen und vier Campingplätzen. Zwischen Juni und August sind die rund 80 000 Gästebetten nahezu alle belegt. Die verkehrsberuhigte Haupteinkaufs- und Flaniermeile, **Via Aurora**, verströmt mit ihren Rabatten und Hecken und den Sitzbänken unter Bäumen eine freundliche Atmosphäre.

Der 8 km lange Strand von Bibione imponiert vor allem durch seine enorme Breite, die zwischen 200 und 450 m variiert! Auch bei kompletter »Bestuhlung« bleibt immer noch viel Platz für Aktivitäten am Strand. Der Sandstreifen fällt sehr flach zum Meer ab und ist daher ideal für kleine Kinder. Am Strandabschnitt zwischen den Ortsteilen Spiaggia und Lido del Sole liegt das moderne **Thermalzentrum**, das Kur- und Fitnesseinrichtungen sowie Schönheitspflege anbietet. Zum Leuchtturm kommt man auf einem landeinwärts gelegenen, fürs

★ ★
Strand

 BIBIONE ERLEBEN

AUSKUNFT
Via Maja 37/39
Tel. 04 31 44 21 11, Fax 04 31 43 99 97
www.bibioneturismo.it

ESSEN
► **Erschwinglich**
Ai Casoni
Via della Laguna 14
Tel. 04 31 43 85 56
Di., Mi. geschl.
Restaurant mit exzellenter Fischküche. Besonders köstlich: das Risotto alla marinara.

ÜBERNACHTEN
► **Komfortabel**
Bembo
Corso Europa 53
Tel. 043 14 34 18
Fax 043 14 35 38
www.hotel-bemo.it, 74 Z.
Mittelklassehotel in der zweiten Reihe hinter dem Strand. Zimmer neu

renoviert und mit Klimaanlage. Wer keine Lust auf Strand hat, kann sich am Pool vergnügen.

San Marco
Bibione-Pineda
Via delle Ortensie 2
Tel. 04 31 433 01
Fax 04 31 43 83 81
www.sanmarco.org, 60 Z.
Angenehmes Haus im ruhigen Ortsteil Pineda, mit Swimmingpool.

Fast wie eine Puppenstube wirkt die winzige Altstadt von Caorle mit ihren schmalen Gassen und den intimen Plätzen.

Fahrrad gut geeigneten Alleenweg, der durch ein landwirtschaftliches Gut führt. Vom Leuchtturm ist es dann nicht mehr weit zu den Sanddünen am Tagliamento-Fluss.

★ Caorle

N 4

Region: Venetien   **Einwohnerzahl:** 11 000

Ein malerischer Fischerhafen, lange Sandstrände mit vielen Freizeiteinrichtungen und eine kleine, gemütliche Altstadt – diese Mischung macht das an der Mündung des Livenza, etwa 80 km östlich von Venedig gelegene Caorle zu einem der schönsten und beliebtesten Badeorte an der nördlichen Adriaküste.

Literarisch verewigt   Wer von Wasser und Strandleben genug hat, kann im flachen Hinterland von Caorle – am besten vom Boot aus oder mit dem Fahrrad – eine ruhige, unberührte Lagunenlandschaft genießen. Der amerikanische **Schriftsteller Ernest Hemingway** hat dieser Landschaft in seinem Buch »Über den Fluss und in die Wälder« ein literarisches Denkmal gesetzt.

Der erste Eindruck, den man von Caorle bekommt, wird von dem **Sehenswertes** hübschen **Kanalhafen Darsena dell' Orologico** bestimmt. Am interessantesten und buntesten ist es hier nachmittags, wenn die Fischerboote zurückkehren und der Tagesfang von Bord gebracht wird. Zu kaufen gibt es die frischen Fische in der Peschiera direkt am Hafen.

Die winzige Altstadt mit ihren winkligen Gassen und den pastellfarben leuchtenden Häusern ist eine einzige Fußgängerzone. Überragt wird das Häusergewirr von dem runden, 48 m hohen Backsteinkampanile, der zum **Dom San Stefano Protomartire** gehört. Neben dem Portal der um 1040 begonnenen Basilika sind byzantinische Reliefs aus dem 12. Jh. in die Mauer eingelassen. Ein Blick ins Innere lohnt sich wegen der Fresken aus dem 14. und 15. Jh., vor allem aber wegen des Pala d' Oro am Hauptaltar. Die kostbaren Silberarbeiten dieses Altarschmucks stammen aus Byzanz und Venedig.

Altstadt (margin note with star)

Der 15 km lange Strand von Caorle teilt sich in die Spiaggia di Ponente und die etwas breitere, in einem sanften Bogen angelegte Spiaggia di Levante. **Strand, Sport- möglichkeiten**

Die meisten Hotels haben ihre eigenen Strandabschnitte oder Liegestühle an einem Bagno. Mit dem Jachthafen in Porto S. Margherita (südwestlich des Zentrums), Surf- und Segelschulen, einem Sportzentrum sowie dem 9-Loch-Golfplatz bei Duna Verde (Golf Club

► CAORLE ERLEBEN

AUSKUNFT

Calle delle Liburniche 16
Tel. 04 21 810 85, Fax 04 21 21 86 23
www.caorleturismo.it

ESSEN

► Erschwinglich

Enotria
Campo Sponzetta
Tel. 04 21 841 63
Wenn Sie an einem winzigen Platz mitten im alten Zentrum von Caorle auf eine leuchtend gelbe Fassade stoßen, dann haben Sie dieses Restaurant gefunden! Einfache, aber frische Küche, Sitzplätze im Freien.

Tituta
Viale Panama 2
Tel. 04 21 21 00 22
Sommer tgl. geöffnet, sonst Di. geschl.

Gute Mischung aus der Fischküche der Lagune und Gemüsespezialitäten aus dem Landesinneren.

ÜBERNACHTEN

► Komfortabel

Delfino
Lungomare Trieste 11
Tel. 04 21 21 01 82, Fax 04 21 21 01 83
www.delfinohotel.com, 35 Z.
Angenehmes Hotel direkt hinter der Spiaggia di Levante mit geschmackvoller Einrichtung.

► Günstig

Nederland
Via V. Alfieri 6
Tel. 04 21 811 39, Fax 04 21 21 08 60
www.hotelnederland.it, 53 Z.
Einfaches Hotel, ruhig in der Nähe der Altstadt und des Strandes gelegen.

Pra' delle Torri) ist Caorle auf sportliche Gäste eingestellt. Besonders bei den kleinen Gästen beliebt ist der **Badepark Aquafollie** beim Lunapark.

★
Ausflug in die Lagune

Im Hafen von Caorle starten während der Sommermonate Motorboote zu Ausflügen in die Lagune von Caorle. Die flachen Seen und verschilften Uferzonen entlang der stillen Kanäle und Flüsse sind ein Vogelparadies. Bei den meisten Ausflügen wird auch eine der typischen Fischhütten (casoni) angesteuert, in denen sich die Gäste bei einem (Fisch-)Imbiss stärken können.

★ Cesena

J 13

Region: Emilia-Romagna   **Einwohnerzahl:** 90 000

Aus der Zeit der Condottiere besitzt die Stadt im Hinterland des Hafen- und Badeortes Cesenatico einige herausragende Denkmäler wie z. B. die Rocca. Aber auch die nette Altstadtatmosphäre und die guten Einkaufsmöglichkeiten machen Cesena zu einem lohnenden Ausflugsziel.

Umstrittene Stadt

Cesena, das zusammen mit Forlì Provinzhauptstadt ist, blickt auf eine lange Geschichte zurück. Im Mittelalter war die Stadt immer wieder Zankapfel zwischen den beritalienischen Signorien, bis sie der Papst Ende des 14. Jh.s den Malatesta (▶Baedeker Special S. 28 / 29) übergab.

Cesena Orientierung

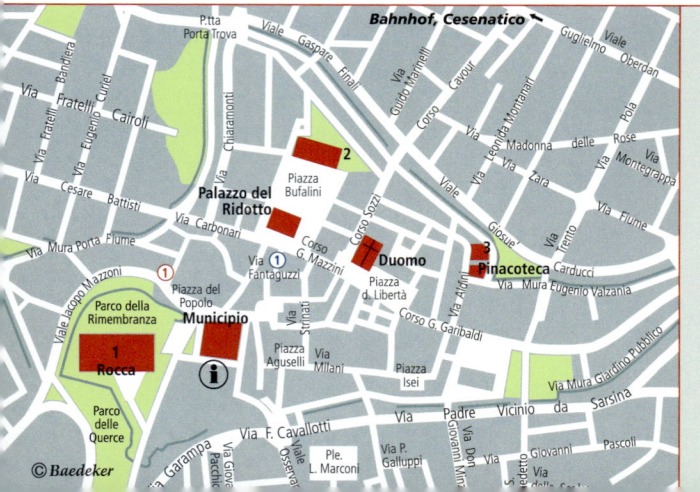

1 Museo della Rocca
2 Bibliotheca Malatestina und Museo Archeologic
3 Museo dell' Immagine

Essen
① Michieletta

Übernachten
① Cappello

© Baedeker

CESENA ERLEBEN

AUSKUNFT
Piazza del Popolo 15
Tel. 05 47 35 63 27, Fax 05 47 35 63 93

ESSEN

► **Fein & Teuer / Erschwinglich**

① *Michiletta*
Via Strinati 41
Tel. 05 47 24 691
Diese Osteria mitten in Cesena gibt es seit Mitte des vorletzten Jahrunderts. Traditionelle romagnolische Küche, z. T. auch biologisch. So. Ruhetag.

► **Erschwinglich**
Cerina
Via San Vittore 936

(außerhalb des Zentrums)
Tel. 05 47 66 11 15
Mo.abend, Di. geschl.
Traditionelle romagnolische Küche und Weine aus der Region.

ÜBERNACHTEN

► **Günstig**
① *Cappello*
Piazza del Popolo / Viale Mazzoni 1
Tel. 054 72 10 16, Fax 054 72 11 58
www.hotelcapello.com, 13 Z.
Kleines Hotel in der Altstadt mit Blick auf die Rocca. Einfache und saubere Zimmer, alle mit Fernseher, Bad und Telefon. Das Frühstück wird im Café nebenan eingenommen.

Sehenswertes in Cesena

Die Altstadt von Cesena bildet ein mauerumgürtetes Dreieck. Betritt **Altstadt** man sie von Nordosten her, durch das Tor am Viale Carducci, dann ist der Corso Sozzi der kürzeste Weg ins Zentrum. Die Piazza Pia beherrscht der **Dom**, ein schlichter, aber wuchtiger Backsteinbau mit offenem Dachstuhl.
Für Theaterliebhaber empfiehlt sich von hier ein kurzer Abstecher zum **Teatro Bonci** an der Piazza Guidazzi, das 1846 eröffnet wurde und auch heute noch bespielt wird.

Folgt man dem Corso Mazzini nordwestwärts, so steht man bald an **★** der Piazza Fabbri mit dem Palazzo del Ridotto, in der die Städtische **Biblioteca** Kunstgalerie eingerichtet ist. Hinter dem Palast verbirgt sich die von **Malatestiana** den Malatesta ins Leben gerufene Biblioteca Malatestiana, **eine der besterhaltenen humanistischen Bibliotheken in ganz Europa**. 343 seltene Kodizes, zum Teil mit Miniaturmalereien, sind der Stolz dieser Jahrhunderte alten Kultureinrichtung. Der 1492 eingeweihte Bibliothekssaal mit seinen Lesepulten, an denen die Bücher angekettet wurden, kann besichtigt werden. Öffnungszeiten: 20. Juni – 20. Sept. ⏱ Mo. – Sa. 9.30 – 12.30, 16.00 – 19.00, So., Fei. 10.00 – 12.30, sonst 9.30 – 12.30, 15.00 – 18.00 Uhr.
Im selben Gebäude untergebracht sind auch die **Biblioteca Piana**, die einstige Privatbibliothek von Papst Pius VII., der aus Cesena stammte, sowie die archäologische Sammlung der Stadt.

Piazza del Popolo ✳

Zum Herz von Cesena, der Piazza del Popolo, führt die hübsche Via Zeffirino Re, unter deren Arkaden man auch bei schlechtem Wetter gerne flaniert. **Arkadenhäuser** auf der einen Seite, das Rathaus, sprich der ehemalige Verwaltungssitz von Kardinal Albornoz, und die hohe Burgmauer auf der anderen sowie ein frühbarocker Brunnen (1589) verleihen dem kopfsteingepflasterten Hauptplatz städtisches Flair. Mittwochs und samstags wird hier Markt gehalten.

> ! **Baedeker** TIPP
>
> ### Pasta fresca
>
> Garantiert selbst gemacht sind die Nudeln bei Pasta Fresca Biguzzi (Corso Sozzi 49). Der winzige, herrlich altmodische Tante-Emma-Laden verlockt zu Vorratskäufen.

Rocca Malatestiana ✳

Entweder über eine Treppe neben dem Rathaus oder durch den herrlichen Park (der Parkeingang liegt etwas weiter rechts) steigt man hinauf zur Burg der Malatesta (▶Baedeker-Special S. 28/29). Die über der Altstadt thronende Festung gehört zu den imposantesten in der Emilia-Romagna. In der Burg ist das **Museum der bäuerlichen Kultur** untergebracht.

Forlì

Provinzhauptstadt

Knapp 20 km nordwestlich von Cesena, an der schnurgeraden Via Emiliana, liegt die Provinzhauptstadt Forlì (100 000 Einwohner). Ebenso wie Cesena ist Forlì, das schwere Kriegsschäden hinnehmen musste, Mittelpunkt eines agrarischen Umlandes.

Altstadt

Am Südrand der Altstadt erhebt sich die von den einstigen Stadtherren, dem Geschlecht der Ordelaffi, erbaute Rocca. Das Zentrum des historischen Forlì befindet sich um die **Piazza Aurelio Saffi**. Arkadenhäuser und stolze Stadtpaläste wie zum Beispiel der Palazzo della Podestà aus dem 15. Jh. und der etwas jüngere Palazzo del Municipio rahmen den Platz. Aus rotem Backstein wurde hier Ende des 12. Jh.s die **Basilica S. Mercuriale** errichtet, die ein mächtiger, 76 m hoher Kampanile überragt. Beachtenswert im Inneren der Kirche sind das Renaissancegrabmal der Barbara Manfredi und zu seinen Seiten die Gemälde des romagnolischen Renaissancemalers Marco Palmezzano.

Dom

Etwa 200 m westlich der Piazza Saffi kommt man zum Dom S. Croce mit seiner klassizistischen Fassade. Die Innenausstattung lässt die lange Geschichte des Bauwerks Revue passieren, so das romanische Kreuz, der spätmittelalterliche Taufstein und das barocke Kuppelfresko mit der »Himmelfahrt Mariens«.

Sehenswerte Museen

Die wichtigsten Museen der Stadt sind bei den Istituti Culturali Artistici am Corso della Repubblica vereint. Neben der **Gemäldegalerie** mit Werken aus dem 14. bis 18. Jh. gibt es dort auch ein interessantes **Keramikmuseum**.

In der Umgebung von Cesena werden Oliven angebaut.

Faenza und Umgebung

15 km weiter nordwestlich, an der SS 9, erreicht man die Kleinstadt Faenza, die auf eine etruskische Siedlung zurückgeht. Seit dem Mittelalter ist Faenza für die nach ihr benannten **Fayencen** bekannt, glasierte Tonwaren, die in einer ständigen Verkaufsausstellung an der Piazza Nenni zu sehen und in zahlreichen Keramikläden zu kaufen sind. Nachwuchstalente in der Kunst mit der Töpferscheibe treffen sich jedes Jahr zum Keramikwettbewerb in Faenza.

Wer sich für die Geschichte der Fayencen interessiert, der sollte das sehenswerte **Keramikmuseum** (Museo Internationale delle Ceramiche) am nördlichen Altstadtrand besuchen (Viale Baccarini 19).

Mittelpunkt der Stadt ist die langgestreckte **Piazza del Popolo**, an der die beiden mit Laubengängen versehenen Palazzi del Podestà (12. Jh.) und del Municipio (13. – 15. Jh.) stehen. Der benachbarte **Dom** wurde im 15. Jh. von dem Florentiner Giuliano da Maiano im Stil der Frührenaissance erbaut.

✶ **Keramikstadt**

Von Faenza lohnt ein Abstecher in das mittelalterliche Städtchen Brisighella (12 km südlich), das von einem Uhrturm aus dem 13. Jh. und der Rocca der Fürsten Manfredi aus dem 15. Jh. überragt wird. Die beste Zeit für einen Besuch von Brisighella ist der Juli, denn in diesem Monat (erste Hälfte) feiert der Ort ein mittelalterliches Fest. Bekannt ist Brisighella auch für sein hervorragendes **Olivenöl**, das man natürlich vor Ort kaufen kann.

✶ **Brisighella**

✳ Cesenatico

K 12

Region: Emilia-Romagna   **Einwohnerzahl:** 20 000

Ein Fischerdorf war Cesenatico einst, doch das ist schon lange her. Heute gehört es zu den größten und beliebtesten Seebädern an der italienischen Adriaküste.

 ## CESENATICO ERLEBEN

AUSKUNFT

Cesenatico:
Viale Roma 112
Tel. 05 47 67 32 87, Fax 05 47 7 94 04
www.cesenatico.it
Cervia:
Torre S. Michele
Via Evangelisti 4
Tel. 05 44 97 44 00, Fax 05 44 97 71 94
www.turismo.comunecervia.it
Milano Marittima:
Viale Matteotti 39/41
Tel. 05 44 99 34 35, Fax 05 44 99 32 26
iatmilanomarrittima@cerviaturismo.it

FESTE

Jedes Jahr treffen sich Radfans aus aller Welt in Cesenatico zum Nove Colli, zum Rennen der »neun Hügel«.

AUSGEHEN

Parco Aquatico Atlantica
Piazza Marco Polo 4

Tagsüber gibt es hier Wasserspaß für Groß und Klein, abends verwandelt sich der Wasserpark in eine Disko.

ESSEN

▶ **Fein & teuer**

La Frasca
Milano Marritima
Rotonda Don Minzoni 3
Tel. 05 44 99 58 77
Mo., Di. geschl.
Ein echtes Gourmeterlebnis für einen ganz besonderen Abend.

▶ **Erschwinglich**

La Buca
Porto Canale
Corso Garibaldi
Tel. 054 78 24 74, Mo. geschl.
Am romantischen Kanalhafen von Cesenatico sitzt man am besten im Freien, zum Beispiel im La Buca, wo in angenehmer Atmosphäre köstliche Fischspezialitäten serviert werden.

▶ **Preiswert**

Casa Braghittoni
Savio (nördlich von Cervia)
Via Camillo Torres 244
Tel. 05 44 92 80 41
www.casabraghittoni.it, Mo. geschl.
Rustikales Landhaus mit netter Atmosphäre und schmackhafter romagnolischer Küche.

Cesenatico: Treffpunkt für Radler

ÜBERNACHTEN
► Komfortabel
Stresa
Cesenatico, Viale Carducci 35
Tel. / Fax 05 47 67 22 02
www.cesenaticohotelstresa.com, 20 Z.
Kleines, familiäres Hotel in einer alten
Villa mit reizendem Gärtchen und
großer Sonnenterrasse. Zimmer nur
mit Ventilator.

► Günstig
Raffaella
Cervia, Via Monreale 4
Tel. 054 47 23 08, Fax 054 47 19 09
www.hotelraffaella.it, 24 Z.
Die kleine, sympathische Pension in

einem grünen Seitensträßchen hat
ihren Namen von einer der beiden
Schwestern, die das Haus führen.
Spartanische Zimmer mit italienischen Steinfußboden.

Baedeker-Empfehlung

► Günstig
Monique
Cervia, Viale Belfiore 23
Tel. 05 44 97 12 24, Fax 054 47 16 83
www.hotelmonique.com, 37 Z.
Ruhig gelegenes, familiär geführtes Haus
mit einfachen, aber sauberen Zimmern. Das
Frühstück kann man im Garten einnehmen.

Das Dorf wurde im beginnenden 14. Jh. zum Hafen der landeinwärts
gelegenen Stadt ► Cesena ausgebaut, und 1502 beauftragte Cesare
Borgia das Allroundgenie **Leonardo da Vinci** mit Plänen für den Bau
eines Kanalhafens, der heute zu den Besucherattraktionen der Badestadt gehört. Als Garibaldi in der Nacht des 2. August 1849 auf der
Flucht von Rom nach Venedig in dem Hafenstädtchen Station machte, war das Seebad Cesenatico noch nicht geboren – das geschah erst
1878 mit der Eröffnung der ersten Badeanstalt.

Geschichte

Sehenswertes in Cesenatico

Schattige Alleen mit stilvollen alten Villen gehören ebenso zum Bild
von Cesenatico wie etwas in die Jahre gekommene Hotels aus der
jüngeren Geschichte des Traditionsbades.
Zwei markante Gebäude prägen die **Piazzale Andrea Costa**, den weitläufigen Hauptplatz im modernen Teil von Cesenatico direkt hinter
dem Strand: das neobarocke Grand Hotel aus dem 19. Jh. und ihm
gegenüber ein angrauter Hochhauskomplex, der keinem Ort zur
Ehre gereicht. Die meisten Geschäfte und Restaurants findet man in
der Via Roma, der Verlängerung der Piazza Andrea Costa, und in der
Viale Carducci, die parallel zum Strand verläuft.

**Modernes
Seebad ...**

Der Porto Canale trennt den breiten Strand in die **Spiaggia Levante
(Oststrand)**, die bis nach Villamarina reicht, und die **Spiaggia di Ponente (Weststrand)**, die sich bis zum Pinienwald von Zadina Pineta
fortsetzt. Hinter dem Oststrand mit seinen Badeanstalten liegen die
meisten Hotels von Cesenatico, die überwiegend aus den 1970er-

**... mit endlosem
Strand**

und 1980er-Jahren stammen. Aber auch einen freien Strand – einen der längsten an der Küste der Emilia-Romagna – gibt es.

Sport, Freizeit

Die Möglichkeiten für Sport sind in Cesenatico bestens – von Wasserski und Surfen, Katamaranfahren oder Segeln (Cesenatico besitzt einen Jachthafen) bis zu Reiten und Golfen (27-Loch-Platz in Cervia, www.golfcervia.com) ist alles geboten. Wem eher nach Wasserspaß zumute ist, der kann sich im **Parco Aquatico Atlantica** vergnügen. Der Wasserpark liegt zwischen Cesenatico und Zadina Pineta. Öffnungszeiten tgl. 10.00 – 19.00 Uhr; www.atlanticapark.it

★ ★
Porto Canale

Der Kanalhafen ist heute das Herz des historischen Cesenatico und bei Tag und Nacht ein beliebter Treffpunkt. Die kleinen, bunt angestrichenen Häuser, die Fischerboote und Segeljachten, die im Kanal vor Anker liegen, vor allem aber die vielen Kneipen und Restaurants, in denen man im Sommer direkt am Kai sitzt, verleihen dem Kanal eine besonders stimmungsvolle Atmosphäre. Die dortige »Bar del Corso« ist nicht nur das Stammlokal des Radklubs von Cesenatico, sondern mittlerweile auch ein bekannter Radtouristentreff. Hübsch renoviert präsentiert sich das alte **Fischmarktgebäude**, das täglich außer So. geöffnet ist. Wie man den Fisch auch ohne Kühlschrank zu konservieren wusste, ist an der Piazzetta Conserve zu sehen, wo einer der kegelförmigen Keller erhalten blieb, die man mit Eis und Schnee füllte. Ein Stück weiter am Ostufer des Kanals öffnet sich die Piazza Pisacane mit dem Denkmal für den Nationalhelden Garibaldi.
Die Hauptattraktion am Kanal sind aber die großen, zwischen zwei Brücken festgemachten historischen **Segelschiffe**, die jahrhundertelang für den Fischfang und für den Seehandel benutzt wurden. Sie bilden heute den Außenteil des neuen sehenswerten **Museo della Marineria** (Via Armellini 18). Öffnungszeiten: Apr. – Sept. 10.00 – 12.00, 15.00 – 19.00 Uhr, im Winter nur Sa, So.

Bellaria Igea Marina

Kinderfreundlicher Strand

Nach Süden, zwischen Cesenatico und Rimini, reißt die Kette der Badeorte nicht ab. Auf Gatteo a Mare folgt die Doppelgemeinde Bellaria Igea Marina, die bereits zur Provinz Rimini gehört. In Bellaria führt die Bahnlinie, wie in vielen Bädern an der Adriaküste, mitten durch den Ort. Der Strand- und Hotelbereich liegt östlich, das überschaubare, moderne Ortszentrum westlich der Gleise. Die Haupteinkaufsstraße und die zentrale Piazza Don Minzoni, wo man gemütlich unter Platanen sitzt, wurden zur Fußgängerzone umgestaltet. Kinder können in Bellaria Igea Marina völlig gefahrlos baden, denn der nur mäßig breite Strand ist durch Wellenbrecher geschützt. Und natürlich gibt es auch einen Wasserpark: **Aquabell**, der Spiel und Spaß garantiert. Öffnungszeiten: tgl. 9.30 – 18.30 Uhr.

← *Im alten Kanalhafen von Cesenatico*

Beachvolleyball wird an allen Stränden der Adria mit Begeisterung gespielt.

✹ Cervia Milano Marittima

Vornehmer Badeort

Rund 8 km nordwestlich von Cesenatico erreicht man die Doppelgemeinde, die sich aus Cervia und Milano Marittima zusammensetzt. Genau genommen beginnt die Badestadt bereits mit den beiden Ortsteilen Tagliata und Pinarella, die, wie der Name schon sagt, sich durch herrliche **Pinienwälder** hinter dem Sandstrand auszeichnen. Auch Cervia, ein bekannter Bade- und Thermalkurort, ist sehr grün und erholsam – selbst die Badeanstalten haben hier zum Teil Entrees, die an Vorgärten denken lassen. Damit sich am Lungomare Fußgänger, Fahrradfahrer und Autofahrer nicht ins Gehege kommen, hat jeder seine eigene »Fahrbahn«.

✹ Altstadt

Cervia besitzt eine winzige, aber sehr hübsche Altstadt, die sich hinter einem Mauerkarree versteckt. Schon nach wenigen Schritten hinter dem Tor hat man den Stadtmittelpunkt erreicht, die großzügige **Piazza Garibaldi**, die von einheitlichen Häusern mit Arkaden im Erdgeschoss gerahmt wird. Die Kathedrale aus dem 18. Jh. kommt mit ihrer Backsteinfassade schlicht daher. Ihr gegenüber, am Palazzo Comunale, dem Rathaus, findet sich eine Gedenktafel für Grazia Deledda. Die sardische Schriftstellerin, der man am Lungomare Deledda auch ein Denkmal gesetzt hat, kam mehr als zehn Jahre lang als Feriengast nach Cervia.

Ein Durchgang im Rathaus verbindet den großzügigen Hauptplatz mit der intimen **Piazza Pisacane**, die direkt hinter dem östlichen Altstadttor liegt. Wer etwas über die lange Geschichte der Salzgewinnung in Cervia erfahren möchte, sollte das dortige **Museo della Civiltà Salinara** besuchen. Öffnungszeiten im Sommer Mi., Sa. und So.

19.30 – 23.00 Uhr. Am Kanalhafen stehen noch zwei alte Salzlagerhäuser aus dem Jahr 1712 bzw. 1691.

Jenseits des Kanalhafens (Porto canale) schließt sich **Milano Marittima** an, hübsch in einem Pinienwald gelegen und mit schönem Strand. Mittelpunkt des 1912 gegründeten, gepflegten Badeortes ist die Rotonda Primo Maggio mit teuren Boutiquen und ansprechenden Cafés und Restaurants. In Milano Marittima gibt es auch Thermalbäder. Stattliche Ferienhäuser und Hotels auf großzügigen Waldgrundstücken bestimmen das Bild der eleganten **Gartenstadt**.

> ! **Baedeker** TIPP
>
> **Nicht nur für Regentage …**
> … ein Programmpunkt ist das große Gewächshaus der Casa delle Farfalle (Via Jelenia Gora 6), in der man freifliegende Schmetterlinge beobachten kann.

Jahrhundertelang war Cervia ein **Zentrum der Salzgewinnung**. Im Naturreservat Riserva Naturale delle Saline, im Südosten von Cervia, werden die einstige Salzgewinnung sowie die kleine, noch heute betriebene Salina Camillone vorgeführt. Das dortige Besucherzentrum vermittelt Führungen durch das Schutzgebiet, das heute ein kleines Paradies für zahlreiche Vogelarten ist. Man kann es aber auch individuell durchstreifen.

Riserva Naturale delle Saline

★ Chieti

V 23

Region: Abruzzen   **Einwohnerzahl:** 56 000

Chieti, in 300 m Höhe über dem Pescara-Tal und rund 20 km südwestlich von ►Pescara gelegen, gehört zu den Städten, die auf den ersten Blick nicht sehr einladend wirken. Umso größer ist die Überraschung, wenn man dann ein hübsches, wenngleich nicht ganz so typisches Städtchen mit zwei sehr interessanten archäologischen Museen entdeckt – darunter ein verhältnismäßig neues –, die in der Region einzigartig sind.

Sehenswertes in Chieti

Chieti sollte man zu Fuß erkunden. Das Auto bleibt auf einem der Parkplätze am Altstadtrand. Im Norden beginnt die Besichtigung auf der Piazza Vittorio Emanuele mit dem Rathaus (Palazzo Valignani, 1517), dem neoromanischen Justizpalast und der gotischen **Kathedrale S. Giustino**, an der zuletzt 1920 – 1936 gebaut wurde. Der schöne Kampanile entstand 1335 – 1498. Links vom Justizpalast bietet sich eine herrliche Aussicht, einerseits auf das Meer, andererseits auf die Gebirgsketten von Gran Sasso und Maiella. Durch die Via Pollone erreicht man das gelb verputzte **Teatro Marrucino** aus dem Jahr

Vom Dom zum Teatro Marrucino

▶ CHIETI ERLEBEN

AUSKUNFT
Via B. Spaventa 47
Tel. 08 71 6 36 40
Fax 08 71 6 36 47

ESSEN

▶ Erschwinglich
Nino
Via Principessa di Piemonte 7
Tel. 08 71 637 81
So.-Abend, Mo. geschl.
Hier in diesem beliebten Lokal im
Zentrum bekommen Sie die typische

Küche der Abruzzen wie Sagne con
Ceci, Bandnudeln mit Kichererbsen,
und köstlichen Lammbraten.

ÜBERNACHTEN

▶ Komfortabel
Harry's
Via Valignani 219
Tel. 08 71 32 15 55
Fax 08 71 32 17 81
www.harrishotels.it, 15 Z.
Das angenehme Haus verfügt über
Zimmer mit Balkon oder Terrasse.

1813. In der benachbarten Via Cesare De Lollis, im Palazzo Martinetti-Bianchi, befindet sich die **Gemäldegalerie Barbella**.

Corso Marrucino

Vom Teatro Marrucino zieht sich der gleichnamige Corso südwärts, gesäumt von stolzen Gebäuden in üppigem Neobarock wie dem der Banca d'Italia und der Prefettura. Unter den Arkaden der Prefettura hat seit 1900 das **Caffè Vittoria** seinen angestammten Sitz. Einzige Bausünde in dieser beinahe großstädtisch anmutenden Meile: das »upim«-Kaufhaus gegenüber vom Vittoria-Café.

Archäologisches Museum

Von der Piazza Trento e Trieste gelangt man südlich zur Villa Comunale in herrlicher Lage inmitten des Stadtgartens. Das dort untergebrachte Museo Archeologico Nazionale di Antichità besitzt die für die Region Abruzzen bedeutendste Sammlung an Funden aus frühgeschichtlicher und römischer Zeit, u. a. die zierliche, wunderbar gearbeitete Bronzeplastik des »Sitzenden Herkules« aus Alba Fucens und den berühmten **Krieger von Capestrano**, eine 2 m hohe Statue aus dem 6. Jh. v. Chr., die aus einem Block gehauen wurde. Öffnungszeiten: Di. – So. 9.00 – 19.00 Uhr.

La Civitella

Geht man von der Piazza Trento e Trieste die Via Vernia bergauf, so kommt man zum Areal des **Museums** La Civitella (Eingang: Via G. Pianell). Chieti kann auf eine sehr lange Besiedlungsgeschichte zurückblicken. Bereits im dritten Jt. war der Hügel bewohnt. Um 400 v. Chr. lebte hier das Volk der **Marrucini**, und in römischer Zeit war Chieti, das damalige Teate Marrucinorum, eine blühende, bedeutende Stadt mit drei Tempeln, Bädern, einer Nekropolis, einem Forum und einem Theater. Der weitläufige Museumskomplex vermittelt ein umfassendes Bild von den Kulturen der Civitella. Die einzelnen The-

Klein-Venedig: Chioggia

men – von den Transportwegen und anderen Fragen zur Alltags- und Wirtschaftsgeschichte bis zu den religiösen Kulten – sind so aufbereitet, dass auch Kinder und Jugendliche Spaß an der Ausstellung haben dürften. Mit viel Aufwand wurden die imposanten Giebelfronten der drei Tempel von Teate in Originalgröße rekonstruiert. Öffnungszeiten: Di.–So. 9.00–19.30 Uhr
Auch das **römische Amphitheater** neben dem Museum kann besichtigt werden. Öffnungszeiten: Dienstag bis Sonntag 9.00–10.00 Uhr.

Im Jahre 871 gründete Kaiser Ludwig II. die Abtei San Clemente a Casauria bei Torre de' Passeri, etwa 25 km südwestlich von Chieti. Die romanisch-gotische Kirche, das bedeutendste Bauwerk seiner Art in den Abruzzen, erhielt im 12. Jahrhundert ihre heutige Gestalt. Man beachte das Bronzeportal mit 72 Bildfeldern aus dem Jahr 1109 und die schöne Kanzel.

✦ ✦ Chioggia

J 6

Region: Venetien   **Einwohnerzahl:** 52 000

Die ans Wasser gebauten alten Paläste, ein Kanal mit bunten Booten und malerischen Steinbrücken und nicht zuletzt die Tauben auf dem Hauptplatz – in vielem erinnert das auf einer Landzunge gelegene Chioggia sehr an Venedig. Nur, dass alles ein bisschen kleiner, intimer und weniger überlaufen ist.

Wer keine Lust auf Venedig verspürt, aber dennoch mal gerne eine **Lagunenstadt** besichtigen möchte, sollte unbedingt Chioggia besuchen. An Kunstdenkmälern kann das Städtchen natürlich nicht mit der »großen Schwester« konkurrieren, doch dafür bietet es einen wunderbaren Mix aus romantischer, sehr venezianisch anmutender Kulisse und gänzlich untouristischem Alltagsleben. Das etwa 40 km südlich von Venedig gelegene Chioggia ist nämlich einer der wichtigsten Fischereihäfen der Adria. Überall, nicht nur in den Seitengassen, wo die Wäsche noch über der Straße trocknet, riecht es nach Fisch, den man fangfrisch auf dem Fischmarkt im alten Getreidespeicher (Grannaio) kaufen kann. Auch das Badevergnügen muss in Chioggia nicht zu kurz kommen. Dafür gibt es den kilometerlangen **Sandstrand von Sottomarina**, dem Seebad von Chioggia.

✦ ✦
Klein-Venedig

Ausflug nach Venedig

Von Chioggia ist man mit dem Boot in ca. 1 ½ Stunden in Venedig; Abfahrt an der Piazzetta Vigo (mit dem Boot nach Pellestrina; von dort mit dem Bus nach Lido S. M. Elisabetta und mit dem Vaporetto zum Riva degli Schavoni). Die Tagesausflugsboote starten an der Brücke zwischen dem Seebad Sottomarina und Chioggias Altstadt.

Sehenswertes in Chioggia

Museo Civico della Laguna Sud

Wer sein Auto auf dem Campo Marconi geparkt hat, beginnt den Stadtrundgang am südlichen Stadttor. Noch vor dem Tor fällt der wuchtige Backsteinbau des ehemaligen Franziskanerklosters S. Francesco ins Auge. Heute sind hier ein Museum und die **Touristeninformation** untergebracht. Das Museum widmet sich der Geschichte und Wirtschaftsgeschichte der südlichen venezianischen Lagune, von der Römerzeit bis ins 18. Jahrhundert. Öffnungszeiten: Di. – Sa. 9.00 bis 13.00, Do. – So. 15.00 – 18.00, Juli / Aug. Do. – So. 19.30 – 23.30 Uhr.

Duomo

Direkt hinter dem südlichen Stadttor steht der im 17. Jh. von Baldassare Longhena in einen schlichten Barockbau umgewandelte Dom S. Maria Assunta mit seinem 64 m hohen Kampanile aus dem 14. Jahrhundert. Zu den interessantesten Ausstattungsstücken gehören die Kanzel und das Taufbecken aus Marmor.
Den einstigen Domschatz kann man im benachbarten **Museo Diocesano** bewundern.

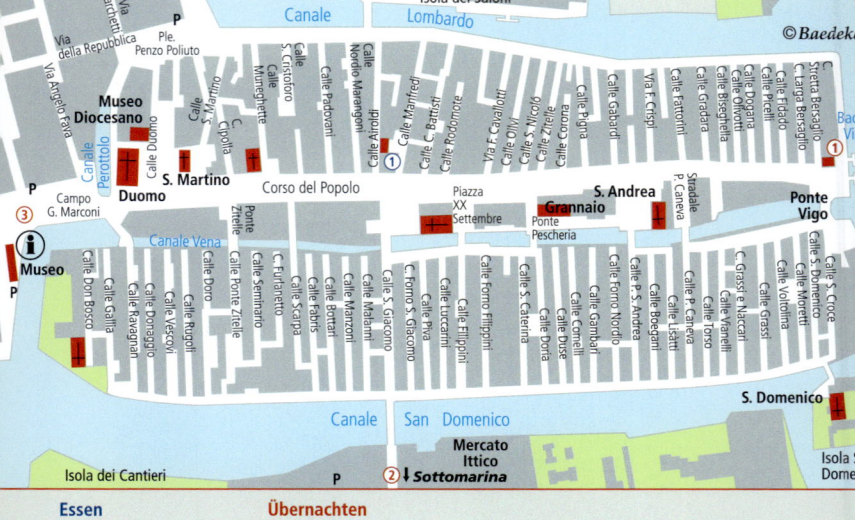

Chioggia Orientierung

©Baedeker

Essen
① Eden

Übernachten
① Grande Italia ② Sole ③ Ai Cavalli

CHIOGGIA ERLEBEN

AUSKUNFT

Lungomare Adriatico 101
Chioggia-Sottomarina
Tel. 041 40 10 68, Fax 041 554 08 55
www.turismovenezia.it

PARKEN

Am besten am Campo Marconi vor
dem südlichen Stadttor oder auf der
Insel Isola dell' Unione.

ESSEN

▶ Preiswert

① *Eden*
Calle Airoldi 152 B
Tel. 041 550 04 25, Mo. geschl.
Kleines, unscheinbares Restaurant in
einer Seitengasse des Corso del
Popolo. Fischreiche Hausmannskost
zu moderaten Preisen. Natürlich gibt
es auch Anguilla (Aal).

ÜBERNACHTEN

▶ Luxus / Komfortabel

① *Grande Italia*
Piazzetta Vigo 1
Tel. 041 40 05 15, Fax 041 40 01 85
www.hotelgrandeitalia.com
57 Z. und Suiten
Das beste (und zentralste) Haus am
Platz – vier Sterne. Die Zimmer
wurden stilvoll und komfortabel
renoviert, am schönsten logiert man
in denen mit Blick auf die Lagune
oder auf die Piazzetta.

▶ Komfortabel

② *Sole*
Sottomarina, Viale Mediterraneo 9
Tel. 041 49 15 05, Fax 041 496 67 60
www.hotel-sole.com
62 Z., Suiten und Apartments
Hotel direkt hinter dem Strand von
Chioggia Sottomarina. Schöne Zim-
mer, üppiges Frühstücksbuffet, eigene
Parkgarage.

▶ Günstig

③ *Ai Cavalli*
Loreo (Ortsteil südlich von Chioggia)
Riviera Marconi 69
Tel. 04 26 36 98 68, Fax 04 26 36 98 69
www.albergocavalli.it, 10 Z.
Kleines, familiäres Hotel.

Es gibt im Grund nur einen großen Laufsteg in Chioggia, das ist der **Corso del Popolo**
Corso del Popolo, der die Altstadt parallel zum Canale Vena durch-
zieht. Geprägt wird dieser Straßenzug, der die Breite und die Qualität
eines Platzes hat, von den **hübschen alten Palästen** mit spitzbogigen
venezianischen Fenstern und Balkonen und von den vielen Cafés, die
zum Draußensitzen einladen. Folgt man dem Corso in nördliche
Richtung, sieht man rechter Hand, bei der Einmündung der Straße
von Sottomarina, die barocke **Kirche S. Giacomo** mit ihrem venezianischen Kirchturm. Wenige Schritte weiter, am Canale Vena, wurde
der alte Kornspeicher, der **Grannaio**, renoviert, wo heute der tägliche
Fischmarkt stattfindet. Ebenso wie S. Giacomo ist auch Sant' Andrea,
die nächste Kirche am Corso, ein barockes Bauwerk. Ihr Glockenturm allerdings stammt aus romanischer Zeit.
Das nördliche Ende des Corsos bildet die **Piazzetta Vigo** mit dem
ehrwürdigen Hotel Grande Italia an der Westseite. An der Piazzetta
starten auch die Boote nach Venedig.

Canale Vena ✷ ✷

Gegenüber, an der Ostseite der Piazzetta, schwingt sich der hübsche Ponte Vigo mit einem eleganten Bogen über den Canale Vena. Der von Brücken überspannte Hauptkanal von Chioggia bietet von hier aus einen bezaubernden Anblick: Stattliche alte Häuser, an denen der Putz bröckelt, Marktstände unter den Arkaden am Wasser, und bunte Boote mit Fischernetzen verleihen ihm seinen besonderen Reiz.

S. Domenico Überquert man auf dem Ponte Vigo den Kanal und geht hinüber zur Isola San Domenico, so kommt man zur gleichnamigen Kirche, die ein Altarbild von Carpaccio (»Heiliger Paulus«) zu ihren wenigen Highlights zählt. Interessanter als die Kirche ist das Ambiente, denn San Domenico liegt am gleichnamigen zweiten Kanal von Chioggia, wenn man so will, die weniger feine »Rückseite« des Städtchens.

> ❗ **Baedeker** TIPP
>
> **Chioggia ungeschminkt**
>
> Wer etwas vom Alltagsleben in Chioggia kennenlernen möchte, sollte am Canale San Domenico entlang und dann durch eine der Gassen zum Corso del Popolo spazieren. Hier reparieren die Fischer ihre Netze, entladen ihre Boote oder treffen sich auf einen Kaffee in der Bar nebenan.

Eine 800 m lange Brücke, an der auch die Ausflugsschiffe nach Venedig bzw. zu den Inseln in der Lagune ablegen, verbindet die Altstadt von Chioggia mit dem viel besuchten Seebad Sottomarina, das ebenfalls auf einer (wenngleich wesentlich größeren) Insel liegt. Hinter dem breiten Sandstrand mit seinen endlos langen Reihen von kleinen Badekabinen verläuft die vierspurig ausgebaute Uferstraße. Die meisten Hotels sind hinter dem **Lungomare** aneinandergereiht. Am südlichen und nördlichen Strandende gibt es Campingplätze.

Umgebung von Chioggia

Parco Riserva Naturale Bocche di Po, Isola Albarella

Rund 12 km südlich von Chioggia, am Adige-Fluss, erreicht man die Abzweigung nach **Rosolina Mare**, einem Feriendorf auf einer schmalen, flachen Halbinsel. Sie gehört zum Parco Riserva Naturale Bocche di Po (▶Comacchio, Umgebung). Das Landschaftsbild des zum Naturpark erklärten Po-Deltas bestimmen flache Seen und Salzwasserbecken, Wasserstraßen und Pinienwälder.

Touristisch erschlossen ist auch die südlich anschließende Insel Albarella. Auf der Insel selbst geht es nur mit dem Fahrrad oder per Boot weiter (regelmäßiger Bootstransfer ab Marina di Albarella). Das exklusive Feriendorf Albarella verfügt über hervorragende **Sportmöglichkeiten**, u. a. einen Jachthafen und einen 18-Loch-Golfplatz.

Adria Etwa 25 km südwestlich von Chioggia liegt Adria, das Städtchen, dem der Meeresarm seinen Namen verdankt. Sehenswert in Adria ist die interessante Sammlung des **Museo Archeologico**, das die einstige Bedeutung der von Etruskern, Griechen und Römern besiedelten Stadt anschaulich vermittelt.

Civitanova Marche

S 18

Region: Marken   **Einwohnerzahl:** 39 000

Civitanova Marche besteht im Grund aus zwei Gemeinden, der jungen Badestadt am Meer mit Fischerei- und Jachthafen und dem älteren Ort Civitanova Alta, der sich dahinter auf einer Hügelkuppe ausbreitet. Picenter sollen die Siedlung am Meer gegründet haben, deren Bewohner sich später auf die sichereren Hügel zurückzogen und von diesen aus wieder die Küste in Besitz nahmen.

Oben auf dem Hügel thront Civitanova Alta, umgeben von einer alten Stadtmauer mit eindrucksvollen Toren. Um die zentrale Piazza della Libertà sind das Rathaus, die Kirche San Paolo und die ehemalige Franziskanerkirche versammelt.   **Civitanova Alta**

Umgebungsziele an der Küste

Etwa 6 km nördlich von Civitanova Marche, bei dem Badeort Porto Potenza Picena, kann man die Villa Buonaccorsi besichtigen, eine Residenz aus dem 18. Jh. mit Gartenanlage (nach Anmeldung beim Kustoden, Tel. 07 33 68 81 89). Das etwa 7 km landeinwärts gelegene **Potenza Picena** besitzt noch einen historischen Ortskern.   **Porto Potenza Picena**

 CIVITANOVA MARCHE ERLEBEN

AUSKUNFT
Corso Umberto I 193
Tel. 07 33 81 39 67, Fax 07 33 81 50 27
iat.civitanova@regione.marche.mc.it

Fax 07 33 81 06 37
www.miramarecivitanova.it, 77 Z.
Hotel in zentraler Lage, aber ruhig
und mit vielen Annehmlichkeiten.

ÜBERNACHTEN
► **Komfortabel**
Miramare
Viale Matteotti 1
Tel. 07 33 81 15 11

ESSEN

Baedeker-Empfehlung

► **Erschwinglich**
Il Melograno
Sant' Elpidio a Mare, Via Gherardini 9
Tel. 07 34 85 80 88, Di. geschl.
Stilvolles Restaurant in schönen alten
Gewölberäumen. Man glaubt dem Wirt
auf's Wort, dass er seinen Beruf aus
Leidenschaft betreibt. Im Sommer wird
auch auf der Aussichtsterrasse serviert.

Schön anzusehen, aber zum Laufen geeignet?

Ein Schuh für jeden Tag: TODS

MODE AM FUSS

Egal, ob man durch ein Provinzstädtchen, ein Seebad oder eine Großstadt spaziert – nach einem Schuhgeschäft wird man an der Adria mit Sicherheit nie, nein wirklich gar nie lange suchen müssen. Hergestellt werden die formschönen Modeartikel unter anderem im Hinterland von Ancona.

Eine sanft gewellte Landschaft mit Städtchen, die auf Hügeln hocken und auf Täler hinab blicken. Wer würde an so einem Ort ein Zentrum der italienischen Schuhindustrie vermuten? Wohl niemand. Ist aber so: Rund **ein Viertel der Schuhproduktion Italiens** stammt aus den Marken, und davon wiederum werden zwei Drittel im Umkreis von Porto Sant' Elpidio südlich von Ancona hergestellt. Industriegebiete größeren Zuschnitts sucht man hier dennoch vergeblich, denn die meisten Unternehmen beschäftigen nicht mehr als 50 Mitarbeiter und sind spezialisiert auf ein paar wenige Produktionsschritte. Das Schuhmacher- und Gerberhandwerk hat in den Ortschaften dieser Gegend Tradition.

Handwerk mit Tradition

Ganz in der Nähe von Sant' Elpidio a Mare, in dem Straßendorf Casette d' Ete, gründete Dorino della Valle in den 1940er-Jahren ein Unternehmen, das heute zu den renommiertesten Schuhherstellern zählt. Den Aufstieg in die Weltklasse schaffte die Firma mit dem **TODS-Schuh**. Das Markenzeichen dieses Edelmokassins, dessen Design an den amerikanischen Carshoe der 1920er-Jahre anknüpft, sind die Gumminoppen an der Sohle, die auch das härteste Straßenpflaster elegant abfedern. Einen Schuh, den man sieben Tage die Woche tragen kann,

»Ein Schuh, den man sieben Tage die Woche tragen kann«

wollte Dorinos Sohn Diego kreieren, als er Ende der 1970er-Jahre den ersten TODS anfertigen ließ. Der Mokassin wurde ein Verkaufserfolg – trotz des stattlichen Preises. Längst ist die italienische Kundschaft nur noch ein Abnehmer: Ca. 45 % der TODS werden in die USA, nach Deutschland und Frankreich exportiert.

Viele renommierte Schuhhersteller verkaufen auch über Fabrikläden und Outlets. Informationen beim Fremdenverkehrsbüro.

7 km südlich von Civitanova Marche erreicht die Küstenstraße Porto Sant'Elpidio. Auch hier gibt es Badestrände, Hotels und mehrere Campingplätze, wenngleich der Ort doch stark von Fischfang und Schuhfabrikation geprägt ist.

Porto Sant'Elpidio

Porto San Giorgio war früher der Hafen von ► Fermo. Heute ist es ein angenehmes, noch sehr überschaubares Urlaubsstädtchen mit Jachthafen und langem, 30 m breitem Sandstrand, der von Wellenbrechern geschützt wird. Nicht so sehr die Hotelbauten – die gibt es natürlich auch –, sondern eher bunt gestrichene **Ferienhäuser und Villen** mit gepflegten Gärten an der von Palmen und Pinien gesäumten Strandpromenade bestimmen das Bild des Badeortes.
Hinter der Bahnlinie liegt das Zentrum von Porto San Giorgio, dessen Straßen und Plätze sich abends in einen Treffpunkt für Einheimische und Badegäste verwandeln. Die mittelalterliche Festung stammt noch aus der Zeit, als man sich gegen Feinde, die sich vom Meer her näherten, verteidigen musste. Die nahe der Burg gelegene **Villa Caterina** ließ sich 1826 Girolamo Bonaparte, König von Westfalen, erbauen, nachdem er sein Herz an die Marchese Anna Azzolino aus Fermo verloren hatte (keine Besichtigung).

★
**Porto
San Giorgio**

★ Sant'Elpidio a Mare

6 km landeinwärts kommt man in das 15 000 Einwohner zählende Hügelstädtchen Sant'Elpidio a Mare, das mit einer geschlossenen, sehr stimmungsvollen Altstadt und ein paar wenigen, aber beeindruckenden Kunstschätzen überrascht. Irritierend ist, dass der Ort, obwohl er nicht am Meer liegt und auch nie am Meer lag, sich »a Mare« nennt. Des Rätsels Lösung: Der Zusatz bedeutet nicht »am Meer«, sondern ist die Abkürzung für Majore und bezieht sich darauf, dass dieser ältere Ortsteil früher der größere der beiden Sant'Elpidios war.

Hügelstädtchen

Die Altstadt liegt hinter einem intakten Mauerring mit einem stolzen Tor, der Porta Romana. Am Corso Baccio, der zur Piazza Matteotti auf der Spitze des Hügelgrats führt, stehen hübsche Backsteinhäuser, barocke Palazzi und Kirchen und sogar ein kleines Theater (19. Jh.).
Im Oratorio dei Filippini, neben der Chiesa San Filippo Neri auf der rechten Straßenseite, hat die Stadt die Pinacoteca Comunale eingerichtet. Ein Besuch lohnt sich allein schon wegen der beiden wunderbaren **Gemälde von Vittore Crivelli** aus dem späten 15. Jahrhundert. Vittore war der Bruder von Carlo Crivelli (► Baedeker Special S. 133), dem die Region wichtige Impulse verdankt.
Am schönen Hauptplatz von Sant'Elpidio, der Piazza Matteotti, sind außer dem Rathaus und einem Uhrturm (den man besteigen kann) auch zwei Kirchen versammelt, die beide einen Blick lohnen. Die kleinere **Basilica Lateranense della Misericordia** aus dem 17. Jh. besticht durch eine herrliche Ausstattung mit illusionistischer Decken-

Sehenswertes

◄ Pinacoteca Comunale

ausmalung, Altären und zwei Orgeln aus der Barockzeit. Gegen diese beiden Juwelen anzukommen, hat es das nicht sehr ansprechende Schuhmuseum schwer, das wenige Schritte von der Porta Romana, in einem Palazzo am Viale Marconi, untergebracht ist.

✳ Comacchio

H/J 9

Region: Emilia-Romagna   **Einwohnerzahl:** 22 000

Kanäle und Brücken bestimmen das Bild dieses romantischen Städtchens, das ursprünglich auf mehreren Inseln errichtet wurde, heute ein paar Kilometer landeinwärts am nördlichen Rand des riesigen Lagunensees Valli di Comacchioliegt. Mit dem Salzhandel wurde das in der Spätantike gegründete Comacchio reich, doch bereits im Hochmittelalter ging seine Bedeutung zurück – für den heutigen Besucher ein Glück, denn so blieb ein Städtchen erhalten, in dem die Zeit still zu stehen scheint.

Sehenswertes   Das beliebteste Fotomotiv in Comacchio befindet sich gleich an einem der Hauptzugänge in die alte Stadt: Die Rede ist vom **Ponte dei Trepponti**, einer turmbekrönten Konstruktion aus mehreren Treppenbrücken, die 1634 Kardinal Giovan Battista Pallotta bauen ließ. Der Via Pescheria entlang kommt man zum **Canale Maggiore**, der von mehreren zierlichen Steinbrücken überspannt wird. Die barocken Brücken, Kirchen und Paläste verdankt Comacchio der Baufreude verschiedener Kardinäle. Am Kanal bzw. in den benachbarten Gassen stehen die wichtigsten Gebäude des Fischerstädtchens, u. a. der Palazzo Bellini, in dem das in der Lagune unweit von Comacchio

 ## COMACCHIO ERLEBEN

AUSKUNFT
Via Mazzini 4
Tel. 05 33 31 41 54, Fax 05 33 31 92 78
www.turismocomacchio.it

ESSEN

► **Erschwinglich**
Vasco e Giulia
Via Muratori 21
Tel. 053 38 12 52, Mo. geschl.
In dieser kleinen, familiären Trattoria dreht sich alles um den Aal.

ÜBERNACHTEN

► **Günstig**
Il Ponticello
Via Cavour 39
Tel. 05 33 31 40 80
Fax 05 33 31 27 04
www.alpontincello.it, 6 Z.
Die Pension, in der Altstadt gelegen, bietet hübsche, unterschiedlich eingerichtete Zimmern. Außerdem kann man recht stilvolle Apartments mieten.

Comacchio, die Stadt der Brücken und Kanäle

gefundene Schiff aus der römischen Kaiserzeit mitsamt seiner Ladung ausgestellt wird (**Museo della Nave Romana**, Via della Pescheria 3; Öffnungszeiten: Di.–So. 10.00–13.00, 15.00–18.30 Uhr), und der bischöfliche Palast aus dem Jahr 1745. An seiner Giebelfassade mit zwei Türmen erkennt man das Vecchio Ospedale San Camillo in der Via Ospedale, Ecke Via Agatopisto. Ebenfalls an der Via Pescheria legen vor dem Fischmarkt Antica Pescheria am Kanal die Boote zur Stadtbesichtigung ab. Etwas abseits vom Kanal erreicht man an der Piazza XX Settembre den **Dom**, der von einem frei stehenden Glockenturm begleitet wird. Vom Dom geht es den Corso Mazzini hinunter bis zur imposanten alten Aalräucherei. Hier befindet sich auch das **Besucherzentrum des Naturparks Delta del Po** (Manifattura dei Marinati, Via Mazzini 200).

Valli di Comacchio

Bei der Bezeichnung »valle« denkt man zunächst einmal an ein Gebirgstal, doch das trifft auf diese Valli nicht zu. Vielmehr handelt es sich bei der riesigen Wasserfläche, die sich südlich von Comacchio ausbreitet, um Süß- oder Salzwasserbecken, die zur Fischzucht angelegt wurden und für diesen Zweck auch noch genutzt werden. Das Sumpfland ist heute Teil des Naturparks Delta del Po (s. u.) und **Nistplatz für zahlreiche Vogelarten**, so z. B. für den rosa- oder korallenfarbenen Gabbian, verschiedene Entenarten oder Reiher. Aufgrund des hohen Salzgehaltes können in der Umgebung der Valli, auf den Dämmen, den Lagunen und den flachen Inseln, nur bestimmte Pflanzen wachsen.

Wasserfläche

Am nördlichen Rand der Valli, etwa 4 km südlich von Comacchio und leicht mit dem Fahrrad zu erreichen, befindet sich das in der Casa di Vigilanza Foce untergebrachte Lagunenmuseum (Museo del-

Museo delle Valli di Comacchio

le Valli di Comacchio), das über die Besonderheiten der Lagune und die traditionellen **Fischfangmethoden** informiert. Von hier aus kann man per Boot, Fahrrad oder im Rahmen von geführten Spaziergängen die Wasserlandschaft erkunden und eines der alten, strohgedeckten Fischerhäuser, Casone genannt, besichtigen.

Lidi di Comacchio

Seebäder

Sieben Lidi gehören zu Comacchio, vom Lido di Volano ganz im Norden bis zum Lido di Spina im Süden. Breite Sandstrände und familienfreundliche, ruhige Feriensiedlungen unter Pinien sind typisch für die Lidi – wer das aufregende Nachtleben sucht, sollte besser in Rimini oder Jesolo seinen Urlaub buchen. In Lido degli Scacchi kann man noch die Sanddünen bewundern, die früher am Meer lagen und heute ca. 300 m von der Küste entfernt sind.

Porto Garibaldi

Zwei Kilometer südlich von Lido degli Scacchi erreicht man den Fischereihafen Porto Garibaldi. Der Hafenort erhielt seinen Namen von dem italienischen Freiheitskämpfer, der sich im Sumpfland der Valli di Comacchio vor seinen Verfolgern versteckte. Von Porto Garibaldi starten **Ausflugsboote ins Delta** und Schiffe nach Rovigno oder Pula (Kroatien) ans gegenüberliegende Ufer der Adria. Für Sportfischer werden Motorbootausflüge ins Delta organisiert.

✱
Lido di Spina

Der südlichste und für viele auch der charmanteste der sieben Lidi ist Lido di Spina, der den Namen der alten Etruskerstadt bei Comac-

Blaue Stunde mit Fischernetz bei Comacchio

chio trägt. Ein ungewöhnliches Museum erwartet den Besucher in dem erholsamen Ferienort: das **Museo Alternativo Remo Brindisi**. Die hochkarätige Sammlung moderner Kunst (Malerei, Skulptur und Grafik, u. a. mit Werken von Modigliani, De Chirico oder Chagall) wurde von Remo Brindisi zusammengetragen und in einer vom Bauhaus inspirierten Villa untergebracht. Nur im Sommer geöffnet.

Baedeker TIPP

Anguille

Eine lange Tradition in Comacchio hat die Fischzucht in den flachen Seen und Flussarmen der Valli di Comacchio. Die Fische werden mit großen Netzen gefangen, die man dort überall über dem Wasser hängen sieht. So sind Aale (Anguille) die kulinarische Spezialität in Comacchio. ►Baedeker Special Guide.

✳ Abbazia S. Maria di Pomposa

Die berühmte Abtei, unmittelbar an der SS 309, etwa 15 km nördlich von Comacchio gelegen, ist eines der bedeutendsten Kunstdenkmäler im weiten Umkreis. Benediktinermönche gründeten im 7. Jh. das Kloster, das im Mittelalter im Kultur- und Geistesleben eine wichtige Rolle spielte. Im 11. Jh. erfand der Mönch Guido von Arezzo hier die heute noch gebräuchliche Notenschrift.

Besonders schön ist die **frühromanische Klosterkirche** S. Maria Pomposa, ein Backsteinbau aus dem 7. bis 9. Jh., der von einem Kampanile überragt wird. Im Innern blieb ein Fußbodenmosaik aus dem 11. Jh. erhalten. Die Rundbogenarkaden ruhen auf Säulen mit korinthischen Kapitellen, vermutlich antike Spolien, die Langhauswände bedecken herrliche Fresken aus dem 14. Jahrhundert. Nicht weniger beeindruckend sind die Fresken im Kapitelsaal und im Speisesaal, wo u. a. dargestellt ist, wie Abt Guido von Pomposa Wasser in Wein verwandelt. Etwas entfernt vom Klosterkonvent steht der Palazzo della Ragione, ein zweigeschossiges Gebäude mit Loggien, ehemals Sitz der Klosterverwaltung und Rechtsprechung. Der romanische Bau aus dem 11. Jh. wurde im 19. Jh. stark restauriert.

ⓘ
Öffnungszeiten:
tgl. 8.30 – 19.30

Naturpark Delta del Po

Comacchio eignet sich bestens als Ausgangspunkt für Ausflüge ins Po-Delta, das größte Feuchtgebiet Italiens, von dem große Teile unter Naturschutz gestellt wurden. Der längste Fluss Italiens (652 km) mündet hier zusammen mit seinen Nebenflüssen ins Meer. Die unregelmäßige Wasserführung der Zuflüsse führte immer wieder zu Hochwasser, das man durch Dämme, Kanäle und andere Regulierun-

✳
Größtes Feuchtgebiet Italiens

gen zu beherrschen versuchte. Typisch für das Landschaftsbild des Deltagebiets sind der fließende Übergang von Wasser und Land, die schmalen Landzungen und Inseln, breite Schilfgürtel, Brackwasserseen, Sanddünen, Salinen und Pinienwälder. Mit Booten, zu Fuß, mit dem Fahrrad oder auch zu Pferd lässt sich die Deltalandschaft entdecken. Von der Vielfalt der im Po-Delta heimischen Pflanzen kann man sich im **botanischen Garten** am Rand des Bosco Mesola, eines naturgeschützten Waldgebietes bei dem Ort gleichen Namens, einen Eindruck verschaffen. Informationszentren gibt es u. a. in der Abtei von Pomposa, in Cervia, in Goro oder in Comacchio (s. o.). www.parcodeltapo.it.

Fano

O 14

Region: Marken   **Einwohnerzahl:** 56 000

Ein Tempel für die römische Göttin des Glücks, Fanum Fortunae genannt, gab der Hafenstadt ihren Namen. Fano, 12 km südöstlich von Pesaro gelegen, ist heute ein beliebter Ferienort mit einem mehr als 18 km langen Sand- bzw. Kiesstrand, der lediglich vom Hafen und einem Kanal unterbrochen wird.

Guter Einkaufsort

Die lange Geschichte Fanos bleibt dem Besucher nicht verborgen. Die markantesten Spuren verweisen auf die Römer, genauer: auf **Kaiser Augustus**, der die Kolonie Fano gegründet hatte. Ihm zu Ehren wurde das große, dreibogige Stadttor erbaut, und auch von der Mauer, mit welcher der erste römische Kaiser die Stadt eingrenzen ließ, sind noch eindrucksvolle Reste erhalten geblieben. Im Lauf der Jahrhunderte entstand dann die Mittelalter- und Renaissancestadt Fano mit einer romanischen Kathedrale, dem imposanten Bürgermeisterpalast, den Festungsanlagen der Malatesta und stolzen Palazzi. Trotz seiner Baudenkmäler und seiner Vorzüge als Badeort gehört Fano noch nicht zu den Touristenhochburgen. Zum Flanieren und Shoppen eignet es sich besser als viele andere Städte: Es gibt erstaunlich viele edle Geschäfte und Boutiquen, und die meisten Straßen und Gassen in der überschau-

Innenhof der Logge di San Michele

baren Altstadt mit ihrem geraden rechtwinkeligen Straßennetz sind den Fußgängern und Radfahrern vorbehalten, allenfalls Waren werden mit dem Auto angeliefert.

FANO ERLEBEN

AUSKUNFT

Viale C. Battisti 10
Tel. 07 21 80 35 34
Fax 07 21 82 42 92
iat.fano@regione.marche.it

ESSEN

► **Erschwinglich**
Da Maria
Via IV Novembre 86
Tel. 07 21 80 89 62, Mo. geschl.
Herrliche Fischküche zu annehmbaren Preisen.

► **Preiswert**
Al Pesce Azzurro
Viale Adriatico 48

Tel. 07 21 80 31 65. Mo. geschl.
Selbstbedienungsrestaurant einer Fischerkooperative am Hafen, sensationell preiswert und deshalb meistens gut besetzt. Das wenig charmante Ambiente wird durch die gute Küche ausgeglichen.

ÜBERNACHTEN

► **Komfortabel**
Elisabeth Due
Piazzale Amendola 2
Tel. 07 21 82 31 46
Fax 07 21 82 31 47
www.hotelelisabeth.it
Das Hotel liegt nur wenige Meter vom Strandbad entfernt.

Sehenswertes in Fano

Den Eingang in die Römerstadt bildete das für Kaiser Augustus im Jahr 9 n. Chr. errichtete monumentale Stadttor. An die Innenseite des travertinverkleideten Bogens wurde im 15. Jh. die **Logge di S. Michele** angebaut. Hinter den zierlichen Arkaden der Logge verbirgt sich ein Renaissancegebäude um einen hübschen Innenhof. **Arco d'Augusto**

Die Via Arco d'Augusto ist die Fortsetzung der berühmten Via Flaminia, die von Rom durch das mittelitalienische Berg- und Hügelland, über Pässe und durch Schluchten zur Adria führt. Wer sich auf ihr vom Stadttor aus weiter in Richtung Altstadt und Meer hält, gelangt nach wenigen Hundert Metern zur Via Giacomo Matteotti, welche die Via Arco d'Augusto im rechten Winkel schneidet. Wenn man sich nun nach rechts wendet, erreicht man alsbald den Mittelpunkt Fanos, den Platz des 20. September (Piazza XX Settembre). **Via Arco d'Augusto**

Neben der hübschen Fontana della Fortuna, dem Glücksbrunnen von 1593, ist es vor allem der wuchtige Palazzo della Ragione, der die Blicke auf sich zieht. Der älteste Palazzo in Fano wurde 1299 erbaut und 1845 – 1863 von Luigi Poletti als Theater eingerichtet. Im Norden stößt der **Palazzo Malatesta** an den Platz, in dessen schönem Hof im Sommer Musik- und Theaterveranstaltungen stattfinden. Im Palazzo selbst sind das **Städtische Museum** (Archäologie und Numismatik) und die **Pinakothek** untergebracht. Vertreten sind in der Gemäldesammlung auch Werke von Giovanni Santi, Vater des berühm- **★ Piazza XX Settembre**

Sonnenbaden und Plauschen – zwei Dinge, für die der Strand der richtige Ort ist.

ten Raffael, sowie der Barockmaler Guido Reni, Guercino und Domenichino. Hinter dem Palazzo della Ragione liegt der Obst- und Gemüsemarkt der Stadt.

S. Maria Nuova Südlich der Piazza XX Settembre sind in der Kirche S. Maria Nuova Werke von Perugino zu sehen, u. a. eine »Madonna mit Kind und Heiligen«, eine Pietà und Szenen aus dem Marienleben.

Umgebung von Fano

Mondavio Der schnellste Weg in die beiden Städtchen führt über den Badeort Marotta, 12 km südlich von Fano. Von dort fährt man durch das Tal des Cesano auf der SS 424 landeinwärts. Bei S. Michele zweigt eine Straße ab nach Mondavio hinauf, wo sich 1492 Giovanni della Rovere die **Rocca Roveresca** hatte bauen lassen. Im Burgmuseum gibt es u. a. eine Waffensammlung und nachgestellte Alltagsszenen zu sehen.

★
Corinaldo Auf der anderen Seite des Cesano-Tals sitzt auf einem Hügelkamm das Mittelalterstädtchen Corinaldo, berühmt für seine gut erhaltene **Stadtmauer**, auf der man – zumindest ein Stück weit – über den Dächern der Stadt spazieren kann.

★ Fermo

S 19

Region: Marken   **Einwohnerzahl:** 36 000

Nur 6 km von der Adriaküste entfernt liegt das Städtchen Fermo auf einem Hügel. Der Ort wurde von den Römern »Firmum Picenum« genannt und ist auf mehreren Ebenen angelegt. Der steile Weg dorthin lohnt sich, denn spätestens auf der Piazza del Popolo wird klar, dass Fermo ein architektonisches Schmuckstück ist.

Sehenswertes in Fermo

Am östlichen Ortsrand befindet sich die Minoritenkirche S. Francesco (13.–15. Jh.) mit dem mächtigen Grabmal von Sansovino (1527). Hier sind auch Reste der römischen Stadtmauer erhalten. Weiter geht es durch steile Gassen über das charakteristische Straßenpflaster der Via Don Minzoni aus dem 15. Jh. hinauf zur Via Aceti, wo der Eingang zu den großen römischen Zisternen liegt.

★
Römische Zisternen

Sie wurden zwischen 40 und 60 n. Chr. angelegt und sind ein außerordentliches **technisches Meisterwerk der Antike**, einzig in ihrer Art in Italien und vorzüglich erhalten. Dreißig riesige unterirdische Räume in drei parallelen Reihen, die miteinander verbunden sind, sammelten das Regen- und Quellwasser, das zur Versorgung der Stadt und der Flotte diente. Vom Palazzo dei Priori (s. u.) aus Führungen: Di.–So. 10.30, 11.30, 12.30, 16.00, 17.00, 18.00 Uhr. ⊙

An der Kirche San Domenico (1233) vorbei gelangt man zum Prunkstück von Fermo, der Piazza del Popolo. Die Gebäude, die diesen charmanten Platz säumen, wurden insbesondere im 15. und 16. Jh. nach und nach umgebaut, bis der Platz schließlich seine heutige Gestalt annahm. Unter den hohen, vornehmen **Arkaden** treffen sich die Bewohner von Fermo gern zu einem Schwätzchen.

★
Piazza del Popolo

An der Piazza liegt der prächtige **Palazzo Priori**, von dessen Portalloggia Papst Sixtus V. grüßt. Er war von 1571 bis 1577 Bischof in Fermo. Hier ist die **Pinacoteca Civica** untergebracht. Über fünf Säle verteilt sind Gemälde und Fresken aus allen Epochen zu sehen, darunter ein Polyptychon von Jacobello del

! *Baedeker* TIPP

Stöbern ohne Ende
Im Juli und August lohnt sich der Besuch von Fermo besonders. Denn: In diesen beiden Monaten findet auf der Piazza del Popolo jeden Donnerstag abend, von 17.00 bis 24.00 Uhr, ein Antiquitäten- und Trödelmarkt statt.

Fiore (»Martyrium der hl. Lucia«, 1410) sowie ein Eerk von Peter Paul Rubens (»Anbetung der Hirten«, 1608). Im Palazzo ist auch die **archäologische Abteilung** zur Frühgeschichte der Picener untergebracht. Öffnungszeiten: Di.–So. 10.00–13.00, 15.30–18.00 Uhr. ⊙

✳
Palazzo degli Studi / Bibliothek

Links davon befindet sich der Palazzo degli Studi mit der Stadtbibliothek, die mit über 400 000 Bänden zu den zehn größten Bibliotheken Italiens gehört. Der prachtvolle Saal **Mappamondo** ist der schönste Raum der Bibliothek: Der große Globus hier wurde 1722 von dem venezianischen Kosmographen Amanzio Moroncelli geschaffen. Führungen: Tel. 07 34 21 71 40.

Dom

Auf dem höchsten Punkt der Stadt breitet sich die Piazza Girfalco aus. Hier erhebt sich der Dom, dessen eigenartig asymmetrische comaskische Fassade noch aus dem 13. Jh. stammt. Der Bau selbst entstand 1789. In der Vorhalle beachte man das gotische Grabmal des Giovanni Visconti (1366) von Bonaventura da Imola. Im Presbyterium sind Reste eines frühchristlichen Mosaiks (5. Jh.) erhalten.

Umgebung von Fermo

! **Baedeker** TIPP

Anruf genügt

Bevor Sie nach Montappone aufbrechen: vorher einen Termin mit Mario Ercoli vereinbaren, der mit großem Wissen das Hutmacherhandwerk erläutert (Tel. 07 34 76 04 26, nur vormittags).

Ein Ausflug in den kleinen Ort **Montappone**, dem Zentrum der Hutindustrie in den Marken, lohnt sich auf jeden Fall. Er liegt ca. 20 km westlich von Fermo (erst auf der SS 210 bis Croce di Via, dann über Montegiorgio und Falerone nach Montappone). Wie der Kopfschmuck auch heute noch in Handarbeit hergestellt wird, erfährt man anschaulich im dortigen **Hutmuseum**. Besonders stolz ist man auf ein Modell, das Fellini lange getragen hat.

 FERMO ERLEBEN

AUSKUNFT
Piazza del Popolo 6
Tel. 07 34 22 87 38, Fax 07 34 22 83 25
iat.fermo@regione.fm.it

ESSEN
▶ **Erschwinglich**
L'Enoteca
Piazza del Popolo 39
Tel. 07 34 22 80 67, Mo. geschl.
Das Lokal im französischen Bistrostil liegt am einzigartigen Hauptplatz von Fermo. Peppe Rossi und Partnerin Roberta verwöhnen ihre Gäste gerne mit ausgefallenen Wurst- und Käsesorten und erstklassigen Weinen.

ÜBERNACHTEN
▶ **Komfortabel**
Royal
Casabianca di Fermo
Piazza Piccolomini 3
Tel. 07 34 64 22 44
Fax 07 34 64 22 54
www.royalre.it, 56 Z.
Direkt in Fermo gibt es wenige Hotels. Dieses moderne Haus liegt etwas außerhalb am Strand von Lido di Fermo. Das Restaurant bietet neben einer guten Küche einen wunderschönen Meeresblick. Der Gast kann zwischen Voll- oder Halbpension wählen.

✳ Giulianova

Region: Abruzzen   **Einwohnerzahl:** 22 000

Giulianova ist der Mittelpunkt der nördlichen Adriaküste der Region Abruzzen zwischen Alba Adriatica und Roseto degli Abruzzi. Die Stadt besteht, wie viele Küstenorte, aus einem jungen Seebad am Meer und einem auf den Hügeln gelegenen alten Ortskern.

Mit einem langen Sandstrand, einem Jachthafen und vielen Wassersportangeboten verwöhnt Giulianova Lido seine Badegäste. Palmen und Oleanderbüsche, dazwischen halbrunde, terrassenartige Ausbuchtungen mit Sitzbänken prägen den breiten Lungomare. Fußgänger und Radfahrer kommen hier gleichermaßen zu ihrem Recht, sprich zu ihrem Fuß- oder Radweg.

✳ **Giulianova Lido**

Was gibt es Neues in der Welt?

Giulianova Alta

Römischen Ursprungs ist das etwa 1 km landeinwärts gelegene Giulianova Alta. Der Ort wurde 1470 wieder besiedelt – unter dem Herzog von Atri, Giulio Antonio Acquaviva, dessen Namen das Städtchen erhielt. An der Piazza Vittorio Emanuele sollte man das Auto abstellen, den Blick von der Terrasse des dortigen Cafés genießen und anschließend durch den kleinen Ort schlendern. Die Hauptsehenswürdigkeit von Giulianova Alta ist zweifelsohne der überkuppelte **Dom S. Flaviano**. Der Renaissancebau entstand um 1470 zu Ehren des hl. Flavianus, der im 5. Jh. als Patriarch von Konstantinopel in Ungnade gefallen und auf dem Weg in die Verbannung gestorben war. Sein Leichnam wurde angeblich an der Küste von Giulianova an Land gespült.

Wer Sinn hat für kleine, skurrile Museen, sollte auch der Pinacoteca einen Besuch abstatten. Vertreten sind hier vor allem abruzzische Künstler des 19. Jh.s, die der **Landschaftsmalerschule »Scuola di Posilipo«** angehörten. Zusammengetragen wurden die Gemälde und Zeichnungen von dem einheimischen Kunstsammler Vincenzo Bindi. Das daraus entstandene Museum spiegelt seine speziellen Sammlervorlieben wider und ist darüber hinaus auch in seinem ehemaligen Wohnhaus – z. T. mit Originalmobiliar – untergebracht. Öffnungszeiten: Mo. – Fr. 9.00 – 12.00, 15.00 – 18.30 Uhr).

Pinacoteca

Umgebung von Giulianova

Teramo Die Provinzhauptstadt liegt ca. 25 km landeinwärts zu Füßen der einsamen Monti della Laga und des Gran Sasso. Dafür, dass sie als römisches »Interamnia« eine lange Geschichte hat, gibt es verhältnismäßig wenig zu sehen.

Bedeutend ist der romanisch-gotische **Dom S. Bernardo** (1158 bis 15. Jh.), insbesondere das Portal eines Künstlers namens Meister Deodatus aus Rom (1332). Ein Blick in das Kircheninnere lohnt sich wegen des silbernen Altarvorsatzes mit Bildfeldern von Nicola da Guardiagrele aus dem 15. Jh. – von ihm stammen auch die Säulenfiguren des Portals – und wegen des herrlichen Flügelaltars (um 1420) von Iacobello da Fiore.

Neben dem Dom steht der Bischofspalast aus dem 15. Jh., wenige Schritte südöstlich sind die Reste eines römischen Theaters zu erken-

▶ GIULIANOVA ERLEBEN

AUSKUNFT

Via N. Sauro
Tel. 085 800 30 13

ESSEN

▶ Erschwinglich

Osteria del Priore
Mosciano Sant' Angelo
Via Convento 5
Tel. 085 806 26 16
Im Sommer Mi.,
im Winter Mo., Di. geschl.
Schmackhafte Landküche nur 5 km landeinwärts im Ortsteil Convento von Mosciano Sant' Angelo; Alternative zur Fischküche an der Küste; im Sommer sitzt man draußen.

Osteria dal Moro
Lungomare Spalato 74
Tel. 08 58 00 49 73, Mo., Di. geschl.
Angenehme Trattoria an der Strandpromenade. Gekonnte Hausmannskost. Gutes Preis-Leistungs-Verhältnis.

ÜBERNACHTEN

▶ Komfortabel

Cristallo
Giulianova Lido, Lungomare Zara 73
Tel. 08 58 00 37 80, Fax 08 58 00 59 53
www.cristallo.it, 55 Z. und Suiten
Von Pinien umgebenes, sehr geschmackvoll eingerichtetes Haus direkt an der Strandpromenade. Einige Zimmer sowie die sonstigen Räume und der private Strandbereich sind behindertengerecht.

▶ Komfortabel / Günstig

Fabiola
Lungomare Zara
Tel. 085 80 08 90 89
www.hotelfabiola.com
Typisches italienisches Ferienhotel, direkt am Meer mit eigenem Strand.

Eis ist in allen Badeorten gewissermaßen Grundnahrungsmittel ...

nen. Die Ausgrabungen eines römischen Hauses und einer Basilika am Largo di Torre bruciata sind zur Besichtigung geöffnet. Über die Frühgeschichte der Stadt informiert außerdem das **Archäologische Museum** (Via Delfico 30). Eine gute Adresse für Einkäufe ist der Corso San Giorgio, der von der neu gepflasterten Piazza dei Martiri della Libertà zum Stadtpark führt.

Atemberaubende alpine Bilder vermittelt der Gran Sasso d'Italia (Großer Fels von Italien), des mit 2912 m höchsten Gebirges der Apenninenhalbinsel. Es ist von Teramo auf der A 24 schnell zu erreichen, gut erschlossen und ein beliebtes Ausflugsziel und Wintersportgebiet. Besonders schön: Eine **Fahrt auf die Hochebene Campo dell'Imperatore**, entweder mit der Seilbahn ab Fonte Cerreto (Abzweigung von der A 24 direkt hinter dem Tunnel) oder auf der 28 km langen Serpentinenstraße. Vom Albergo Campo dell'Imperatore steigt man in 45 Minuten zum Rifugio Duca degli Abruzzi auf dem Portella-Grat (2381 m) und in weiteren 3 – 3 ½ Std. zum Gipfel des Corno Grande. Von dort blickt man über ganz Mittelitalien.

✱ ✱
Gran Sasso
d'Italia

✱ L'Aquila

Eine Stadt mit großem Charme und regem kulturellem Leben ist L'Aquila, die Hauptstadt der Region Abruzzen und nach ►Pescara auch ihr zweites Wirtschaftszentrum. Die über dem Aterno-Tal südlich des Gran Sasso d'Italia gelegene Stadt wurde nicht von Friedrich II., wie oft zu lesen, sondern 1254 von dessen Sohn Konrad IV. gegründet, und zwar als Bollwerk gegen den Kirchenstaat. Im Jahr 2009 wurde die schöne alte Stadt von einem **Erdbeben** schwer getroffen. Die Aufräum- und Instandsetzungsarbeiten gehen in der Altstadt nur sehr langsam voran. Wann sie wieder uneingeschränkt besichtigt werden kann, ist zurzeit noch ungewiss

Regions-
hauptstadt

Hauptachse und Flaniermeile der Stadt ist der von Arkaden gesäumte Corso Federico II/Vittorio Emanuele mit dem Domplatz in der Mitte. Der sehenswerte **Dom S. Massimo** (13. Jh.) besitzt einen Sarkophag (7. – 9. Jh.) und das großartige Renaissancegrabmal des Kardinals Amico Agnifili (1480). Ebenfalls am Corso Vittorio Emanuele liegt das 1530 – 1549 erbaute, imposante **Kastell** mit dem **Nationalmuseum der Abruzzen**, das Malerei und Skulptur, Kunstgewerbe, paläontologische und archäologische Funde zeigt. Südlich unterhalb des Kastells steht **S. Bernardino**. Ihre Renaissancefassade entstand 1527, das großartige Innere um 1730. Grandios sind die bemalte Holzdecke sowie die Orgel, sehenswert auch die Kapelle mit dem Mausoleum des Bernardino di Siena (1505).
Nicht nur wegen ihrer herrlichen, rot-weiß gemusterten Fassade verdient auch die **Basilika S. Maria di Collemaggio** südöstlich vor der Stadt einen Besuch. Am Westfuß des Stadthügels steht der **»Brunnen der 99 Röhren«** (1272), wo aus Menschenköpfen Wasser sprudelt.

Sehenswertes

✶ Grado

Q 3

Region: Friaul-Julisch Venetien   **Einwohnerzahl:** 8900

Grado, etwa 50 km westlich von Triest auf einer Lagunenhalbinsel gelegen, ist einer der hübschesten Badeorte an der nördlichen Adriaküste, eine gelungene Mischung aus Fischereihafen – einem der größten an der italienischen Adria –, modernem, ständig wachsendem Bade- und Thermalkurort und mittelalterlichem Städtchen mit bedeutender Vergangenheit.

Geschichte   Der Name Grado leitet sich vom römischen »gradus« ab, was so viel wie »Ausgang zum Meer« bedeutet. War Grado also der Meerhafen von Aquileja? Die Frage lässt sich nicht eindeutig beantworten, da Aquileja selbst einen großen Flusshafen besaß. Als Aquileja 452 zerstört wurde, floh die Bevölkerung nach Grado, der Bischof von Aquileja siedelte in das dortige Castrum über. Später kam es zu einer Spaltung des Patriarchats von Grado-Aquileja, 1266 übernahm **Venedig** die Verwaltung von Grado, das fortan das Schicksal der Lagunen-

 ## GRADO ERLEBEN

AUSKUNFT
Viale Dante 72
Tel. 04 31 87 71 11, Fax 04 31 835 09
info.grado@turismo.fvg.it

ESSEN
▶ Erschwinglich
Savial
Campo S. Niceta 14
Tel. 043 18 51 60
Außerhalb der Saison Di. geschl.
Familie Marchesan steht für kulinarische Tradition. Am begehrtesten sind die Sitzplätze draußen auf dem intimen Campo S. Niceta.

ÜBERNACHTEN
▶ Luxus
Villa Erica
Viale Dante Alighieri 69
Tel. 043 18 44 44, Fax 043 18 01 80
www.hotelvillaerica.com, 31 Z.
Das stilvolle, sehr persönlich geführte

Haus mit einem sehr guten Restaurant ist seit 1907 eine der schönsten Adressen in Grado.

▶ Komfortabel
Park Spiaggia
Via Mazzini 1
Tel. 043 18 23 66, Fax 043 18 58 11
www.hotelparkspiaggia.it, 30 Z.
Nur wenige Schritte vom Strand entfernt und zugleich mitten in Grado gelegenes, gepflegtes, beliebtes Hotel.

▶ Komfortabel / Günstig
Marea
Via dei Provveditori 6
Tel. / Fax 043 18 12 06
www.hotelmarea.it, 16 Z.
Kleines renoviertes Hotel am Uferdamm mit sauberen Zimmern. Schön sitzt man im Frühstücksraum mit den kleinen Balkonen. Zu Ferienzeiten schnell ausgebucht.

stadt teilte. Erst der Tourismus machte aus Grado wieder eine blühende Stadt: 1892 erklärte Kaiser Franz Joseph Grado offiziell zum Kurort der habsburgischen Monarchie.

Sehenswertes in Grado

Von Aquileja kommend, erreicht man das Städtchen über den Straßendamm, der Grado mit dem Festland verbindet. Der erste Eindruck wird bestimmt von dem **Hafenbecken** mit dem bunten Gewirr der Fischerboote in einem Seitenarm und den Segelbooten im anderen. Nur wenige Schritte von hier, zwischen Hafen und dem Uferdamm, den die Österreicher im 19. Jh. zum Schutz des Städtchens angelegt hatten, liegt das alte Zentrum von Grado, das man nur zu Fuß erkunden kann. Enge, winkelige Gassen und winzige, wohnzimmergroße Plätzen prägen das Bild.

Hafen, Altstadt

> **! Baedeker TIPP**
>
> **Abendsonne**
>
> Der Uferdamm, der in einem weiten Bogen die Altstadt vom Meer abschirmt, ist eine beliebte Flaniermeile. Abends sitzt man schön auf den großen Steinen dort – der beste Platz für ein Bad im milden Abendlicht.

Zwei gut erhaltene mittelalterliche Kirchen besitzt Grados Altstadt: Santa Maria delle Grazie, die man vom Hafen kommend als erste passiert, und, bedeutend größer, Sant' Eufemia mit ihrem venezianischen Kampanile und dem angrenzenden Friedhof. Sant' Eufemia wurde 579 errichtet und ist eine der wenigen Kirchen, die aus der Völkerwanderungszeit erhalten geblieben sind. Ebenso wie im benachbarten Aquileja war Grado Sitz eines Patriarchen und Sant' Eufemia Bischofskirche. Die hl. Eufemia wählte man vermutlich als Titelheilige, denn sie war auch die Schutzherrin eines Konzils, auf dem die Zweinaturenlehre beschlossen worden war – eine Lehre, die der Papst ablehnte, der Bischof von Grado aber anerkannte.

Sant' Eufemia

Die äußerlich eher schlichte, dreischiffige Basilika birgt im Inneren einen interessanten **Mosaikfußboden** aus der Erbauungszeit. Von der Ausstattung beachte man besonders die Kanzel aus dem 13. / 14. Jh., die von antiken Säulen gestützt wird, sowie den silbernen Altaraufsatz, den 1372 ein venezianischer Künstler anfertigte. Der Domschatz wird in der Kapelle südlich der Apsis aufbewahrt. Aus dem späten 5. Jh. stammt das achteckige **Baptisterium** neben der Kirche.

An der Piazza Marin beginnt der neue Teil von Grado. Hier wurden die unterhalb des heutigen Straßenniveaus liegenden Mauerreste eines römischen Gebäudes sowie die Grundmauern und das Bodenmosaik einer Aula aus dem 4. Jh. und die Mauern einer Basilika (5. / 6. Jh.) freigelegt. Dem Largo S. Grisogono folgend kommt man zu einem dreieckigen, begrünten Platz, an dem die beiden **Haupteinkaufs- und Flanierstraßen** zusammenlaufen: Viale Europa Unità und Via Dante.

Piazza Marin

Strände, Thermalanlagen

Der lange Hauptstrand von Grado erstreckt sich östlich der Altstadt. Er ist nicht sehr breit, sehr gepflegt und fest in den Händen der Badeanstalten. Die Thermal- und Kuranlagen liegen direkt hinter dem Strand. Der mit Salzen angereicherte Sand von Grado wird für Sandbäder genutzt. Die jüngste Attraktion am Strand ist der **Thermalwasserpark** (Parco termale aquatico) mit einem Meerwasserschwimmbecken, Wasserrutschen, künstlichen Wasserfällen, einem Gegenstromschwimmkanal und anderen Vergnügungen rund ums Wasser. Gebührenfrei und ohne jede Animation baden kann man am zweiten Strand von Grado, der westlich der Altstadt liegt und sich gut für ein nachmittägliches Bad eignet.

✱
Grado Pineta

Wer gern im Grünen wohnt, sollte sich in Grado Pineta, ca. 3 km östlich vom Stadtzentrum, ein Quartier suchen. Der Ortsteil liegt in einem Pinienwald, und fast alle Hotels, Pensionen und Ferienhäuser haben schattige Gärten. Der Strand ist keine Amüsier- und Flaniermeile, sondern vor allem zum Baden und Sonnenbaden da – ideal für Familien.

Laguna di Grado

»Meer und Land sind mit Hingabe und Leichtigkeit verschmolzen ...«, so beschrieb Biagio Marin, der Dichter der Grado-Insel, die Lagunenlandschaft, die man bei einer **Bootsfahrt** kennen lernen kann. Die unberührte Wasserlandschaft ist Teil eines Naturschutzgebietes und Lebensraum von selten gewordenen Schwimmvögeln. Auf den kleinen Inseln sieht man ab und zu auch noch eine der strohgedeckten Hütten der Fischer, »casoni« genannt.

Das älteste Heiligtum Oberitaliens – schon 582 soll hier eine Marienkirche gestanden haben – ist die Wallfahrtskirche **S. Maria Barbana** auf der gleichnamige Insel in der Lagune. Der heutige neoromanische Bau stammt aus dem Jahr 582.

✱ Jesi

P 16

Region: Marken   **Einwohnerzahl:** 39 000

Die zentrale Piazza in Jesi war am 26. Dezember 1194 Schauplatz eines außergewöhnlichen Ereignisses: Die 40-jährige Konstanze von Hauteville, Gemahlin von Kaiser Heinrich IV., brachte hier in einem Zelt den späteren Kaiser Friedrich II. zur Welt. Bekannt ist die Stadt, die knapp 30 km südwestlich von Ancona liegt, aber auch durch den Verdicchio dei Castelli di Jesi, einen trocken-aromatischen Weißwein, der in schlanken Flaschen verkauft wird.

Piazza del Popolo

Die ganz von mittelalterlichen Mauern umgebene Stadt liegt auf einem schmalen Bergrücken. Das Teatro Pergolesi (1796) an der Piazza

Die Häuser von Jesi sind in die Stadtmauer gebaut.

del Popolo ist benannt nach dem berühmten Sohn der Stadt, dem Komponisten **Giovanni Battista Pergolesi** (1710–1736). Zwischen Palazzo Ricci und dem Rathaus hindurch gelangt man zum stattlichen Palazzo della Signoria, einem 1498 vollendeten Frührenaissancebau mit schönem Loggienhof und Stadtmuseum.

Weiter nordöstlich mündet die Via Pergolesi in die noble Piazza Federico II mit dem Dom, den barocken Palazzi Balleani und Ripanti sowie dem Diözesanmuseum rechts vom Dom.

Dom

Unbedingt besuchen sollte man die Pinacoteca Civica im stimmungsvollen Rokokopalazzo Pianetti-Tesei westlich des Teatro Pergolesi (Via XV Settembre). Die Sammlung besitzt vor allem einige hervorragende Werke des venezianischen Renaissancemalers und Porträtisten **Lorenzo Lotto** (ca. 1480–1556).

✱
Pinacoteca Civica

★★
Grotta di Frasassi

Etwa 30 km südwestlich von Jesi liegt in der gleichnamigen Felsenschlucht der Eingang in eines der sensationellsten Höhlensysteme Italiens – 13 km lang, von denen etwa 1,5 km für Besucher zugänglich sind. Besonders beeindruckend ist die 200 m hohe und fast genauso lange Halle direkt hinter dem Eingang. Riesige Stalagmiten und Stalaktiten bilden hier eine ganz eigene, fantastische Welt. Besichtigungen sind nur im Rahmen von Führungen möglich, und zwar von März bis Okt. tgl. 10.00, 11.00, 12.00, 14.30, 16.00, 17.00 Uhr; Internet: www.frasassi.com.

 JESI ERLEBEN

AUSKUNFT
Piazza della Repubblica 11
Tel. 07 31 597 88
Fax 07 31 582 91

ESSEN / ÜBERNACHTEN
▶ **Luxus / Komfortabel**
Federico II
Via Ancona 100
Tel. 07 31 21 10 79
Fax 07 31 572 21
www.hotelfederico2.it, 124 Z.
Hotel in zentraler Lage mit komfortablen, vollklimatisierten Zimmern, Fitnesscenter und ausgezeichnetem

Für Entspannung nach dem Höhlenbesuch – möglichst nicht am Wochenende, aber immer mit Jacke oder Pullover – sorgt ein Bad im Thermalschwimmbad im benachbarten **San Vittore Terme**.

Etwa 15 km hinter der Abzweigung zur Grotta di Frasassi erreicht man **Fabriano**, wo das Handwerk der Papierherstellung zu Hause ist. Im **Museo della Carta e della Filigrana** kann man bei der Papierherstellung zuschauen und auch handgeschöpftes Papier kaufen.

★ Lido di Jesolo

L / M 4 / 5

Region: Venetien   **Einwohnerzahl:** 23 000

Der schmale Festlandstreifen östlich von Venedig zwischen Cortellazzo und der Mündung des Sile-Flusses ist einer der bekanntesten Lidi an der Adria, ein Badeort der Superlative.

Badeort der Superlative

Rund 15 km Liegestuhlreihen am feinen Sandstrand, mehr als 400 Hotels, mehrere Campingplätze, unzählige Restaurants, Cafés, Bars und Diskos sowie Sportangebote von Surfschulen über Basketball-, Volleyball-, Tennis- und Reitplätze bis zu Gokartpisten und Radwegen, kurzum für beinahe jeden Geschmack etwas. Um auch weiterhin für Urlauber attraktiv zu bleiben, baut die Gemeinde ihre touristische Infrastruktur ständig aus: Die **Strandpromenade** wird verschönert, die Plätze der Stadt wurden neu gestaltet, der Hafenbereich erweitert und ein Golfplatz an der Pista Azzurra eröffnet. Abendli-

Kein einsames Vergnügen: Baden am Strand von Jesolo

cher Treffpunkt der lang gezogenen Badestadt ist die parallel zum Strand verlaufende Haupteinkaufsstraße, die **Via Andrea Bafile**. Während der Hauptsaison wird sie ab 20.00 Uhr für den Verkehr gesperrt und so zur Flaniermeile.

Das **Sea Life Aquarium** lädt zu einem Ausflug in eine faszierende Unterwasserwelt ein. Dabei sieht man eine bunte Tierwelt von Seepferdchen bis zu Haien. Öffnungszeiten: Mo. – Fr. 10.00 – 22.00, Sa., So. bis 20.00 Uhr; www.visitsealife.com.

Ein paar Kilometer landeinwärts liegt das **Landstädtchen** Jesolo, das dem weitaus berühmteren Badeort den Namen gab. In römischer Zeit ein Hafenort, wurde Jesolo im frühen Mittelalter von Mönchen besiedelt und entwickelte sich zu einem Zentrum christlicher Kultur. Drei Klöster und 40 Kirchen erinnern noch daran. Die wohlhabende Stadt wurde jedoch zu Gunsten Venedigs aufgegeben.

Jesolo

Umgebung von Lido di Jesolo

Die flache Umgebung von Jesolo lässt sich gut mit dem Fahrrad erkunden. Vom Ort Jesolo aus kann man beispielsweise zu einer Fahrt in die Lagunenlandschaft starten, reizvoll ist aber auch eine Radtour von Lido di Jesolo an der türkisfarbenen Piave entlang nach Eraclea oder nach **Eraclea Mare**, etwa 12 km nordöstlich, einem ebenfalls sehr beliebten Badeort inmitten von Pinienwäldern.

Die 15 km lange und sehr schmale Landzunge westlich von Lido di Jesolo, der Litorale del Cavallino, ist mit ihren Sandstränden und Kiefernwäldern ein hervorragendes **Camping- und Badeevier**. Sie reicht fast bis auf die Höhe von Venedig. Von Punta Sabbioni verkehren Boote nach Venedig.

Litorale del Cavallino

LIDO DI JESOLO ERLEBEN

AUSKUNFT

Piazza Brescia 13
Tel. 04 21 37 06 01
Fax 04 21 37 06 02
www.jesolo.it

ESSEN

▶ Erschwinglich
Alla Grigliata
Via Buonarroti 17
Tel. 04 21 37 20 25
Im Winter Mi. geschl.
Kleine, einfache Trattoria beim
Wasserpark Aqualandia. Spezialität:
Fleisch vom Grill.

ÜBERNACHTEN

Mit rund 400 Hotels ist das Unterkunftsangebot in Jesolo nahezu unüberschaubar. Vor allem Drei- und Vier-Sterne-Häuser gibt es hier reichlich. Wer es lieber ruhiger hat, sollte unbedingt ein Hotel im Osten der Badestadt wählen.

▶ Luxus
Casa Bianca al Mare
Piazzetta Casa Bianca 1
Tel. 04 21 37 06 15, Fax 04 21 37 16 59
www.hotelcasabianca.com, 50 Z.
Eines der ältesten und mit seiner Zuckerbäckerarchitektur eines der markantesten Hotels in Jesolo; herrliche Terrasse hinterm Hotelstrand.

▶ Luxus / Komfortabel
Gallia
Via del Cigno bianco 3
Tel. 04 21 96 10 18
www.hotelgallia.com, 42 Z.
Sehr elegantes Haus im Osten von Jesolo mit schönem Garten.

✱ Lignano

O/P 3/4

Region: Friaul-Julisch Venetien   **Einwohnerzahl:** 6000

Lignano ist neben ▶Lido di Jesolo und ▶Bibione die dritte Badestadt an der nördlichen Adria und nicht zuletzt deshalb sehr beliebt, da von Norditalien und Österreich aus schnell erreichbar.

✱
»Strand total«
Die Zahl der Gästebetten hat in Lignano das Zehnfache der Einwohnerzahl bereits überschritten, und in den Sommermonaten kommen zu den Urlaubern noch zahlreiche Tagesgäste hinzu – Strandeinsamkeit ist also mit Sicherheit nicht angesagt! Das Motto des benachbarten Bibione »Spiaggia tuttaspiaggia« – »Strand total« – trifft auch auf Lignano zu: **Badevergnügen** ist am endlos langen Sandstrand garantiert, und mit den unzähligen Bars, Ristoranti und Cafés sowie rund einem Dutzend Diskotheken kann man sicher sein, dass auch das Nachtleben nicht zu kurz kommt.

Drei Ortsteile
Das moderne Seebad, das sich auf dem östlichen Arm der Nehrung ausbreitet, auf der auch Bibione liegt, besteht aus drei Ortsteilen: Ri-

viera, Pineta und Sabbiadoro. **Riviera** mit vielen Ferienhäusern im Grünen, einem Jachthafen und einem großen schattigen Camping-platz (Camping Pino Mare) wird nach Westen durch den Tagliamen-to-Fluss begrenzt. Nach Osten geht es nahtlos über in **Pineta**, das, wie der Name schon sagt, von einem dichten Pinienwald bestanden ist. Das Besondere an Pineta sind die spiralförmig um einen zentra-len Platz angelegten Straßen. Am ehesten den Charakter einer Stadt hat das am östlichen Ende der Landzunge gelegene **Sabbiadoro** mit seinem großen Jachthafen, der Seebrücke und einigen belebten Plät-zen mit Eiscafés, Restaurants und schicken Geschäften unter Schat-ten spendenden Pinien. Breite, von Palmen und Oleanderbüschen gesäumte Straßen und gepflegte Hotels unter Pinien gehören aber auch zum Bild dieses angenehmen Stadtteils.

Fast 10 km lang ist der Strand von Lignano, extrem breit und über-wiegend mit Badeanstalten belegt. Im Stadtteil Riviera gibt es einen **wilden Strandabschnitt**, wo man einen Liegestuhl mieten kann. Der Pinienwald dahinter lädt zu einem Picknick ein. Auch in Sabbiadoro beim Leuchtturm kann man sich ohne Liegestuhl in die Sonne legen. Die Sportmöglichkeiten in Lignano reichen von Golf über Tennis bis zu Radfahren, Windsurfen und Segeln. Und da heute fast kein See-bad mehr ohne Wasservergnügungspark auskommt, hat auch Ligna-no einen solchen: **Aquasplash** heißt das 5000 Quadratmeter große Areal an der Viale Europa.

Strände, Freizeit-möglichkeiten

◄ weiter auf S. 178

Ein Eis am Strand: Wer kann da schon nein sagen?

*Egal, ob auf der Schaukel,
im Liegestuhl oder beim
Muschelsuchen – Langeweile
gibt es nicht
am Adria-Strand*

O SOLE MIO

Das Strandleben an der italienischen Adria hat seinen ganz eigenen Stil – entweder man mag es, oder eben überhaupt nicht. Dazwischen gibt es nichts.

Die Sonne lacht bereits vom Himmel, das Thermometer zeigt angenehme 23 Grad, der Strand ist noch fast menschenleer. Kein Wunder, es ist 8.00 Uhr morgens. Wer sich um diese Zeit an den Strand wagt, ist mit den Joggern und Bademeistern allein. Noch. Es wird ein herrlicher Tag, una bella giornata, meint Giovanni, Herr über eine der unzähligen Badeanstalten, während er Liegestühle und Sonnenschirme in Position bringt und den Sand mit dem Rechen durchkämmt. Er spricht ein paar Brocken Deutsch, gerade genug, um den Stammgästen aus dem Norden zu erklären, wie die Liegestühle funktionieren und was eine Stunde Bootsmiete kostet. Man kennt sich, denn manche Familien kommen seit vielen Jahren hierher, immer in dasselbe Hotel, an denselben Strand.

Die Deutschen und die italienische Adria: ein spezielles Kapitel der Nachkriegsgeschichte. Angefangen hatte es in den Fünfzigerjahren. Überhaupt an einen Urlaub zu denken, war für die meisten schon ein Luxus, weg fahren, womöglich ins Ausland, erst recht. **»Pack die Badehose ein«** trällerte der Teenager Conny Froboess. Den Wannsee und die Ostsee kannte man ja bereits, in den Süden, ans Mittelmeer wollte man. Die Adria war nah – nur eben mal über die Alpen – und außerdem gehörten die Italiener zu den Nachbarn, die den Deutschen als Erste wieder die Einreise erleichterten und sie genauso herzlich aufnahmen wie die Gäste aus dem eigenen Land.

Der Teutonengrill

Der große Ansturm kam dann in den Sechzigerjahren. Deutschland im Wirtschaftswunder. Italienische Arbeitskräfte wurden ins Land geholt, während gleichzeitig Millionen von deutschen Urlaubern die Heimat der »Gastarbeiter« samt **Spaghetti und Chianti** entdeckten. Bald gab es in

Deutschland die ersten Pizzerien und Eisdielen, und in Rimini, Cattolica oder Riccione konnte man Schnitzel bestellen. Mit der Bahn anzureisen, war schon fast aus der Mode, schließlich hatten viele schon den eigenen (Volks-) Wagen. Dank der »tedesci« brummte der Tourismus an Italiens Adriaküste, wo sich die Seebäder innerhalb weniger Jahre in regelrechte Badestädte verwandelten, Hotels wie Pilze aus dem Boden schossen und die Strände mit jeder Saison noch ein Stück verbreitert wurden. Das Image vom **Teutonengrill** war geboren, denn je mehr sich die deutschen Gäste breit machten, um so mehr machten sich die italienischen rar.

Neu entdeckt

Die 1980er-Jahre brachten eine Wende. Andere, billigere Reiseziele rückten in der Statistik nach vorne. Dazu kamen Meldungen von Algenteppichen, die das Meerwasser in eine verdächtig unappetitliche Brühe verwandelten und die Besucher aus dem Ausland lieber anderswo ihren Urlaub buchen ließen. Da reagierten die Verantwortlichen: Sie sorgten für die Verbesserung der Wasserqualität und gingen daran, die Attraktivität der Badeorte zu steigern – und siehe da, die Gäste aus dem Ausland kamen wieder.

Bad in der Menge

Zurück an den Strand. Spätestens in drei Stunden wird man hier nur schwerlich einen freien Liegestuhlplatz ergattern, mit Sicherheit keinen mehr in den ersten zwei Reihen, mit freiem Blick aufs Wasser.

Der Platz ganz vorne gehört den kleinsten Badegästen, die mit Eimern und Schaufeln den heißen Sand umgraben, bewacht von Mama oder Papa, die sich knöcheltief im seichten Meerwasser stehend mit anderen Eltern unterhalten. Wenn die Großmama diese Aufgabe übernimmt, kann sich die Mama mal eine Weile bräunen und der Papa derweilen Telefonate mit dem Handy erledigen. Ins Wasser geht man weniger zum Schwimmen, als um sich ein bisschen abzukühlen, damit das Bräunen nachher wieder schneller geht. Wer glaubt, man sei hier nur zum Vergnügen am Strand, der irrt gewaltig!

⏵ LIGNANO ERLEBEN

AUSKUNFT
Via Latisana 42
Tel. 04 31 718 21, Fax 04 31 72 47 56
info.iatlignano@turismo.fvg.it

ESSEN
▶ Preiswert
Ca' Tagliamento
Via della Bonifica 1, Lignano.Riviera
Tel. 04 31 42 80 69
Fisch ist hier täglich auf der Speisekarte. Mo., Di. geschl.

ÜBERNACHTEN
▶ Komfortabel
Bella Venezia Mare
Arco del Grecale 18/A
Lignano-Pineta
Tel. 04 31 42 21 84
Fax 04 31 42 23 52
www.bellaveneziamare.it, 45 Z.
Angenehmes, ruhig gelegenes Mittelklassehotel mit Garten unter Pinien und kleinem Pool. Alle Zimmer vollklimatisiert.

▶ Komfortabel / Günstig
La Goletta
Viale Italia
Lignano-Sabbiadoro
Tel. 04 31 712 74, Fax 04 31 731 80
www.hotelgoletta.it, 18 Z.
Sehr gepflegte, nette kleine Frühstückspension direkt am Jachthafen.

Portogruaro

Städtchen mit Charme

Portogruaro, rund 25 km nordwestlich von Lignano, zwischen der SS 14 und der Autobahn A 4 Venedig – Triest gelegen, gehört zu jenen Städtchen im Hinterland, an denen man gerne vorbeifährt. Schade, denn das an der Lemene gelegene und als römischer Flusshafen gegründete Portogruaro besitzt ein kleines, aber hübsches Zentrum mit venezianischem Flair und angenehmer Atmosphäre.

✱ Altstadt

Die überschaubare Altstadt von Portogruaro ist von schmalen Flussarmen durchzogen, in denen das Wasser träge dahinfließt. Wunderschöne, teils bereits renovierte **Palazzi mit Laubengängen** und Fassaden, die den Übergang von der Gotik zur Renaissance widerspiegeln, prägen das Bild der beiden Hauptstraßen Corso Martiri della Libertà und Via Seminario.

✱ Piazza della Repubblica

Mittelpunkt der Altstadt ist die schöne Piazza della Repubblica mit ihren Palmen, dem Denkmal für die Gefallenen des Ersten Weltkrieges und dem zinnenbewehrten Palazzo Comunale an der Stirnseite. Der Backsteinbau mit seinen venezianischen Fenstern ist gotischen Ursprungs, wurde später mehrfach ergänzt und umgebaut.

Duomo

Ein Stück weiter folgt der Domplatz mit dem 1833 an der Stelle eines Vorgängerbaus geweihten Dom Sant' Andrea. Sein 59 m hoher Kam-

Am Strand wird klar, dass Lignano äußerst beliebt ist. ➜

panile gehörte schon zur ersten Bischofskirche und stammt aus dem 12./13. Jahrhundert. Wer sich bei seinem Anblick irgendwie an den Schiefen Turm von Pisa erinnert fühlt, liegt nicht falsch: Der Kampanile hat tatsächlich Schieflage!

✱
Ortsansicht

Wenige Schritte westlich vom Dom, wo die Via Roma den Fluss überquert und sich zwei alte Mühlen im Wasser drehen, bietet Portogruaro ein besonders romantisches Bild.

Museo Nazionale Concordiese

Interessante Funde aus dem römischen Portogruaro und dem benachbarten Concordia Sagittaria, darunter Grabsteine, Architekturfragmente sowie Teile eines Mosaikbodens mit einer Darstellung der drei Grazien, gibt es im Museo Nazionale Concordiese in der Via Seminario 22 zu besichtigen. Öffnungszeiten: tgl. 9.00 – 20.00 Uhr).

Umgebung, Concordia Sagittaria

Knapp 3 km südlich von Portogruaro liegt der Ort, der um das Jahr 40 v. Chr. als Julia Concordia aus der Taufe gehoben wurde. Den Beinamen Sagittaria (»Schützin«) erhielt die ehemalige römische Kolonie im 19. Jh. – eine Anspielung auf die Pfeile, die in Julia Concordia hergestellt wurden. Die Reste der römischen Soldatenstadt – Theater, Soldatenfriedhof, Brunnen, Straßenpflaster, Teile einer Brücke u. a. – verteilen sich auf mehrere Stellen im Ort.

Den Platz der romanischen **Basilika** nahm in etwa eine frühchristliche Basilika ein, die Ende des 4. Jh.s erbaut und 589 vermutlich durch eine Überschwemmung zerstört wurde. Von dieser Basilika konnten Teile eines Bodenmosaiks gerettet werden. Neben der heutigen Basilika wurden die Grundmauern eines weiteren frühchristlichen Gebäudes mit drei Absiden freigelegt, das sog. Trichora Martyrium. Im **Battisterio** neben dem Dom, einem kreuzförmigen Zentralbau aus dem 11. Jh., blieben mittelalterliche Fresken erhalten.

✱ Macerata

Q 18

Region: Marken   **Einwohnerzahl:** 41 000

Auf einem Bergrücken zwischen den Flüssen Chienti und Potenza macht sich die schöne Provinzhauptstadt Macerata schon von weitem bemerkbar. Hinter einer völlig intakten Stadtmauer aus dem 14./15. Jh. verbirgt sich ein beeindruckendes historisches Zentrum und ein lebhaftes Universitätsstädtchen.

Sehenswertes in Macerata

✱ ✱
Sferisterio

Der Stolz der Stadt ist diese ungewöhnliche Arena am südöstlichen Altstadtrand. Erbaut wurde das klassizistische Stadion 1820 bis 1829 für ein Ballspiel, das vom 15. Jh. bis um die Mitte des 19. Jh.s in den Marken sehr beliebt war, inzwischen aber in Vergessenheit geraten ist. In Macerata entstand nach den Plänen des jungen Architekten Ireneo Aleandri aus San Severino ein Amphitheater mit 52 Logen auf zwei Geschossen. Das dritte Geschoss bestand aus einer geräumigen Terrasse, in der Mitte lag das große Spielfeld, von einer hohen Mauer umschlossen. 1966 nahm die Stadtverwaltung zahlreiche Änderungen am Sferisterio vor und wandelte es in ein Freilichttheater um. Heute wird das 7000 Zuschauer fassende Bauwerk für **Konzerte und Opern** genutzt und ist einer der bedeutendsten Opernfestspielplätze Italiens. Besuch der Arena nur mit Führung: im Sommer tgl. 12.00, 17.00, im Winter Di. – So. 12.00, 16.00 Uhr.

Vom Sferisterio geht es durch schmale Gassen in den Nordosten der Stadt, zum Dombezirk mit dem 1771 begonnenen und 1790 vollendeten Dom und einem Kampanile aus dem Jahr 1478. Im Inneren beachte man das Gemälde von Allegretto Nuzi, eine »Madonna con Bambino« (1369). Kunsthistorisch interessanter ist die Basilica della Misericordia links neben dem Dom, die 1736 **Luigi Vanvitelli** an der

Duomo, Basilica della Misericordia

 ## MACERATA ERLEBEN

AUSKUNFT
Pizza della Libertà 8 / 9
Tel. 07 33 23 48 07
Fax 07 33 26 66 31
iat.macerata@regione.mc.it

VERANSTALTUNGEN
Opernfestspiele in der Arena Sferisterio, von Mitte Juli bis Mitte August. Karten (rechtzeitig bestellen!) unter Tel. 07 33 2307 35, Fax 07 33 26 15 70 und unter www.sferisterio.it.

ESSEN
► Erschwinglich
Da Rosa
Via Armaroli 17
Tel. 07 33 26 01 24, So. geschl.
In der kleinen Via Armaroli, nicht weit von der zentralen Piazza della Libertà entfernt, versteckt sich diese typische Trattoria. Die Küchentradition der Marken wird hier groß geschrieben.

Osteria dei Fiori
Via Lauro Rossi 61
Tel. 07 33 26 01 42, So. geschl.
Pistacoppi (gefüllte Trauben), in Kräutern geschmorte Schnecken oder das typische Gericht der Stadt, Pincisgras, sind nur einige der Köstlichkeiten, die Ignia Carducci seinen Gästen serviert.

Baedeker-Empfehlung

► Komfortabel
Claudiani
Via Ulissi 8
Tel. 07 33 26 14 00, Fax 07 33 26 13 80
www.hotelclaudiani.it
Das zentral gelegene Hotel gehört zu den Topadressen in Macerata. Die Zimmer sind stilvoll eingerichtet, die zwei märchenhaften Suiten haben jeweils eine eigene Terrasse, von der sich ein traumhafter Blick auf die Umgebung von Macerata bietet.

Gebaut als Stadion für Ballspiele, heute eine Konzertbühne – das Sferisterio

Stelle einer Kapelle errichtete. Dieser Künstler entwarf auch die reich geschmückten, spätbarocken Innenräume, die in edlem Marmor und schönem Stuck schwelgen.

Piazza della Libertà

Durch die Via Don Minzoni, vorbei an schönen, geschichtsträchtigen Universitätsgebäuden, erreicht man das Herz der Stadt, die annähernd dreieckige Piazza della Libertà. Die Nordseite des charmanten Platzes nimmt der **Palazzo della Prefettura** ein, in dem einst der päpstliche Statthalter residierte. Sein Portal stammt aus dem Jahr 1509. In der Nordwestecke sticht die elegante doppelstöckige **Loggia dei Mercanti** ins Auge, die um 1505, während der wirtschaftlichen Blütezeit des Städtchens, erbaut wurde. Links von ihr steht der **Palazzo dei Priori** aus dem 17. Jh., in dessen Hof Reste des römischen Helvia Recina gezeigt werden. Wer die 216 Stufen der **Torre Civica** ersteigt, wird mit einem weiten Ausblick auf die Sibillinischen Berge und die Adria belohnt. Besuch nur mit Anmeldung beim Infopoint, Piazza Mazzini 12, Tel. 07 33 23 43 33, Sommer 11.00, 16.00, Winter Di. – So. 11.00, 15.00 Uhr

Das graziöse **Teatro Lauro Rossi** (1767 – 1772) neben dem Stadtturm kann leider nur im Rahmen einer Veranstaltung besichtigt werden. Zwischen dem Theater und der wuchtigen Kirche San Paulo, die zwischen 1623 und 1655 nach Plänen des mailändischen Padre Ambrogio Mazenta erbaut wurde, liegt die 1540 gegründete Universität.

Museen

Der Corso della Repubblica führt zur angenehmen Piazza Vittorio Veneto, die von der barocken Kirche S. Giovanni (1621) beherrscht wird. Im imposanten Palazzo der einstigen Patrizierfamilie Buonaccorsi (17. Jh.) an der Piazza sind eine **Gemäldegalerie** untergebracht (zzt. Neuordnung), in der u. a. auch Carlo Crivelli (►Baedeker Special S. 133) mit Werken vertreten ist, und das **Stadtmuseum**. Letzteres umfasst neben archäologischen Funden eine sehenswerte Sammlung von Kutschen. Öffnungszeiten: Di. – So. 9.00 – 18.00 Uhr.   ⊙

Umgebung von Macerata

Etwa 9 km südöstlich von Macerata, in der Ebene, aber dennoch auf einer leichten Anhöhe, thront wie ein kleines Kastell die romanische Kirche San Claudio al Chienti. Der in seiner Region beispiellose Bau aus dem 11. / 12. Jh. besteht aus zwei im Grundriss identischen, übereinander liegenden Kirchen. Wer Lust auf eine weitere romanische Kirche hat, sollte der Landstraße 485 in Richtung Küste folgen. Nach etwa 10 km erreicht man Santa Maria a Piè di Chienti, eine romanische Doppelkirche mit einem stimmungsvollen Innenraum.

★
S. Claudio al Chienti,
Santa Maria a Piè di Chienti

Auf der anderen Talseite, 11 km südwestlich von Macerata, erreicht man die 1142 gegründete Abbazia di Chiaravalle di Fiastra, heute ein Pilgerzentrum. Chiaravalle war eines der drei Zisterzienserklöster in Italien, die von Clairvaux aus ins Leben gerufen wurden. Erhalten sind der Kreuzgang, der Kapitelsaal und das Refektorium.

Abbazia Chiaravalle di Fiastra

> **!** *Baedeker* TIPP
>
> ### Humor
>
> Dass die Tolentiner Sinn für Humor haben, beweist das Museo internazionale della caricatura im Palazzo Sangallo, das der Geschichte der Karikatur gewidmet ist.

Rund 10 km westlich der Abbazia Chiaravalle di Fiastra breitet sich das Städtchen **Tolentino** aus, ebenfalls ein Wallfahrtsort. Ziel der Pilger ist die **Basilica S. Nicolà**, Grablege des 1305 verstorbenen hl. Nikolaus. Unbedingt sehenswert ist der an das nördliche Seitenschiff angebaute Cappelone di S. Nicolà wegen seines herrlichen Freskenzyklus aus dem 14. Jahrhundert.

★ ★ Padua · Padova

Region: Venetien   **Einwohnerzahl:** 209 000

Die alte Universitätsstadt ist neben Verona und nach Venedig die größte und wichtigste Stadt des Veneto, Hauptstadt der Provinz Padua und dank seiner Kunstschätze auch ein viel besuchtes Reiseziel. Wegen der hohen Hotelpreise im benachbarten Venedig nehmen viele Venedigbesucher in Padua Quartier.

Universitätsstadt
mit Kunst-
schätzen

Die beiden wichtigsten Sehenswürdigkeiten liegen nördlich und südlich des Stadtzentrums, die Cappella degli Scrovegni mit einem herrlichen **Freskenzyklus von Giotto** und die **Basilica di Sant' Antonio**, eine der berühmtesten Pilgerstätten Italiens. Das eigentliche Stadtzentrum erstreckt sich zwischen den großzügigen Plätzen Cavour, dell' Erbe und della Frutta. Hier bestimmen lange Arkadengänge und eindrucksvolle Gebäude das Stadtbild. Vor allem die **Piazza dell' Erbe** und die **Piazza della Frutta** sind abends beliebte Treffpunkte. Nach guten Geschäften hält man am besten Ausschau in der Via S. Fermo, in der Galleria Borromeo und in der Via S. Lucia.

Laut Homer wurde die Stadt von dem mythischen Helden Antenor nach dem Fall von Troja gegründet. Tatsächlich war sie eine **Siedlung der Veneter**. Mit Beginn der Kaiserzeit war das römische Patavium eine der reichsten Städte Italiens. Allerdings erinnert heute nur wenig an diese Zeit, da die Stadt 452 von den Hunnen und 601 von den Langobarden zerstört wurde. Vom 11. bis zum 13. Jh. war Padua ein freier Stadtstaat. 1222 öffnete die nach Bologna zweitälteste Universität ihre Tore, an der u. a. Galileo Galilei gelehrt hatte. 1405 fiel die Stadt an Venedig, bei dem sie bis 1797 verblieb.

?   WUSSTEN SIE SCHON …?

■ In einem Korridor des alten Benediktinerklosters, hinter dem rechten Querschiff der Kirche Santa Giustina, ist Lucrezia Cornelia Piscopia begraben. Die Venezianerin aus adeligem Hause erhielt 1684 an der Paduaner Universität den Titel »Doktor der Philosophie« – als erste Frau der Welt!

Sehenswertes in Padua

Chiesa degli
Eremitani

Der Stadtrundgang beginnt im Norden der Altstadt, bei der großen Kirche der Augustinereremiten. Die im 13. Jh. erbaute Kirche degli Eremitani wurde im Zweiten Weltkrieg stark zerstört. Betroffen waren auch die Fresken in der Ovetarikapelle von Andrea Mantegna, von denen nur zwei Bilder teilweise erhalten sind. Auch die Chorkapelle ist herrlich ausgemalt.

Museo Civico

Im benachbarten, ebenfalls rekonstruierten Kreuzgang befindet sich das Museo Civico, zu dem u. a. das Archäologische Museum und die Pinakothek gehören. Letztere zeigt Werke der venezianischen und flämischen Malerei vom 15. bis 18. Jahrhundert. Unter den Hauptwerken sind Bilder von Giotto, Bellini, Veronese und Tintoretto.

Cappella degli
Scrovegni

Über das Museum gelangt man in die Cappella degli Scrovegni. Sie entstand 1303 – 1305 auf dem Gelände des römischen Amphitheaters (Arena) als Hauskapelle eines später abgerissenen Palastes. Auftraggeber war Enrico Scrovegni. Dante hatte in seinem »Inferno« geschrieben, dass er den durch Wuchergeschäfte reich gewordenen Reginaldo Scrovegni in der Hölle getroffen habe und sein Sohn Enrico Scrovegni habe diese Hauskapelle als Sühne für die Sünden seines

Padua Orientierung

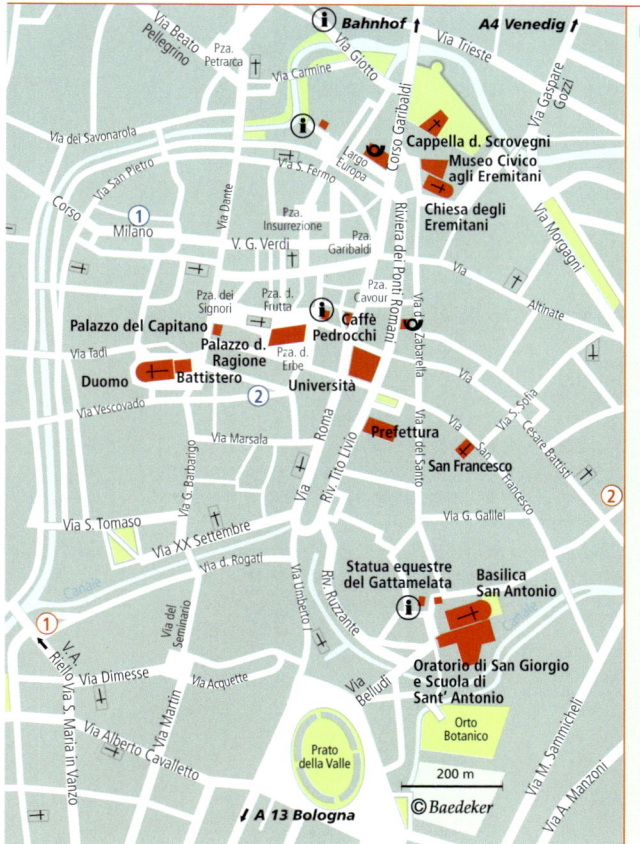

Essen
① Antico Brolo
② Antica Osteria
   L'Anfora

Übernachten
① Methis
② Igea

Vaters bauen lassen. Für die Ausmalung im Innern wurde der damals als sehr modern geltende **Giotto** aus Florenz geholt. In einem einzigartigen Freskenzyklus schildert er die Lebensgeschichte Marias und Jesu in einem dramatischen, gleichwohl wirklichkeitsnahen Stil. Besonders eindrucksvoll sind in der dritten Reihe, wo die Leidensgeschichte dargestellt wird, der »Judaskuss« und die »Beweinung«. Die Madonnenstatue am Altar schuf Giovanni Pisano im Jahr 1306. Zugang nur nach Voranmeldung an der Kasse; in der Hauptsaison und an Wochenenden besser im Voraus reservieren, www.cappelladegli scrovegni.it, Tel. 049 201 00 20.

Folgt man dem Corso Garibaldi stadteinwärts (vorbei am Café Pedrocchi), kommt man zur Universität (16. Jh.). Im schönen Hof sieht   **Universität** man Wappen berühmter Gelehrter. Sehenswert ist das sog. **Teatro anatomico**, ein Vorlesungssaal für die angehenden Mediziner. Viele Wandfresken sind der Renovierung 1936 – 1942 zu verdanken.

Palazzo della Ragione

Etwa 100 m westlich vom Caffè Pedrocchi erreicht man die beiden schönen Plätze **Piazza della Frutta und Piazza dell'Erbe**, die den eigentlichen Mittelpunkt der Stadt bilden. Hier findet täglich Paduas Obst- und Gemüsemarkt statt. Zwischen den Plätzen liegt der 1218 als Gerichtssitz erbaute Palazzo della Ragione mit zwei stämmigen Arkadenreihen und einem auffälligen Kielbogendach. Die Wände des Salons im ersten Stock sind mit Fresken aus dem 15. Jh. bedeckt. Im Osten schließt der Palazzo Comunale (13. / 16. Jh.) an, im Mittelalter Sitz des Bürgerrats, heute Rathaus.

Schöne Plätze gibt es viele in Padua

Noch etwas weiter im Westen liegt die **Piazza dei Signori**, wo einst der Palazzo der Carrara stand. Nach deren Sturz errichteten die Venezianer die Säule mit dem Markuslöwen. Rund um die Piazza stehen elegante Stadtpaläste aus dem 16. Jahrhundert.

Dom, Baptisterium

Südwestlich der Piazza dei Signori erhebt sich der Dom Santa Maria Assunta. Das im 9. Jh. begründete Gotteshaus wurde 1582 nach vollständiger Erneuerung geweiht. Direkt daneben steht das kleine romanische Baptisterium (12. / 13. Jh.), das von den Carrara zum Familiengrab umgewandelt wurde. Das Innere schmücken schöne Fresken des Florentiner Malers Giuso de' Menabuoi (um 1375).

Sant'Antonio

Die von den Paduanern meist nur kurz »Il santo« genannte Kirche Sant'Antonio steht im Süden Paduas. Alljährlich im Juni pilgern Hunderttausende Gläubige aus aller Welt zum Grab des hl. Antonius. Der 1195 in Lissabon geborene **Franziskaner und berühmte Kirchenlehrer** lebte in Padua, wo er 1231 auch starb. Mit dem Bau seiner Grabeskirche war schon ein Jahr nach seinem Tod 1232 begonnen worden.

Mit ihrer breiten Eingangsfront, sechs Kuppeln, minarettartigen Türmen und zierlichen Blendarkaden unter den Traufen ist sie eine phantastische Mischung aus romanischen, gotischen und byzantinischen Stilformen. Die Kirche ist mit bemerkenswerten Kunstwerken ausgestattet: Im linken Querschiff befindet sich die Cappella dell'Arca del Santo, die Grabkapelle des Heiligen mit neun Hochreliefs aus dem 16. Jahrhundert. Der Hochaltar ist in großen Teilen so rekonstruiert, wie Donatello ihn 1446–1450 geschaffen hatte, auch die Bronzeskulpturen sind von ihm. Die Cappella Luca Belludi, links vom Hochaltar, ist mit Fresken von Giusto Menabuoi geschmückt, die Fresken in der Cappella di S. Felice im rechten Querschiff sind von Altichieri (1372–1377). In einem Ausbau des Chorumgangs, der Cappella del Tesoro von 1690, auch Cappella delle Reliquie genannt, befinden sich kostbare Goldschmiedearbeiten und Reliquien, südlich stoßen an die Kirche vier schöne Kreuzgänge an (13. bis 16. Jh.). Das **Museo Antoniano** im Innern der Basilika birgt Werke von Tiepolo, Tizian, Mantegna und Studien Donatellos.

Auf dem Platz vor Sant'Antonio steht das Reiterdenkmal des Gatta- **Reiterdenkmal** melata. Donatello schuf die erste frei stehende Statue dieser Art seit **des Gattamelata** der Antike. Auftraggeber war der Söldnerführer Erasmo da Narni, der wegen seiner Verschlagenheit und Geschicklichkeit den Namen Gattamelata (»gefleckte Katze«) trug.

An der Südseite der Piazza del Santo befindet sich die Scuola del San- **Scuola del Santo** to. Im ersten Stock sind in 18 Fresken die Wunder des hl. Antonius dargestellt, drei der Fresken stammen von Tizian (1511). Im Orato- rio San Giorgio (1377) erzählen Fresken von Altichieri und Avanzo verschiedene religiöse Szenen.

Im 18. Jh. wurde an der Stelle, wo sich in römischer Zeit Circus und **Prato della Valle** Theater befanden, der Prato della Valle angelegt. Die Grünanlage wird von einem Kanal umschlossen, auf dessen Brüstung 87 Statuen verdienter Paduaner stehen.

Highlights Padua

Giottos Fresken in der Cappella degli Scrovegni
Ob dem Auftraggeber für dieses Meisterwerk wohl tatsächlich seine Sünden vergeben wurden?
▶ **Seite 184**

Piazza dell'Erbe, Piazza della Frutta
Auf diesen beiden Plätzen schlägt das Herz von Padua.
▶ **Seite 186**

Sant'Antonio
Pilgern Sie zusammen mit vielen anderen zum Grab des hl. Antonius.
▶ **Seite 186**

Villen am Brentakanal
Wo Dogen und Barone sich in früheren Jahrhunderten ihre prächtigen Sommervillen bauen ließen, können Sie heute mit dem Boot entlangschippern.
▶ **Seite 189**

Scrovegni-Kapelle

Santa Giustina Die mächtige Kirche Santa Giustina – zu erkennen an ihren acht großen Kuppeln – ist ein Renaissancebau aus dem 16. Jh., in den ältere Teile, und zwar der Chor aus dem 15. Jh. sowie die Cappella di S. Prodoscimo und die Cappella di S. Luca, integriert wurden. Im Innern hängt das Gemälde »Marter der hl. Justina« (um 1575) von Paolo Veronese.

 Zwischen Sant'Antonio und dem Prato della Valle erstreckt sich der **Orto Botanico** 1545 zum Studium der Heilpflanzen angelegte Botanische Garten Paduas, **wohl der älteste seiner Art in Europa**.

▶ PADUA ERLEBEN

AUSKUNFT
Galleria Pedrocchi
Tel. 049 876 79 27

Bahnhof
Tel. 049 875 20 77
www.turismopadova.it

PADOVA CARD
Mit dieser Sammelkarte kann man mehrere bedeutende Sehenswürdigkeiten besichtigen, darunter auch die Cappella degli Scrovegni mit den berühmten Fresken. Erhältlich ist sie bei der Touristinformation. Internet: www.padovacard.it

ESSEN
▶ Fein & teuer
① *Antico Brolo*
Corso Milano 22
Tel. 049 66 45 55, Fax 049 65 60 88
Mo., Di.mittag geschl.
Elegantes Restaurant mit feiner romagnolischer Küche und leichtem Mittagstisch.

▶ Erschwinglich
② *L'Anfora*
Via dei Soncin 13, Tel. 049 65 66 29
So. geschl.
Sympathische Osteria mit guter Mittags- und Abendküche; gelegentlich auch Livemusik.

Baedeker-Empfehlung

▶ Erschwinglich
Caffè Pedrocchi
Via 8 Febbraio 15, Tel. 049 878 12 31
Das 1831 in klassizistischem Stil erbaute Kaffeehaus ist eine Institution in Padua und eines der stilvollsten in ganz Italien.

ÜBERNACHTEN
▶ Luxus
① *Methis*
Riviera Paleocapa 70
Tel. 049 872 55 55, Fax 049 872 51 35
www.methishotel.com, 52 Zi.
Am Kanal und nur ein paar Schritte vom Stadtkern entfernt, besticht dieses neue edle Hotel durch sein stilvolle Inneneinrichtung.

▶ Komfortabel
② *Igea*
Via Ospedale 87
Tel. 049 875 05 77, Fax 049 66 08 65
www.hoteligea.it
Großer Vorteil dieses Stadthotels: Es liegt direkt beim ausgeschilderten Ospedale Civile und ist deshalb sehr leicht zu finden. Die Zimmer sind klimatisiert. Das Zentrum ist zu Fuß errreichbar.

Prato della Valle: in römischer Zeit eine Arena, heute eine Grünanlage

Umgebung von Padua

Südwestlich von Padua ragen aus der Po-Ebene recht unvermittelt **Colli Euganei**
die bis zu 600 m hohen Euganeischen Hügel empor. An den Hängen
werden Wein und Obst angebaut. **Heilquellen** haben Abano Terme,
Montegrotto Terme, Battaglia Terme und Galzignano Terme zu viel
besuchten Kurorten mit gepflegten Kurhotels und Parkanlagen gemacht. Sie liegen alle am Fuß der Hügel.

Die Abbazia di Praglia (4 km westlich von Abano) geht auf eine im   **★**
11. Jh. gegründete Benediktinerabtei zurück. Die heutige Kirche ent-   **Abbazia**
stand 1490 – 1560. Die hier lebenden Mönche sind auf die Restaurie-   **di Praglia**
rung alter Handschriften und Bücher spezialisiert.

Der 1304 in Arezzo geborene Humanist und Dichter **Francesco Pet-**   **Arquà Petrarca**
rarca zog sich im Alter in das beschauliche Arquà Petrarca zurück.
In dem hübschen Ort steht noch das Haus, in dem er 1374 starb.
Sein Marmorsarkophag ist vor der Kirche zu sehen.

Im Süden der Euganeischen Hügel liegen die hübschen mittelalterli-   **Monselice,**
chen Städte Monselice und Este. In Monselice lohnt das mit Möbeln   **Este**
aus dem Mittelalter und der Renaissance eingerichtete **Castello Ca'-**
Marcello einen Besuch (12. / 15. Jh.). Este besitzt einen mittelalterlichen Stadtkern und Reste des Kastells der Familie Carrara. Auf dem
Gelände der Burganlage steht der Palazzo Mocenigo, Sitz des **Museo**
Nazionale Atestino mit einer interessanten vorgeschichtlichen und
römischen Sammlung. Ein Altarbild der hl. Thekla (1759) von Tiepolo schmückt den Dom S. Tecla (um 1700).

Trotz viel befahrener Uferstraßen und starker Zersiedelung lohnt die   **★**
Fahrt von Padua nach Venedig mit dem Auto oder mit dem Aus-   **Brenta-Kanal**
flugsschiff an bzw. auf dem kanalisierten Seitenarm der Brenta, der

ca. 6 km südlich von Mestre in die Lagune von Venedig mündet. Allein an diesem Abschnitt liegen rund 70 Villen, die sich reiche Venezianer zwischen dem 16. und 18. Jh. als Sommersitze errichten ließen. Eine der prächtigsten ist die **Villa Pisani**, auch als Villa Nazionale bekannt, die am Ortsende von Stra in einem Park steht. Die fünfflügelige Anlage mit über 100 Räumen entstand bis 1756 für den Dogen Alvise Pisani, der als venezianischer Gesandter in Frankreich gelebt hatte. Die schön ausgestatteten Innenräume, darunter der Ballsaal mit einem **Deckenfresko von Tiepolo**, können nur im Rahmen einer Führung besichtigt werden.

In **Dolo** baute Vincenzo Scamozzi, ein Schüler Palladios, 1596 die **Villa Ferretti-Angeli**. Die **Villa Contarini dei Leoni** in Mira, dem Hauptort am Brenta-Kanal, beherbergt u. a. die Stadtbibliothek. Die **Villa Barchessa Valmarana**, ebenfalls in Mira, ist mit Fresken von Michelangelo Schiavoni geschmückt. Ihr gegenüber steht die **Villa Widmann** aus dem 18. Jh. mit Fresken von Angeli und Zanchi. In **Malcontenta** bei Mestre erschuf Palladio zwischen 1550 und 1560 die **Villa Foscari**.

★ Pesaro

N 14

Region: Marken   **Einwohnerzahl:** 89 000

Pesaro, die Hauptstadt der Provinz Pesaro e Urbino, ist eine unaufgeregte, sympathische Stadt und zugleich ein Badeort mit weniger Glamour, aber auch weniger Remmidemmi als das 40 km entfernte Rimini.

Rossini-Geburtsstadt
In Pesaro wurde der Komponist Gioacchino Rossini (▶ Berühmte Persönlichkeiten) geboren, zu dessen Ehre und Gedenken hier jeden August ein **Opernfestival** stattfindet. Die Stadtränder in südöstlicher wie nordwestlicher Richtung schmiegen sich an kleinere Berge, nach Westen und Süden zu breitet sich die hügelige Landschaft der Marken aus. Bekannte italienische Adelsfamilien wie die Sforza oder Malatesta (▶ Baedeker Special S. 28 / 29) machten die Stadt zu einem Zentrum der Kunst und der Majolikaproduktion.

Sehenswertes in Pesaro

Piazza del Popolo
Wie bei so vielen Orten in der Region liegt die Altstadt etwas zurückversetzt, einige Straßenzüge vom Meer entfernt. Zur Strandpromenade und zu den Badeeinrichtungen sind es gleichwohl nur wenige Schritte. Zentrum Pesaros ist die Piazza del Popolo. Hier sind der **Palazzo Ducale**, 1450 von den Sforza begonnen und im 16. Jh. von den Della Rovere vollendet, der Palazzo della Paggeria (16. Jh.) und das neoklassizistische Postgebäude vereint.

Strand von Pesaro: Ruhe vor dem Sturm

Im Haus Nr. 34 der zum Meer führenden Via Rossini, einer Fußgängerzone, wurde am 29. Februar 1792 Gioacchino Rossini geboren. Das Geburtshaus des Komponisten beherbergt heute ein Museum mit Drucken aus dem 19. Jh., die den Maestro selbst und seine damaligen Interpreten und Schüler zeigen.

Rossini-Geburtshaus

Wenige Meter entfernt steht der Dom, in dem sich romanische und gotische Elemente mischen. Erbaut wurde er auf den Ruinen eines spätrömischen Hauses zwischen dem 9. und dem 13. / 4. Jahrhundert. Etwa 1,50 m unter dem heutigen Bodenniveau wurden **Mosaiken aus dem 5./6. Jh.** freigelegt. Sie zeigen u. a. die Rückkehr von Helena und Menelaos nach Griechenland. Östlich des Doms steht die Ende des 15. Jh.s für Costanzo Sforza errichtete **Rocca Costanza**.

Dom

Auf der gegenüberliegenden Seite der Via Rossini, in der Via Mazzolari, finden sich im Palazzo Toschi Mosca die Städtischen Museen: die Pinakothek mit Gemälden des venezianischen Malers Giovanni Bellini (u. a. das riesige Altarbild »Pala di Pesaro«) und Guido Reni sowie die ausgezeichnete **Keramiksammlung**, die einige der bedeutendsten europäischen Majoliken aus dem 16. Jh. besitzt.

Pinakothek

Von der Piazza del Popolo führt die Via Branca nach Südwesten. Am Postgebäude an der Ecke blieb die schöne Fassade der **Kirche S. Domenico** mit einem wunderbaren gotischen Portal (1395) erhalten. Weiter westlich kommt man zum **Conservatorio Rossini**, wo Original-Partituren des Komponisten bewundert werden können, und zum **Museo Archeologico Oliveriano**. Letzteres zeigt Stelen aus der Nekropole von Novilara, Zeugnisse der Picenterkultur vom 8. bis 5. Jh. v. Chr. und Funde aus spätrömischer Zeit.

Im Südwesten

Strandbereich Direkt am Meer liegt die runde, bei Spazier- und Müßiggängern beliebte **Piazza della Libertà**. In der Mitte des Platzes hat sich ein neues Wahrzeichen Pesaros etabliert: die große Kugel von Arnaldo Pomodoro, ein gefeiertes Werk der zeitgenössischen Kunst. Unter den vielen schönen Villen in Strandnähe sticht besonders die nahe der Piazza gelegene **Villa Ruggeri**, ein Jugendstilgebäude mit reichhaltigen Ornamenten wie aus Zuckerguss, ins Auge. Die etwas neueren Straßenzüge nahe der Adria sind schachbrettartig angelegt, zwischen den Häusern und Villen ist viel Grün, was den freundlichen Gesamteindruck von Pesaro prägt.

Umgebung von Pesaro

Strada Panora- Von Pesaro aus folgt eine kurven- und vor allem aussichtsreiche Stra-
mica Adriatica ße, die Strada Panoramica Adriatica, in nordwestlicher Richtung der Küste, die hier verhältnismäßig steil abfällt. Die zwei alten Dörfer

 PESARO ERLEBEN

AUSKUNFT
Via G. Rossini
Tel. 07 21 35 95 01
Via Mazzolari 4
Tel. 07 21 35 95 01
Fax 07 21 395 01
www.turismo.pesarourbino.it

ESSEN

▶ **Erschwinglich**
La Canonica
Via Borgata 20
Tel. 07 21 20 90 17
Mo., Di.mittag – Sa.mittag geschl.
Wer die Traditionsküche sorgfältig zubereitet kennenlernen möchte, z.B. Makrele in Fenchel oder Täubchenbraten, ist hier richtig.

Taverna del Pescatore
Borgata Casteldimezzo 23
Tel. 07 21 20 82 16
Fax 07 21 20 81 00
Mo.mittag bis Do.mittag geschl.
Das Restaurant mit erlesenen Fischspezialitäten liegt in dem Dorf Casteldimezzo an der Panoramastraße von Pesaro nach Gabicce.

▶ **Preiswert**
Antica Osteria la Guercia
Via Baviera 33
Tel. 072 13 34 63, Fax 07 21 35 22
So.abend, Mo. geschl.
Die Devise dieses urigen Lokals in unmittelbarer Nähe zur Piazza del Popolo lautet: Essen wie anno dazumal in rustikalem Ambiente.

ÜBERNACHTEN

▶ **Komfortabel**
Bellevue
Viale Trieste 88
Tel. 072 13 19 70; Fax 072 13 701 44
www.bellevuehotel.net, 30 Z.
Das Bellevue liegt am südöstlichen Rand von Pesaro direkt am Strand. Das Hotel ist familiär geführt.

▶ **Komfortabel / Günstig**
Gala
Via Trieste 49
Tel. 072 13 51 14, Fax 072 16 83 84
www.hotelgala.it, 40 Z.
Ferienhotel an der Strandpromenade mit einfachen Zimmern.

Mit der Vespa an den Strand, in die Stadt oder in die Berge

Fiorenzuola Focara und Casteldimezzo liegen auf der rund 28 km langen Strecke zwischen Pesaro und der mittelalterlichen Ortschaft Gabicce Monte. In **Gabbice Mare**, dem unterhalb gelegenen dazugehörigen Badestädtchen, herrscht reger Badebetrieb. Es ist der nördlichste Badeort der Region Marken, von der Nachbarstadt Cattolica (▶ Rimini) nur durch den Fluss Tavollo getrennt. Immer wieder kann man auf der auch bei Radfahrern beliebten Strecke herrliche Aussichten genießen – auf Städte und Dörfer, aufs fruchtbare Hinterland und natürlich aufs tiefblaues Meer.

Der Küstenabschnitt gehört zum 1600 ha großen **Naturpark von San Bartolo** und steht damit unter besonderem Schutz. Der Monte San Bartolo und der südöstlich von Pesaro sich anschließende Monte Ardizio sind für diejenigen, die von Norden kommen, von den Küstenorten der Emilia-Romagna, die ersten Erhebungen. Angesichts der Schönheit dieses Naturparks ist es kein Wunder, dass sich hier berühmte und weniger berühmte Zeitgenossen einen Zweitwohnsitz zugelegt haben.

Nach knapp 6 km Fahrt auf der Panoramastraße erreicht man die herrliche gelegene, von einem Park umgebene Villa Imperiale (Privatbesitz). Der repräsentative Landsitz wurde von Alessandro Sforza errichtet und Mitte des 16. Jh.s erweitert. **Villa Imperiale**

Wenige Kilometer südlich von Gabicce, direkt oberhalb der Autobahn Bologna-Ancona, liegt Gradara, eine trutzige Festung mit Städtchen, eine italienische **Miniaturausgabe von Rothenburg ob der Tauber**. Die Hauptstraße, die Via Umberto I., führt vom mächtigen Stadttor, das gleichzeitig ein Uhrturm ist, und der Piazza V. Novembre bergauf zur Burg. Eine besondere Bedeutung kommt der Burg zu, weil Dante hier die **tragische Liebesgeschichte von Paolo** **Gradara**

und Francesca ansiedelte. Francescas Ehemann, Gianciotto Malatesta, überraschte die beiden und tötete sie. Der Burgfried aus dem 12. Jh. wurde von den Brüdern De Grifo erbaut. Nach ihnen baute die Familie Malatesta (▶ Baedeker Special S. 28 / 29) die Festungsanlagen aus und richtete zugleich ihren herrschaftlichen Wohnsitz in Gradara ein. In den 60er-Jahren des 15. Jh.s kamen die Sforza in den Besitz der Burg und verwandelten sie mit einer breiten Treppe, dem Bogengang, der Loggia und den mit Freskenmalereien verzierten Sälen, darunter dem Salon der Lucrezia Borgia, in eine elegante Renaissanceresidenz. Später war Gradara noch im Besitz der Della Rovere sowie des Kirchenstaats, bevor 1920 ein Privatmann die Anlage kaufte und restaurierte. Heute ist die Burg öffentliches Eigentum.

> ! *Baedeker* TIPP
>
> **Umgebungsziele**
>
> Wer nach Zielen sucht, die noch nicht überlaufen sind, wird südlich von Gradara und Pesaro allenthalben fündig: Kleine Städte und Dörfer wie Tavullia, Colbordolo, Mombaroccio, Montelabbate, Sant' Angeolo in Lizzola oder Monteciccardo, ebenfalls auf Hügeln gelegen, haben alte Stadtmauern, Burgruinen und Kirchen zu bieten, ohne dass man hier mit vielen Mitbesuchern rechnen muss.

Eine Attraktion der schauerlichen Art ist das **Historische Museum** in der Via Umberto, das neben altertümlichen Waffen und Gerätschaften sowie Darstellungen der Tragödie von Francesca und Paolo einige Folterinstrumente besitzt.

Pescara

V 23

Region: Abruzzen   **Einwohnerzahl:** 115 000

Pescara ist die Hauptstadt sowie das wirtschaftliche und kulturelle Zentrum der gleichnamigen Provinz. Doch nicht nur das: Die an der Küste gelegene Industriemetropole, Geburtsstadt des exzentrischen Dichters und Nationalhelden Gabriele D'Annunzio (▶ Berühmte Persönlichkeiten), lockt mit einem großen Jachthafen, vor allem aber mit ihren Sandstränden auch viele Badetouristen an.

Sehenswertes in Pescara

Stadtbild   Die im Zweiten Weltkrieg großenteils zerstörte und danach planlos wieder aufgebaute Stadt besitzt verhältnismäßig wenig Atmosphäre und nur eine Hand voll Sehenswürdigkeiten. Nördlich des Pescara-Flusses, zwischen Bahnhof und Strand, liegt hinter einem langen Strandbereich das moderne Pescara, das sich hauptsächlich für ausgiebige Einkaufsbummel anbietet – z. B. auf dem Corso Umberto oder dem Corso Vittorio Emanuele.

Interessanter ist ein Spaziergang durch die Altstadt, die sich südlich **Altstadt**
des Pescara-Flusses auf einige wenige historische Straßenzüge zwischen der Via delle Caserme und der Kathedrale San Cetteo beschränkt. Von der Neustadt kommend überquert man den Fluss und
biegt an der Piazza dell' Unione nach rechts.

In der Via delle Caserme 22 befindet sich das **Museo delle Genti
d'Abruzzo**, das der Kultur der Abruzzen gewidmet ist. Ausgestellt
sind archäologische und anthropologische Funde vom Paläolitikum
bis in die Gegenwart. Öffnungszeiten: Mitte Juni – Mitte Sept. Mo.   ⊕
bis Sa. 10.00 – 14.00, So. 15.30 – 18.30, Fei. 10.00 – 13.30, ansonsten
Mo. – Sa. 10.00 – 13.00, Do. 18.30 – 21.00 Uhr

Parallel zur Via delle Caserme verläuft der enge Corso Manthonè, ei-   **✶**
ne typische Straße des alten Pescara. Im Haus Nr. 116 wurde am   **Geburtshaus von**
12. März 1863 der **Dichter Gabriele D'Annunzio** (►Berühmte Per-   **Gabriele**
sönlichkeiten) geboren. Bereits in den 1920er- und 1930er-Jahren   **D'Annunzio**
ließ der eitle Dichter sein Elternhaus im Stil der Neorenaissance um-
gestalten; die jüngste Instandsetzung des Gebäudes erfolgte Anfang
der 1990er-Jahre.

Die überwiegend originale Möblierung vermittelt einen Eindruck
von der **Wohnkultur des 19. und frühen 20. Jahrhunderts**. Mit Hilfe
von Büchern, Fotos und Schrifttafeln (nur auf Italienisch) werden
Stationen seines Lebens dokumentiert. Öffnungszeiten: tgl. 9.00 bis   ⊕
14.00 Uhr; www.casadannunzio.beniculturali.it.

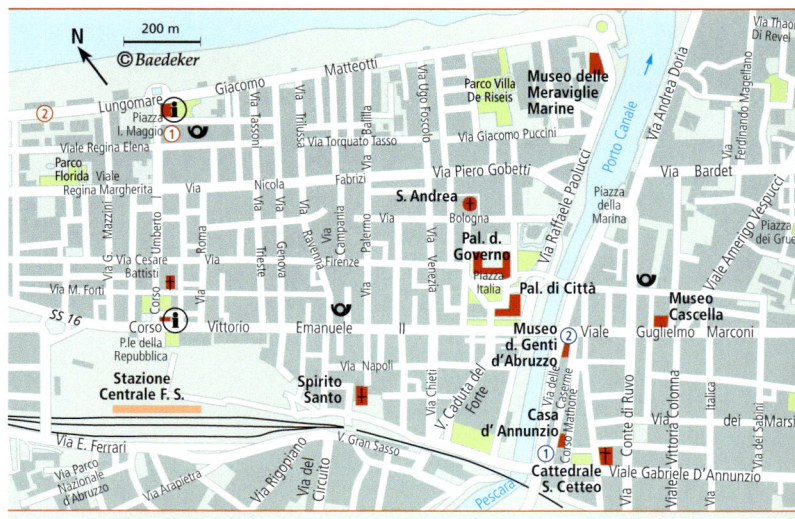

Pescara Orientierung

Essen
① La Lumaca   ② Osteria dei Miracoli

Übernachten
① Esplanade   ② Bellariva

▶ PESCARA ERLEBEN

AUSKUNFT

Flughafen
Tel./Fax 085 432 21 20
www.abruzzoturismo.it

FESTE

Im Juli pilgern Musikfreunde zum
Jazzfestival ins Teatro d' Annunzio
nach Pescara, das bereits Jazzgrößen
wie Ella Fitzgerald oder Louis Arm-
strong zu seinen Gästen zählte.

ESSEN

► Erschwinglich

① *La Lumaca*
Via delle Caserme 51
Tel. 085 451 08 80
Sa.mittag, So. geschl.
Die Vorlage für die kreative Küche des
Hauses sind alte abruzzische Rezepte.

► Erschwinglich

② *Osteria dei Miracoli*
Corso Manthonè 57
Tel. 085 669 86, Di. geschl.
Eine bodenständige Adresse in der
Altstadt von Pescara, von einheimischen und auswärtigen Gästen
geschätzt. So einfach das Ambiente, so
köstlich ist die Küche. Im Sommer
sitzt man schön im Freien.

ÜBERNACHTEN

► Komfortabel

① *Esplanade*
Piazza 1 Maggio 46
Tel. 085 29 21 41
Fax 085 421 75 40
www.esplanade.net, 150 Z.
Elegantes Ambiente und großzügige
Zimmer in einem Jugendstilhaus.

► Komfortabel / Günstig

② *Bellariva*
Via Riviera 213
Tel. 085 471 26 41
Fax 085 736 28
www.hotelvellariva.it
Das kleine Hotel direkt am Meer ist
nur wenige Kilometer von der
Innenstadt entfernt. Die Zimmer sind
einfach, aber liebevoll eingerichtet.

San Cetteo   Wenige Schritte von D' Annunzios Geburtshaus entfernt steht die
Kathedrale San Cetteo. Der spröde, an die abruzzische Romanik an-
gelehnte Bau aus den 1930er-Jahren lohnt wegen des Gemäldes »Be-
tender hl. Franziskus« von Guercino (17. Jh.) einen Besuch.

Weitere Museen   An der Via Marconi (Nr. 45), ebenfalls auf der südlichen Seite des
Flusses, gibt es das **Museo Cascella**, das dem Maler, Grafiker und Ke-
ramikkünstler Basilio Cascella und seinen Söhnen gewidmet ist. Cascella, 1860 in Ortona geboren, war ein Zeitgenosse D' Annunzios. In
der Neustadt, in der Via Paolucci, nahe dem Porto Canale, befindet
sich das Meeresmuseum **Museo delle Meraviglie Marine**.

✳ Atri

Kurvenreich geht es hinauf nach Atri, das ca. 35 km nordwestlich
von Pescara in mehr als 400 m Höhe liegt. Das atmosphärereiche

Städtchen wurde auf römischen Ruinen erbaut. Es ist heute bekannt für Lakritzproduktion. Für eine Stadt ihrer Größe besitzt Atri viele Kirchen und eine großartige **Kathedrale**, die allein schon den Ausflug rechtfertigt. Am schönsten zu genießen ist die Domfassade im weichen, warmen Abendlicht. Mit dem Bau des Gotteshauses wurde 1268 begonnen. Auffällig sind der 54 m hohe Kampanile und die eigenartige Rechteckfassade aus rosarotem istrischem Stein. Im Inneren sollte man sich den um 1480 entstandenen Renaissance-Freskenzyklus von Andrea de Litio und das Taufbecken des Comasken Paolo de Garviis (1503) genauer ansehen. Im Kreuzgang ist das **Dommuseum** untergebracht. Die Krypta des Doms wurde in eine römische Zisterne gebaut.

Der zweite große Platz in Atri ist die Piazza dei Duchi d'Acquaviva, auf dem der Palazzo del Comune steht. Er liegt noch weiter oben und ist mit dem Domplatz durch den Corso Adriano verbunden. Auf dem Weg dorthin kommt man auch an der hübschen, aus dem 18. Jh. stammenden **Kirche S. Francesco** vorbei, deren Treppenaufgang mit barocker Inszenierungslust gestaltet wurde.

> **! Baedeker TIPP**
>
> **Belvedere**
>
> Nur wenige Schritte sind es von der Piazza dei Duchi d'Acquaviva zu der Aussichtsterrasse am nördlichen Altstadtrand (ausgeschildert mit »belvedere«). Von dort bietet sich ein herrlicher Blick auf die tiefen, Calanchi genannten Erdfurchen, eine für die Umgebung von Atri typische bizarre Erosionslandschaft.

Loreto Aprutino, Penne

Zwei weitere **mittelalterliche Orte**, die sich für einen Ausflug von der Provinzhauptstadt anbieten, sind Loreto Aprutino und Penne (25 bzw. 32 km westlich von Pescara). Beeindruckend ist von beiden der Blick zum Gran Sasso hinüber. Bei Loreto lohnt die **Zisterzienserkirche Santa Maria** in Piano eine Stippvisite.

★
Ortona und Umgebung

Bei Ortona, ca. 20 km südlich von Pescara, reichen die Ausläufer des Apennin bis an die Küste. Unten am Meer ist nur Platz für einen Hafen, das alte Städtchen selbst liegt malerisch oben am Hang bzw. auf mehrere Hügel verstreut. Im Zweiten Weltkrieg verlor Ortona viele Gebäude. Großartige Sehenswürdigkeiten gibt es nicht, aber dafür ein **Städtchen mit typisch italienischem Flair**. Schön ist der Weg durch den schmalen Corso Giacomo Matteotti von der Piazza zum trutzigen Castello, noch schöner, da von herrlichen Ausblicken auf das Meer und die Küste begleitet, ein Spaziergang entlang der Stadtmauern. Der **Badestrand** von Ortona liegt in einer Bucht ca. 5 km nördlich der Stadt (Abfahrt von der SS 16) und heißt Lido Riccione. Er ist nicht besonders breit, aber auch nicht so überfüllt wie viele andere Strände.

◀ Lanciano

Die lebhafte Kleinstadt, die ca. 10 km landeinwärts liegt, besitzt einige sehenswerte Kirchen. Die **Kathedrale S. Maria del Ponte** (14. bis 18. Jh.) steht auf einer Brücke aus der Zeit Diokletians.

Die nahe, 1258 begonnene **Bettelordenskirche S. Francesco** besitzt eine schöne Barockkanzel und -orgel sowie eine Blutreliquie.

Im Stil der burgundischen Zisterzienser wurde im 13. Jh. die gotische **Kirche S. Maria Maggiore** erbaut; außer dem Hauptportal von 1317 ist das Prozessionskreuz (1422) von Nicola da Guardiagrele zu beachten.

✶✶ Ravenna

J 11

Region: Emilia-Romagna   **Einwohnerzahl:** 139 000

Weltberühmt ist Ravenna für seine frühchristlichen Kirchen und ihre fantastischen Mosaiken, die den Geist des frühen Christentums mit römischen Kunstformen sowie Einflüssen aus dem östlichen Mittelmeerraum verbinden. Aber auch die eher ruhige Altstadt mit ihren vielen Plätzen und einer Reihe schöner alter Palazzi lohnt einen Besuch.

Antike Kaiserstadt

Die neben Mailand zweite antike Kaiserstadt Oberitaliens und heutige Provinzhauptstadt Ravenna liegt knapp 10 km von der Adriaküste entfernt, im äußersten Südosten der Oberitalienischen Tiefebene. Ur-

sprünglich direkt am Meer, ist sie heute durch den Canale Candiano mit dem Hafen Porto Corsini und dem Seebad Marina di Ravenna verbunden. Wie Venedig ist Ravenna durch ansteigendes Grundwasser und Überflutung durch Meerwasser gefährdet. In 100 Jahren senkte sich die Stadt um etwa 80 cm. Bis in die 1950er-Jahre lebten die Bewohner von Ravenna vor allem von der Landwirtschaft, seit der Entdeckung **riesiger Erdgasfelder** hat sich um Ravenna eine ausgedehnte Industriezone entwickelt.

Ravenna war zur Zeit der Umbrer und Etrusker eine Lagunenstadt wie Venedig. Aufgrund der strategisch günstigen Lage galt es als uneinnehmbar. So ließ Augustus im 1. Jh. n. Chr. hier den Kriegs- und Handelshafen Portus Classis errichten, der zum Angelpunkt für die Beherrschung der Adria wurde. Als Kaiser Theodosius das Römische Reich unter seinen Söhnen teilte, wählte Honorius 395 Ravenna zur

San Vitale: wuchtiger Bau

Hauptstadt. Damals begann die Blütezeit der Stadt. Während die Stürme der Völkerwanderung das übrige Italien verwüsteten, bauten Honorius und seine Schwester Galla Placidia (425–450 Regentin; ► Berühmte Persönlichkeiten) Ravenna zur neuen Kaiserresidenz aus. 476 zwang der germanische Heerführer **Odoaker** den letzten Kaiser zur Abdankung und regierte als König von Ravenna aus ganz Italien. Das Oströmische Reich schickte den Ostgoten Theoderich nach Italien. Drei Jahre lang belagerte er Odoaker, bezwang ihn 493 und ermordete ihn schließlich. **Theoderich** brachte neuen Glanz nach Ravenna. 539 eroberte Justinian Italien für Ostrom zurück, Ravenna wurde Sitz eines byzantinischen Statthalters und erlebte eine dritte Blütezeit. 751 machten die Langobarden dem Exarchat und damit Ravennas Glanzzeit ein Ende. Später fiel die Stadt an Venedig und 1509 an den Kirchenstaat, bei dem sie bis 1859 verblieb.

Sehenswertes in Ravenna

Ravenna ist eine Stadt, die wegen ihrer überragenden Baudenkmäler **Stadtbild** vor allem, aber nicht nur zum Kunstgenuss einlädt. Treffpunkte in der Altstadt sind die Piazza del Popolo und die benachbarte Piazza Garibaldi. Während man hier zwischen mehreren Cafés und Restau-

 ## RAVENNA ERLEBEN

AUSKUNFT
Via Salara 8 / 12
Tel. 05 44 354 04
www.turismo.ravenna.it

ESSEN

► **Erschwinglich**
① *La Gardèla*
Via Ponte Marino 3
Tel. 05 44 21 71 47, Do. geschl.
Nahe der Piazza del Popolo liegt das gut besuchte Restaurant. Fleisch vom Grill, frisches Gemüse und Fisch dominieren die Küche.

② *Ca' de' Vèn*
Via Corrado Ricci 24
Tel. 05 44 301 63, Mo. geschl.
Sympathisches, rustikales Restaurant in den alten Weinkellern des zentralen Palazzo Raspoli. Ein guter Ort für romagnolische Weine und Piadina

romagnola, eine Art Fladenbrot mit Schinken und Käse.

ÜBERNACHTEN
► **Komfortabel**
① *Diana*
Via Girolamo Rossi 47
Tel. 05 44 391 64, Fax 05 44 00 01
www.hoteldiana.ra.it, 33 Z.
Angenehmes Mittelklassehaus in der Innenstadt. Parkgaragen in der Nähe.

Baedeker-Empfehlung

► **Komfortabel**
② *Cappello*
Via IV Novembre 41
Tel. 05 44 21 98 13, Fax 05 44 21 98 14
www.albergocappello.it, 7 Z.
Kleines Hotel in zentraler, ruhiger Lage mit individuell eingerichteten Zimmern.

Ravenna Orientierung

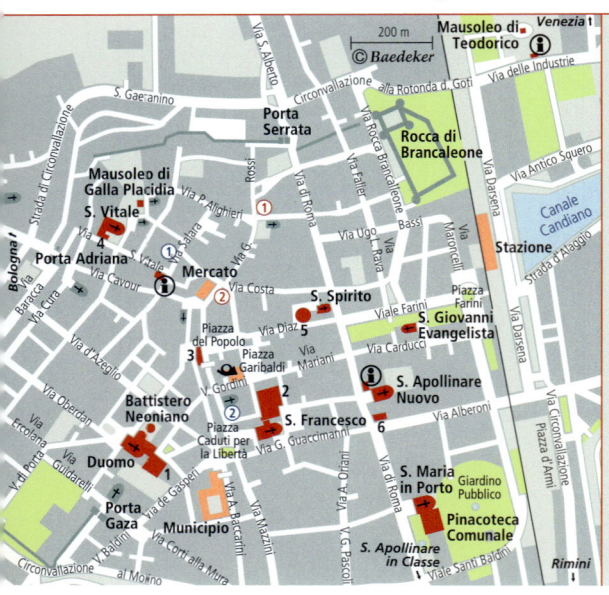

1 Museo Arcivescovile
2 Museo Dantesco
3 Palazzo Comunale
4 Museo Nazionale
5 Battistero degli Ariani
6 Palazzo di Teodorico

Übernachten
① Diana
② Cappello

Essen
① La Gardèla
② Ca' de' Vèn

rants wählen kann, sind es in der verkehrsberuhigten Via Cavour und in ihren malerischen Seitengassen die vielen hübschen Geschäfte, die zu einem Besuch einladen.

Museo Nazionale

Der nachfolgende Stadtrundgang beginnt im Nordwesten der Altstadt, hinter der Porta Adriana, beim Museo Nazionale. Es wurde in den Kreuzgängen eines Benediktinerklosters eingerichtet und zeigt antike und frühchristliche Kunst.

✳ ✳
S. Vitale

Durch das ehemalige Kloster betritt man auch eine der Hauptsehenswürdigkeiten Ravennas, die Kirche S. Vitale. Baubeginn war 526, das Todesjahr Theoderichs, die Weihe fand im Jahr 547 unter seinem Nachfolger Justinian statt. Von außen ist das Gotteshaus ein nahezu schmuckloser achteckiger Zentralbau aus Backstein. Das Innere – bis auf die Kuppelfresken der Barockzeit von späteren Zufügungen befreit – wird durch acht Pfeiler in einen Mittelraum und einen Umgang geteilt.

Den Hauptschmuck der Kirche bilden die **Mosaiken im byzantinischen Stil** aus dem 6. Jh. (▶ Baedeker Special S. 44 / 45). Links und rechts des Altars zeigen sie die neuen Herrscher Ravennas, Kaiser Justinian und Theodora mit Gefolge; neben dem Kaiser steht der Erzbischof Maximian; oben Christus auf der Weltkugel, links der hl. Vitalis, rechts der hl. Ecclesius. Öffnungszeiten: tgl. 9.00 – 17.30 Uhr.

Hinter S. Vitale liegt das kleine Mausoleum der Galla Placidia (►Berühmte Persönlichkeiten), der letzte Rest des verschwundenen Palastbezirks. Es wurde um 440, noch zu ihren Lebzeiten, über kreuzförmigem Grundriss erbaut. Das Innere ist mit schönen Mosaiken aus dem 5. Jh. geschmückt, die rund 100 Jahre älter sind als die von S. Vitale. Die Wände und das Gewölbe erstrahlen im Dunkelblau der späten Kaiserzeit. Im warmen Licht, das durch die Alabasterfenster fällt, sieht man das Kreuz, Evangelistensymbole, Apostelfiguren und über der Tür Christus als »guten Hirten«. Im Zentrum und in den beiden Querarmen stehen **Marmorsarkophage**, angeblich die der Galla Placidia und der beiden Kaiser Constantius III., ihres zweiten Gemahls, und ihres Sohnes Valentinian III. Galla Placidia liegt jedoch nicht hier, sondern in Rom begraben, wo sie 450 starb.

★ ★
Mausoleo di Galla Placidia

Mittelpunkt des Centro Storico ist die malerische Piazza del Popolo. Dort stehen der Palazzo Comunale (1681), davor zwei von den Venezianern 1483 errichtete Granitsäulen mit Stadtheiligen und der Palazzo Veneziano aus dem 15. Jahrhundert. An vier der acht Kapitellen ist das Monogramm Theoderichs angebracht.

★
Piazza del Popolo

Der **Duomo Sant' Orso** wurde um 1740 an der Stelle der von Bischof Ursus gegründeten ältesten Kirche Ravennas errichtet. Vom Originalbau ist noch der Turm aus dem 10. Jh. und die Krypta erhalten. Die Kanzel im Mittelschiff rechts ist aus Marmortafeln mit Tierszenen (6. Jh.) zusammengesetzt. In der zweiten Kapelle rechts und im rechten Querschiff sieht man schöne frühchristliche Sarkophage.

> **!** *Baedeker* TIPP
>
> **Mit dem Rad**
> Für alle, die der langen Fußmärsche in den Städten müde geworden sind, gibt es Abhilfe: Tun Sie es den Italienern gleich und steigen Sie aufs Rad! In der Touristeninformation in der Via Salara kann man Fahrräder für die Stadtbesichtigung ausleihen – kostenlos!

Nördlich neben dem Dom befindet sich das **Baptisterium der Orthodoxen (Battistero Neoniano)**, ein achteckiger Backsteinbau aus dem 5. Jh. mit Marmorintarsien an den Innenwänden und prachtvollen Mosaiken, die wohl um 450 geschaffen wurden und zu den ältesten Ravennas gehören. Das Kuppelmosaik zeigt die Taufe Christi – ein antiker Flussgott reicht ihm freundlich ein Handtuch.

Das **Erzbischöfliche Museum** hinter dem Dom besitzt die so genannte **Cattedra di Massimiliano**. Der Bischofsstuhl ist eine ägyptische Schnitzarbeit aus Elfenbein aus dem 6. Jh., auf dem Szenen aus dem Alten und Neuen Testament dargestellt werden. In der kleinen Kapelle Sant' Andrea zeigen Mosaiken u. a. Christus als Legionär im römischen Waffenrock.

Museo Archivescovile

Im Osten der modernen Piazza dei Caduti per la Libertà erhebt sich die im 5. Jh. gegründete Klosterkirche S. Francesco mit ihrem ro-

S. Francesco

manischen Glockenturm. Im Inneren beachte man die schönen Säulen aus griechischem Marmor und den Hauptaltar aus dem 5. Jahrhundert. Aus dem 9./10. Jh. stammt die Krypta. Das kleine Dante-Museum ist dem großen Dichter gewidmet.

Neben der Kirche steht das klassizistische Grabmal Dantes (1780). Der Dichter starb 1321 in Ravenna im Exil, nachdem er 1302 aus Florenz verbannt worden war. Hier verfasste er auch sein Hauptwerk »Die Göttliche Komödie«. (Dante-Museum ►S. Francesco).

Tomba di Dante

Die im 5. Jh. erbaute **Hofkirche Theoderichs** steht an der belebten Via di Roma. Die Vorhalle stammt aus dem 16. Jh., als auch der Fußboden angehoben wurde. Je zwölf byzantinische Marmorsäulen aus Konstantinopel unterteilen den Kirchenraum in drei Schiffe. Die Wände schmücken herrliche, in drei Streifen angeordnete Mosaiken, die bereits den byzantinisch beeinflussten Stil ankündigen (►Baedeker Special S. 44/45). Beachtung verdienen auch die Marmorkanzel aus dem 6. Jh. und verschiedene antike Steinmetzarbeiten.

★
Sant' Apollinare Nuovo

Unweit südlich von Sant' Apollinare sieht man an der Ecke der Via Alberoni Reste vom sog. Palast des Theoderich (7./8. Jh.); auffallend ist die reich gegliederte Fassade mit vorspringendem Mittelbau.

Reste vom Palast Theoderichs

Die Pinacoteca Comunale zeigt Bilder der romagnolischen Schule vom 14. bis 18. Jh. und die Grabskulptur des jungen Ritters Guidarello Guidarelli von Tullio Lombardo (1525).

Pinacoteca

Das achteckige Baptisterium der Arianer entstand unter Theoderich. Im Zentrum des Kuppelmosaiks steht – wie auch im Baptisterium der Orthodoxen – die Taufe Christi. Die benachbarte S. Spirito war einst die Kathedrale der Arianer. Aus der Zeit Theoderichs ist nur die Kanzel erhalten.

Battistero degli Ariani

Rund 1 km nördlich außerhalb des Stadtzentrums steht das **Grabmal des Theoderich**, das sich der Gotenkönig vermutlich noch zu Lebzeiten errichten ließ. Der monumentale Rundbau besteht aus Quadern istrischen Kalksteins, die ohne Mörtel zusammengesetzt wurden. Die Kuppel (11 m Durchmesser; ca. 300 t schwer) ist aus einem einzigen Kalksteinblock gehauen. Das Architektur des Grabmals erinnert mehr an syrische als an römische Vorbilder, die Verzierungen (Zangenfries u. a.) zeigen allerdings deutlich germanischen Einfluss. Das untere Geschoss ist ein tonnengewölbter Raum in Form eines griechischen Kreuzes. Im oberen Geschoss steht ein antiker Porphyrsarkophag, der allerdings nicht, wie man vielleicht annehmen möchte, Theoderichs Leichnam birgt.

★
Mausoleo di Teodorico

← Nicht nur Touristen sitzen gerne in den gemütlichen Straßencafés von Ravenna.

Umgebung von Ravenna

✶ ✶
Sant' Apollinare
in Classe

5 km südlich von Ravenna, an der SS 16 nach Rimini, steht die Kirche Sant' Apollinare in Classe, die nach dem längst verlandeten Hafen der Römerstadt benannt ist. Mit dem Bau der Kirche wurde um 535 vor den Toren der Stadt begonnen, 549 wurde sie geweiht. Der runde Glockenturm folgte im 11. Jahrhundert. Byzantinische Marmorsäulen unterteilen den Innenraum. Die Medaillonbildnisse an den Wänden stammen aus dem 18. Jh., die Sarkophage in den Seitenschiffen aus dem 5. bis 8. Jahrhundert. Die hervorragenden **Mosaiken** der Apsis und am Triumphbogen stammen aus dem 6. / 7. Jahrhundert. In der Apsiskuppel ist Christus als der gute Hirte (Kreuz mit 99 Sternen), darunter der Kirchenpatron mit den Gläubigen (als Schafe dargestellt) zu sehen; über dem Triumphbogen Christus als Pantokrator, umgeben von Schafen, welche die zwölf Apostel symbolisieren.

✶
Mirabilandia

Mirabilandia, **einer der größten Freizeitparks Italiens**, liegt etwa 15 km südlich von Ravenna, bei Savio, zwischen der E 45 und der SS 16 Richtung Rimini. Vor allem Familien sollen hier ihren Spaß haben – Kinder unter 1 m Größe dürfen deshalb umsonst in den Park. Die Palette der Attraktionen reicht von Karussells für die Kleinsten über Holzachterbahn, Riesenrad, Wildwasserfahrten und Labyrinthgängen bis zu Zeitreisen in die Welt der Mayas und virtuellen Ausflügen im Vier-D-Kino. Seinen Hunger kann man in diversen Restaurantketten stillen, und im Piratendorf gleich am Eingang warten Shops auf Kundschaft. Öffnungszeiten: April – Juni tgl. 10.00 – 18.00, Juli / Aug. 10.00 – 23.00 Uhr; Sept. / Okt. nur Sa./So.; www.mirabilandia.it.

Marina di
Ravenna

Neun Badeorte, die meisten in den 1970er-Jahren entstanden, gehören zu Ravenna, von Casalborsetti im Norden (mit einem großen Angebot an Campingplätzen) bis zum Lido di Savio kurz vor Milano Marittima (▶ Cesenatico). Typisch sind die Pinienwälder hinter den Sandstränden. Der größte Küstenort ist Marina di Ravenna, rund 11 km nordöstlich. Er besitzt auch einen Jachthafen mit 800 Liegeplätzen und Punta Marina Terme, ein Thermalbadezentrum.

✶ ✶ Rimini

L 13

Region: Emilia-Romagna   **Einwohnerzahl:** 131 000

Rimini ist für viele der Inbegriff des Adria-Seebades, ein Dorado der Sonnenanbeter, Wassersportler und Vergnügungshungrigen. Von Juni bis September verwandeln sich die Strände der »Badehauptstadt« in exakt ausgerichtete Sonnenschirmkolonien, an denen man nur schwerlich ein freies Plätzchen ergattern kann.

Die nächtliche Piazza Cavour in Rimini

Geschichte

Bereits 268 v. Chr. hatten die Römer am südöstlichsten Küstenzipfel der Po-Ebene den wichtigen Verkehrsknotenpunkt Ariminum gegründet. Ihre größte Blüte erlebte die Stadt von 1295 bis 1503 unter der Adelsfamilie **Malatesta** (▶Baedeker Special S. 28 / 29), deren Mitglieder so grausam und skrupellos wie gebildet waren und bedeutende Künstler an ihren Hof holten. Mit der Einweihung der ersten Badeanstalt 1843 begann für Rimini ein neues Zeitalter. Bereits um die Jahrhundertwende konnte der Besucher zwischen rund 100 Unterkünften wählen. In den 1960er-Jahren entdeckten auch deutsche und österreichische Urlauber die Badestadt – Riminis unaufhaltsamer Aufstieg zum beliebtesten Adria-Seebad hatte begonnen. Am 20. Januar 1920 kam in Rimini **Federico Fellini** (▶Berühmte Persönlichkeiten) zur Welt. Der berühmte Regisseur ist auf dem Friedhof im Ortsteil Rivabella beigesetzt.

Einkaufen

Rimini hat für alle Einkaufswünsche etwas. Schöne, aber auch teure Boutiquen sowie die bekannten Ketten (Esprit, Benetton etc.) findet man in der weitgehend autofreien Innenstadt, insbesondere auf dem Corso Cavour und an der Piazza Tre Martiri. Schnäppchenjäger sollten sich Sa. oder Mi. auf den **Markt** auf der Piazza Cavour und der Piazza Malatesta begeben. Wenn in der Innenstadt die Läden bereits geschlossen haben, kann man immer noch am Viale Vespucci ein-

Rimini Orientierung

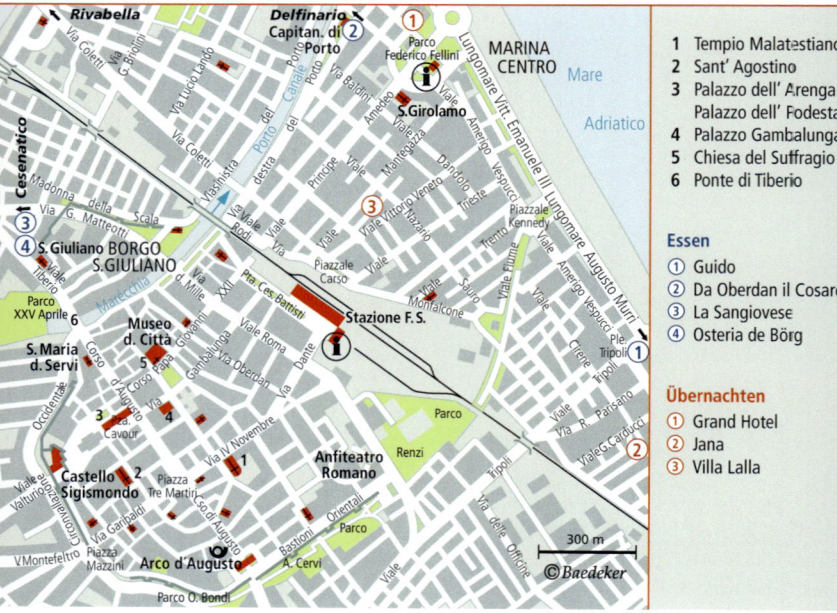

1 Tempio Malatestiano
2 Sant' Agostino
3 Palazzo dell' Arenga und Palazzo dell' Fodesta
4 Palazzo Gambalunga
5 Chiesa del Suffragio
6 Ponte di Tiberio

Essen
① Guido
② Da Oberdan il Cosaro
③ La Sangiovese
④ Osteria de Börg

Übernachten
① Grand Hotel
② Jana
③ Villa Lalla

kaufen, der ersten Parallelstraße hinter dem endlos langen **Lungomare** von Rimini. Das Angebot ist riesig, bei genauem Hinsehen allerdings wenig abwechslungsreich. Bis 23.00 Uhr sind die Geschäfte im Sommer hier geöffnet, danach kann man sich gleich ins Nachtleben stürzen, das – zumindest während der Saison – nicht nur an der Adriaküste seinesgleichen sucht.

Sehenswertes in Rimini

Rimini besteht aus zwei ungleichen Teilen: der 2 km landeinwärts gelegenen, sehr eleganten **Altstadt** und dem turbulenten **Seebad**, das sich zwischen der Bahnlinie und dem Meer erstreckt und mit den nahtlos anschließenden Vororten und Nachbarstädten fast 20 km an der Küste entlangzieht.

Arco d'Augusto
Der Stadtrundgang durch die verkehrsberuhigte Altstadt beginnt im Südosten, am Arco d'Augusto. Der 27 v. Chr. erbaute Triumphbogen – **der älteste Italiens** – bildete den Endpunkt der Via Flaminia und das südliche Eingangstor ins römische Ariminum.

Piazza Tre Martiri
Ein idealer Platz für einen Cappuccino ist die stilvolle Piazza Tre Martiri mit ihren Straßencafés.

Biegt man hier rechts in den Corso IV Novembre, erreicht man nach wenigen Metern das kunstgeschichtlich interessanteste Bauwerk von Rimini, den Tempio Malatestiano. Die schlichte gotische Bettelordenskirche aus dem 13. Jh. ließ sich Sigismondo Malatesta von 1447 bis 1460 im Frührenaissancestil zu einem Grabmal für sich und seine vierte Ehefrau Isotta umbauen.

★ ★
Tempio
Malatestiano

Den Außenbau, der die Formen eines römischen Triumphbogens zitiert, aber unvollendet blieb, entwarf der Florentiner Architekt Leon Battista Alberti. Im Innern beachte man vor allem den herrlichen bauplastischen Schmuck – u. a. von dem Florentiner Renaissancebildhauer Agostino di Duccio – sowie das **Fresko von Piero della Francesca**, auf dem der Bau-

> **!** *Baedeker* TIPP
>
> ### Alles frisch
>
> Gutes Gemüse aus dem Umland, Fisch und Früchte findet man auf dem kleinen Markt, der täglich nahe beim Tempio Malatestiano, hinter einem Durchgang am Corso Clementini, abgehalten wird.

herr Sigismondo Malatesta vor dem hl. Sigismund kniend dargestellt ist. Im Chor hängt außerdem ein bemerkenswertes, großes **Kruzifix** aus der Schule von Giotto. Der berühmte Meister hielt sich um 1300 ein paar Jahre in Rimini auf und beeinflusste die dortige Malerei nachhaltig.

Der nächste Platz an Riminis Hauptachse, dem Corso d'Augusto, ist die Piazza Cavour. Von Riminis kurzer Phase als freie Stadtrepublik kündet noch der 1204 aus Backsteinen erbaute Palazzo dell'Arengo, der mit dem nebenstehenden Palazzo del Podestà (14. Jh.) und dem Palazzo Comunale (16. Jh.) den Platz beherrscht. Samstag- und Mittwochvormittag wird hier und auf der angrenzenden Piazza Malatesta ein **Markt** für günstige Kleider und Lederwaren abgehalten.

Piazza Cavour

In den Kämpfen um die Stadtherrschaft Ende des 13. Jh.s behauptete sich die Familie Malatesta. Ihr berühmtester Spross, Sigismondo – über den Jacob Burckhardt schrieb: »Frevelmut, Gottlosigkeit, kriegerisches Talent und höhere Bildung sind niemals so in einem Menschen vereinigt gewesen« –, ließ das mächtige Castello an der Piazza Malatesta errichten (15. Jh.), das nach einem grundlegenden Umbau nur im Rahmen von Ausstellungen seine Pforten öffnet.

Castello
Sigismondo

Der Corso d'Augusto endet im Westen am Ponte di Tiberio, der gut erhaltenen alten Römerbrücke über den Fluss Marecchia. Die wuchtige, fünfbogige Brücke wurde 20 n. Chr. unter Kaiser Tiberius vollendet.
Auf der anderen Seite der Marecchia liegt das **Fischerviertel** Borgo San Giuliano. Es lohnt sich, einen Blick in die dortige, dem **hl. Giuliano geweihte Kirche** im Viale Tiberio zu werfen – nicht so sehr wegen des Sarkophages mit den Gebeinen des Heiligen, sondern wegen des schönen Altarbildes des Venezianers Paolo Veronese.

★
Ponte di Tiberio,
Borgo S. Giuliano

Museo della Città   In der Via Tonnini (Nr. 1), neben der Chiesa del Suffragio mit ihrer eigenwilligen Backsteinfassade, ist das Museo della Città beheimatet. Es birgt viele Zeugnisse – von römischen Ausgrabungsfunden über Kunstwerke vom Mittelalter bis ins 19. Jh. – aus der langen Vergangenheit Riminis. Öffnungszeiten: Di. – So. 10.30 – 12.30, 16.30 bis 19.30, So. 16.30 – 19.30 Uhr.

Museo Fellini   Von hier ist es nicht weit in die Via Oberdan, wo das Elternhaus von Federico Fellini (►Berühmte Persönlichkeiten) steht (Nr. 1). Hier ist das Fellini-Museum beheimatet.

✷
Viale Principe Amadeo   Man kommt auf unterschiedlichen Wegen vom Zentrum zum Strand (nicht zuletzt auch mit dem Bus). Für einen Spaziergang (20 Min.) bietet sich besonders der Viale Principe Amadeo an, der noch einen Eindruck vom einst so eleganten Seebad Rimini vermittelt: Die Straße wird von breiten Gehwegen und Kastanienbäumen gesäumt, links und rechts liegen großzügige Gärten mit stattlichen alten Villen, die meisten in Privatbesitz. Die **Alleenstraße** mündet in den Parco Fellini mit dem noblen Grand Hotel an der Nordseite.

▶ RIMINI ERLEBEN

AUSKUNFT

Rimini, Piazzale C. Battisti 1
Tel. 05 41 51 3 31
Fax 05 41 27 9 27
Riccione, Piazzale Ceccarini 10
Tel. 05 41 69 33 02, Fax 05 41 60 57 52
Cattolica, Via Matteotti 46
Tel. 05 41 96 33 41, Fax 05 41 96 33 44
www.riminiturismo.it

NACHTSCHWÄRMER

Die Viale Vespucci ist die Bummelmeile Riminis, tagsüber wie am Abend, mit ihren Boutiquen, Bars und Eiscafés. Aber auch im Altstadtkern tut sich abends einiges: um die Via della Pescheria haben zahlreiche Winebars aufgemacht. Auch viele Strandbäder verwandeln sich abends in Beachlokale mit DJs. Treffpunkt am Lungomare ist z. B. die schillernde Streetbar Coconuts (Via Lungomare Tintori 5). Immer noch gibt es eine ganze Reihe der legendären Diskotheken, deren Glamour die Riviera berühmt gemacht haben, wie oberhalb von Riccione das Prince (Via Trebaci 49) und Cocorico (Viale Chieti 44, www.cocorico.it) oder Peter Pan (Viale Scacciano 161, www.peterpanclub.net) oberhalb von Misano Marittima. In Juli und August verbinden die Nachtbusse der Blue Line Night die Dutzenden von Lokalen bis in die Morgenstunden.

ESSEN

Um Fisch zu essen, sollte man an den Hafenkanal von Rimini bzw. ins alte Viertel San Giuliano gehen.

▶ Fein & teuer

① *Guido*
Lungomare Spadazzi 12
OT Miramare, am Strand
Tel. 05 41 37 46 12
www.ristoranteguido.it, Mo. geschl.
Fischspezialitäten vom Feinsten haben diesem Restaurant den Michelinstern eingetragen. Ein Ess-Erlebnis!

Gut besucht: Die Restaurants in der Altstadt von Rimini

► Komfortabel

② *Jana*
Rimini, Viale Giusti 13
Tel. 05 41 39 06 30, Fax 05 41 39 15 90
www.hoteljana.it, 53 Z.
Ganzjährig geöffnetes, renoviertes Hotel, 200 m vom Strand entfernt, Zimmer funktional eingerichtet und mit Klimaanlage.

Adlon
Riccione, Viale G. D'Annunzio 104
Tel. 05 41 64 35 50, www.adlon.it
Ferienhotel hinter dem Strand mit eigenem Restaurant und vielen Freizeitangeboten für die Gäste, u. a. Fahrrad- und Mountainbikeverleih.

► Erschwinglich

② *Da Oberdan il Corsaro*
Rimini, Via Destra del Porto
Tel. 05 41 278 02, Mo. geschl.
Typisches Fischrestaurant am Kanal.

④ *Osteria de Börg*
Rimini, Via Forzieri 12
Tel. 05 41 560 74, Mo. geschl.
Bodenständige Küche mit frischen Pastagerichten im alten Borgo von San Giuliano. Gleich um die Ecke gibt's von denselben Betreibern die einladende Fischtrattoria *La Marianna* (Viale Tiberio 19, Tel. 05 41 225 30, Mo geschl.).

ÜBERNACHTEN

► Luxus

① *Grand Hotel*
Rimini
Parco Federico Fellini
Tel. 05 41 560 00, Fax 05 41 568 66
www.grandhotelrimini.com, 165 Z.
Ein Traditionshotel wie aus dem Bilderbuch, 1908 direkt hinter der Strandpromenade erbaut und mittlerweile um einen Vier-Sterne-Trakt erweitert, mit einem parkähnlichen Garten und pompöser Jugendstilarchitektur. Viele berühmte Gäste, darunter auch Federico Fellini. Breites Angebot an Sportmöglichkeiten (u. a. Tennisplätze auf dem Hotelgelände).

Baedeker-Empfehlung

► Erschwinglich

③ *La Sangiovese*
Santarcangelo di Romagna
Piazza Balacchi 14
Tel. 05 41 62 07 10
Osteria, Weinhandlung und Spezialitätenladen. Federico Fellini, der aus Rimini gebürtige Starregisseur, zeichnete das eigenwillige Firmenschild, sein kongenialer Freund und Mitarbeiter, der aus Santarcangelo gebürtige Tonino Guerra – Illustrator, Schriftsteller und Drehbuchautor – hatte bei der Gestaltung der Räumlichkeiten mitgewirkt. Nur abends geöffnet.

► Günstig

③ *Villa Lalla*
Rimini, Viale Vittorio Vento 22
Tel. 05 41 551 55, Fax 05 41 235 70
www.villalalla.com, 35 Z.
Charmantes Hotel in einer restaurierten Villa in einer typischen Gartenstraße von Rimini.

Seebad

Hinter der Bahnlinie beginnt das Seebad Rimini, das auch wiederum **sehr unterschiedliche Facetten** aufweist. Die vornehmsten und teuersten Hotels liegen natürlich in der ersten Reihe zwischen Piazza Parco Fellini und Piazza Tripoli, die Mehrzahl der Drei-Sterne-Häuser dann hinter dem Viale Vespucci, wo sich Restaurants, Geschäfte, Spielhallen, Nachtklubs und Diskotheken aneinanderreihen. Je näher man der Bahnlinie kommt, umso grüner wird es. Wer keinen Wert auf absolute Nähe zum Strand legt, kann in der »Gartenstadt« von Rimini ruhig und günstig wohnen.

✹ ✹

Strände und Freizeitmöglichkeiten

Am Strand von Rimini ist nichts, aber auch gar nichts dem Zufall überlassen. Der kilometerlange, sehr gepflegte Sandstreifen ist bis auf ein kleines Stück zwischen Delfinario (s. u.) und Hafen fest in der Hand der **Bagni**, die mit allem ausgestattet sind, was man am Strand brauchen könnte: natürlich endlose Reihen von Liegestühlen und Sonnenschirmen, Bootsverleih, Imbissstände, Cafés, Kinderspielplätze, Toiletten, Duschen, Sandplätze für Ballspiele, Tennisplätze, ein Minigolfplatz (am Lungomare Tintori), Rollerskatebahnen (am Lungomare Tintori und am Lungomare Muri) und natürlich viele Möglichkeiten für den Wassersport. Die gut sichtbare Nummerierung der Badeanstalten am Lungomare erleichtert die Orientierung. Kuranwendungen und Schönheitspflege gibt es im Institut für Thalassotherapie im südlichen Ortsteil Miramare, direkt am Strand (www.riminiterme. com). Ein 18-Loch-Golfplatz befindet sich etwa 15 km außerhalb der Stadt, in Villa Verucchio (an der Straße nach Verucchio).

In und um Rimini sorgen einige Vergnügungsparks für die Unterhaltung der Badegäste. Im **Delfinario** (Lungomare Tintori 2) kann man Delphinen bei ihren Tauch- und Schwimmkünsten zusehen. www.delfinariorimini.it
Mit über 270 Sehenswürdigkeiten aus Italien und Europa im Maßstab 1 : 25 oder 1 : 50, wie zum Beispiel dem Petersplatz von Rom und Schloss Neuschwanstein sowie mit unterschiedlichen Karussells wirbt **Italia in Miniatura**. Zu den Attraktionen gehört auch eine Bootsfahrt urch eine Minireplik von Venedig. Der in Stiefelform angelegte Vergnügungspark liegt an der SS 16 beim Stadtteil Viserba, 8 km nordwestlich von Rimini. Öffnungszeiten: tgl. 9.00 / 9.30 bis 19.00 / 20.00 / 23.00 Uhr. www.italia ministura.com

Willkommen in den Bagni!

Speziell an die kleinen Gäste gerichtet ist der **Fiabilandia-Park**, in dem u. a. der Grand Canyon oder das Schloss des Zauberers Merlin nachgebaut wurden. Er liegt im Ortsteil Rivazzurra, ebenfalls an der SS 16. Öffnungszeiten: tgl. 10.00 – 24.00 Uhr; www.fiabilandia.net. ☉

Riccione und Umgebung

Würde es keine Ortsschilder geben, man würde vermutlich nicht merken, wo Rimini aufhört und Riccione anfängt. Riccione, eine Kleinstadt mit 34 000 Einwohnern, ist der erste Badeort, den man auf der Fahrt nach Süden, 8 km von Riminis Zentrum entfernt, erreicht. Das rund 100 Jahre alte Seebad ging aus einem Fischerdorf hervor und machte schnell Karriere als elegante Alternative zum benachbarten Rimini. Heute manifestiert sich dies vor allem in den vielen alten Gärten und schönen Alleenstraßen, die den gepflegten Ort so angenehm machen. So manche stattliche alte Ferienresidenz hat sich auch erhalten, so beispielsweise im Viale Milano die Villa Antolini, die in den 1920er-Jahren erbaut wurde. Abends ist nicht der Strand, sondern die Fußgängerzone **Viale Ceccarini** mit ihren Geschäften und Restaurants der Mittelpunkt der Badestadt. Ähnlich wie am Viale Vespucci in Rimini geht man hier einkaufen, essen und bummeln – mit dem Unterschied, dass man nicht mit Schnäppchen, sondern eher mit Hochpreisigem rechnen muss.

★ **Elegantes Seebad**

! *Baedeker* TIPP

Wo steppt der Bär?
Auf der Suche nach Diskotheken und Nachtklubs? Schauen Sie mal auf die Webseite www.adriabeach.net.

Das riesige Unterhaltungs- und Verpflegungsangebot am knapp 8 km langen Strand entspricht in etwa dem in Rimini. Gleich hinter dem Strand kann man im vielbesuchten Delphinarium (Lungomare della Repubblica 9) diese netten Tiere beobachten. Vergnügungen rund ums Wasser, u. a. ein türkisches Bad, bietet das **Beach Village** (Viale D'Annunzio 150) nördlich des Zentrums.
Im **Wasservergnügungspark Aquafan** (Via Ascoli Piceno 6) überwiegt tagsüber der Badespaß – so zum Beispiel mit Wasserrutschen von rund 3 km Länge. Ab Mitternacht wird der Park während der Saison zur Diskothek, wo man bis in die Morgenstunden abtanzen kann. Öffnungszeiten des Bades: tgl. 10.00 – 18.30 Uhr; Internet: ☉ www.aquafan.it.
Eine neue Art Naturerlebnispark vermittelt der **Parco Oltremare** vor den Toren Ricciones. Öffnungszeiten: tgl. 10.00 – 18.30 Uhr; Internet: ☉ www.oltremare.org.

★ **Strand und Freizeit**

Wer etwas für seine Gesundheit tun möchte, hat dank der Thermalquellen in Riccione Gelegenheit dazu. Das Wasser wird für verschiedene Kuranwendungen genutzt (Via Torino 4).

Riccione Terme

Misano Adriatico, Porto Verde

4 km hinter Riccione passiert man das kleine, noch verhältnismäßig ruhige Thermal- und Seebad Misano Adriatico. Zwischen Riccione und Cattolica liegt das Feriendorf Porto Verde, das um einen großen Seglerhafen angelegt wurde.

Cattolica

✸

Fischerort und Traditionsbad

Das Conca-Flüsschen ist die Grenze zum Nachbarseebad Cattolica (16 000 Einwohner), das über eine große Fischfangflotte verfügt und wie Rimini bereits um die Mitte des 19. Jh.s als Badeort entdeckt wurde. Heute hat man in Cattolica die Wahl zwischen rund 400 Hotels und Pensionen. Dass sich diese beiden Wirtschaftszweige nicht ausschließen müssen, beweist der Hafen: Wo tagsüber Fische und Meeresfrüchte verladen werden, lädt die stimmungsvolle Beleuchtung abends zum Flanieren ein.

Glücklicherweise hat sich Cattolica nicht auf seiner langen Tradition als Badeort ausgeruht, sondern durch Verkehrsberuhigung, liebevoll angelegte Plätze und **Fußgängerzonen** sowie den ständigen Ausbau des Strandbereichs sich ein modernes »Outfit« zugelegt. Im nördlichen Teil des Ortes trennt nur ein Fußweg den 3 km langen Strand und die dahinterliegende Hotelzeile, während zwischen Hafen und dem zentralen Piazzale Primo Maggio mit seinen hübschen Wasserspielen und Sitzplätzen unter Lauben eine Strandpromenade angelegt wurde. Nicht nur Rimini und Riccione, auch Cattolica besitzt ein **Delfinarium** (Delfinario; Lungomare Tintori 2), in dem von April bis September täglich Shows gezeigt werden. www.delfinario.rimini.it.

In einem modernen Bau untergebracht ist das **Centro Culturale Polivalente** an der Piazza della Repubblica. Anhand von Ausgrabungsfunden wird hier die lange Besiedlungsgeschichte Cattolicas dokumentiert, die bis in römische Zeit zurückreicht.

✸

Acquario di Cattolica

🕑

Von Riccione über Porto Verde kommend, wird man am Ortseingang sogleich mit einer Attraktion des Seebades bekannt gemacht, dem Acquario di Cattolica. Er ist ein mit modernsten Mitteln eingerichteter Themenpark über das Meer und heute das größte und artenreichste Aquarium an der Adriaküste. Öffnungszeiten: Apr. bis Mitte Juni tgl. 9.30 – 16.30, Mitte Juni – Anfang Sept. 10.00 – 21.30; Internet: www.acquariodicattolica.it.

Umgebungsziele

✸

Santarcangelo di Romagna

Nach 10 km auf der SS 9 Richtung Cesena ist Santarcangelo di Romagna erreicht, ein mittelalterliches Städtchen mit einer Burg der Familie Malatesta, die allerdings nur für Gruppen von mind. 25 Personen nach Voranmeldung zu besichtigen ist. Für Besucher zugänglich und sehr interessant sind die **Tuffsteingrotten**, die frühere Be-

Ohne Badehäuschen geht gar nichts an den Stränden von Rimini. →

wohner des Ortes in den Hang gegraben haben. Hinschauen heißt es im Juli, wenn junge Schauspieler beim Theaterfestival »Santarcangelo dei Teatri« Kostproben ihrer Schauspielkunst geben.

✳ Verucchio

Auf dem Weg nach Verucchio, das auf der anderen Seite des Marecchia-Tals liegt, kommt man an der Pieve San Michele vorbei (1 km außerhalb von Santarcangelo), einer besonders hübschen romanischen Landkirche. Die Hügel, auf denen heute das malerische Städtchen Verucchio sitzt, sind ein sehr altes Siedlungsgebiet und eines der Zentren der so genannten Villanovakultur (9. – 6. Jh. v. Chr.).

Materialreich dokumentiert ist diese Kultur im **Museo Archeologico**, wo u. a. auch die bedeutenden Funde aus den Nekropolen um Verucchio gezeigt werden. Das Museum befindet sich im Konvent des ehemaligen Klosters Sant' Agostino. Auch die stolze spätmittelalterliche **Burg** oberhalb von Verucchio (Rocca del Sasso), einst Sitz der Familie **Malatesta**, kann besichtigt werden. Fantastische Aussicht!

> **❗ Baedeker TIPP**
>
> **Stoffe**
>
> Eine lange Tradition hat die Stoffdruckerei Marchi in Santarcangelo (Via C. Battisti 15, Öffnungszeiten: 9.00 – 12.00 und 16.00 – 19.30 Uhr). Man kann einen Blick in die Druckereiwerkstatt werfen und mitgebrachte Stoffe mit den typischen Motiven bedrucken lassen. Ebenfalls im Angebot: schönes Kunsthandwerk.

Montefiore Conca

Noch ein Städtchen mit einer Malatesta-Burg erwartet den Besucher 20 km südlich von Rimini. Das Santuario di Bonora machte Montefiore Conca zu einem Wallfahrtsort. Beeindruckend: Das Gemälde »Madonna della Misericordia« in der Chiesa di S. Paolo.

✴ ✴ Riviera del Conero

R 16

Region: Marken

Südlich von Ancona schiebt sich der 572 m hohe Monte Conero in die flache Küstenlandschaft der italienischen Adria. Seine weiß leuchtenden Felsen, zwischen denen Buchten zum Baden einladen, verleihen der Riviera del Conero ihre besondere Attraktivität.

Weinbauregion

Nach Westen gehen die Hänge des Monte Conero über in ein Hügelland mit Äckern, Obstbaumwiesen und Weingärten, in denen die Trauben für den Rosso Conero reifen. Die **Strada del Rosso Conero** führt durch die Anbauregion. Obwohl touristisch gut erschlossen, ist die Conero-Küste und ihr Hinterland immer noch eine **erholsame Landschaft mit guten Bade- und Wandermöglichkeiten**. Seinen Namen verdankt der Conero dem griechischen Wort »kómaros« für den hier wachsenden Erdbeerbaum.

Reiseziele an der Riviera del Conero

Man nimmt von Ancona aus die Küstenstraße nach Süden. Noch be-
vor man Poggio erreicht, geht es ab zu dem winzigen Ort Portonovo.   **Portonovo**
Die bewaldete Steilküste bildet hier eine herrliche Kulisse für die beiden Buchten, an denen sich der Badebetrieb etabliert hat. Wegen des
Kiesstrandes ist das Meerwasser wunderbar klar und meist blaugrün
gefärbt. Die Windverhältnisse sind hier für **Segeln und Surfen** günstig; Boots- und Surfbrettverleih sowie Surfschule gibt es am Strand.
Direkt dahinter kann man campen oder im Hotel im ehemaligen na-
poleonischen Fort, der Fortezza Napoleonica, wohnen.
Den gedrungenen Wehrturm, **Torre di Portonovo**, errichtete Papst
Clemens XI. im Jahr 1716. Doch Portonovo überrascht auch mit einem kunsthistorischen Juwel: Oberhalb des Strandes steht die **Kirche
Santa Maria di Portonovo**, eines der schönsten Beispiele für den romanischen Kirchenbau an der Adria. Die Bauherren der um 1050
fertiggestellten Kirche waren Benediktinermönche.

Die Straße nach Süden durchquert das herrliche Naturschutzgebiet
des Monte Conero (Parco Regionale del Conero). Trotz der Nähe   **Monte Conero**
zur Küste und zu Ancona mutet der Landstrich noch sehr abgeschie-

▶ RIVIERA DEL CONERO ERLEBEN

AUSKUNFT

www.conero.it

Sirolo
Piazza Vittorio Veneto 59
Tel. 071 933 06 11
IAT Numana
Via Flaminia / Via Avellaneda
Tel. 071 933 06 12
www.turismonumana.it

ESSEN

▶ **Erschwinglich**
Locanda Rocco
Sirolo
Via Torrione 1
Tel. 07 19 33 05 58
www.locandarocco.it, 7 Z.
Wie viele Restaurants am Conero ist
auch dieses zauberhafte Speiselokal
mit hübschen Zimmern nur von
Ostern bis Oktober geöffnet.

ÜBERNACHTEN

▶ **Luxus**
Monteconero
Badia di San Pietro, Sirolo
Via Monte Conero 26
Tel. 07 19 33 05 92
Fax 07 19 33 03 65
www.hotelmonteconero.it
Eine alte Abtei in traumhafter Lage
auf dem Monte Conero wurde zum
Hotel umgebaut. Für Ruhe Suchende
genau die richtige Adresse!

▶ **Komfortabel**
Giardino
Numana, Via Circonvallazione 19
Tel. / Fax 07 19 33 10 81
www.hotelgiardino.com, 48 Z.
Sehr gepflegtes und ruhig im oberen
Ortsteil von Numana gelegenes Hotel.
Der herrliche Garten mit Pool ist eine
echte Alternative zum Strand.

den und idyllisch an. Kleine Gehöfte verstecken sich zwischen Obstplantagen, Wiesen und Feldern. Etwa 8 km südlich von Portonovo kann man auf schmaler, kurvenreicher Straße zum Gipfel des Monte Conero hinauffahren. Pinien, Ginsterbüsche, Oliven- und Jasminbäume verbreiten im Frühjahr und Sommer einen wunderbaren Duft, doch die Fahrt lohnt sich auch wegen der schönen Ausblicke auf die grüne Hügellandschaft und die Küste. Unterhalb vom Gipfel des Monte Conero liegt die um 1050 erbaute Badia San Pietro, deren Konvent heute als Hotel genutzt wird.

✶
Sirolo

Sirolo ist der Vorzeigeort dieses Küstenabschnitts – die stattliche Anzahl der Unterkünfte, Straßencafés und Souvenirläden und die gehobenen Preise sind dafür ein untrügliches Zeichen. Das Schönste an Sirolo ist seine Lage hoch oben in aussichtsreicher Position. Von der Terrasse am Hauptplatz bietet sich ein **fantastischer Blick auf die Steilküste**, Sitzbänke unter Bäumen laden dazu ein, den Anblick in Ruhe zu genießen. Der alte Ortskern, der sich aus einer mittelalterlichen Burg entwickelte und von einer gut erhaltenen Stadtmauer umschlossen wird, ist dagegen schnell erkundet.

Numana

Unterhalb von Sirolo und mit diesem so gut wie zusammengewachsen, liegt Numana, das schon von den Picentern besiedelt war. Von seiner Vergangenheit als Handelsstadt ist nicht mehr viel zu erkennen. Im **Santuario del Crocifisso**, einem modernen Nachbau, wird das bedeutendste Kunstwerk des Ortes ausgestellt: ein bemaltes Holzkreuz aus dem 13. oder 14. Jahrhundert. Am Meer wurden um 1900 die ersten Ferienvillen gebaut, heute gibt es hier einen kleinen Jachthafen und einen Strand. Wer vor allem ruhig wohnen möchte, sollte sich ein Hotel im oberen Teil des Ortes suchen.

✶ San Benedetto del Tronto

T 20

Region: Marken   **Einwohnerzahl:** 45 000

Mit mehr als 7000 Palmen, hin und wieder unterbrochen von wohlriechenden Oleanderbüschen, mit stilvollen alten Villen, 5 km Sandstrand und einem tropikalen Flair gehört San Benedetto del Tronto zu den elegantesten Badeorten in den Marken. Wegen ihres Jachthafens wird die Stadt auch von Seglern gerne angesteuert.

Sehenswertes in San Benedetto del Tronto

Stadtbild

Die Stadt teilt sich in zwei Zentren: in den oberen, älteren Stadtteil mit dem Gualtieri-Turm aus dem 14. Jh. und einer Burg, die den Be-

← *Steilküste mit kleinen Sandstränden: Riviera del Monte Conero*

sucher ins Mittelalter zurückversetzt, und in das neuere und größere Stadtzentrum am Meer, dessen Gesicht von Jugendstilvillen und Luxushotels geprägt ist. Einkaufen und bummeln kann man in der Fußgängerzone Viale Secondo Moretti oder an der wunderschönen, palmengesäumten **Strandpromenade**. Zwischen typisch italienischen Eisdielen, Restaurants und Bars finden sich auch kleine Händler, die Andenken und Handarbeiten aus den Marken verkaufen. Begleitet wird der Fußgängerweg von einer 5 km langen Fahrbahn für Räder und Inlineskater. Für letztere gibt es auch eine Skatebahn an der Viale delle Tamerici.

Fischereihafen San Benedetto del Tronto ist das größte Fischereizentrum an der Adria und besitzt einen der wichtigsten Fischereihäfen an der Adriaküste. Wer früh genug aufsteht, kann von Dienstag bis Freitag in den Fischerhallen, an der Mole, den Versteigerungen zuschauen.

Museo Ittico In demselben Gebäude wie der Fischmarkt, in der Viale Colombo 92 (am Fischereihafen), befindet sich auch das **Fischmuseum** mit fast 6000 farbenprächtigen Meeresbewohnern aus allen Weltmeeren. Das Ballett der Seepferdchen und die Schönheit der türkisfarbenen Drachenfische sind nur einige der Attraktionen. Öffnungszeiten: Di. – Sa. 9.00 – 13.00, Juli / Aug. Di. – So. 18.00 – 24.00 Uhr.

Museo delle Anfore Eine weitere sehenswerte Einrichtung ist das **Museum der Meereskulturen** (Viale de Gasperi), in dem archäologische Fundstücke und römische **Amphoren**, die aus dem Meer geborgen wurden, gezeigt werden. Viele Amphoren sind aus der Sammlung des Gynäkologen Giovanni Perotti, der von den Fischersfrauen als Dankgeschenk für jede Geburt eine Amphore erhielt. Das Prunkstück der Sammlung ist eine 3000 Jahre alte kanaanaische Amphore. Öffnungszeiten: Di. – Sa. 9.00 – 13.00, Juli / Aug. Di. – So. 18.00 – 24.00 Uhr.

Grottammare

Seebad Etwa 4 km weiter in Richtung Norden erreicht man Grottammare, das dem größeren San Benedetto del Tronto in nichts nachsteht. Palmen, Pinien, Blumen und gepflegte Anlagen begleiten die Tag und Nacht belebte Fußgängerpromenade und bieten einen schönen Rahmen für die herrlichen Villen, die modernen Hotelanlagen und die Badeanstalten am 5 km langen Sandstrand. Bummeln kann man in der Fußgängerzone des Corso Mazzini hinter der Bahnlinie.

Altstadt Ohne Zweifel ist das alte Grottammare eine der eindrucksvollsten Entdeckungen unter den Hügeldörfern an der Adria. Der malerische Ortskern mit den engen Gassen, rustikalen Häusern, kleinen Terrassengärten, auf denen prächtige Orangenbäume gedeihen, wurde in den letzten Jahren zu einem Schmuckstück herausgeputzt. Unvergleichlich ist ein Abend auf der stimmungsvollen **Piazza Peretti**, dem

⏵ SAN BENEDETTO DEL TRONTO ERLEBEN

AUSKUNFT

Via Cristoforo Colombo 5
Tel. 07 35 78 11 79
Fax 07 35 57 32 11
iat.sbenedetto@provincia.ap.it

ESSEN

► Fein & teuer / Erschwinglich

Borgo Antico
Grottammare, Via Santa Lucia 1
Tel. 07 35 63 43 57, Di. geschl.
Versteckt in einer schmalen Seitengasse, aber nur wenige Meter von der
zentralen Piazza Peretti entfernt, liegt
dieses Restaurant. Feines Ambiente in
altem Gemäuer, eine experimentier-
freudige Küche und hervorragende
Weine machen das Essen hier zu
einem rundum erfreulichen Erlebnis.
Wunderschöne Sommerterrasse.

Osteria dell' Arancio
Grottammare, Piazza Peretti
Tel. 07 35 63 10 59, Mi. geschl.
Abseits des Tumults an der Küste, im
hübschen alten Ortsteil von Grottammare, werden in diesem etwas
nostalgisch anmutenden Restaurant
ausgefallene Köstlichkeiten der italienischen Küche aufgetischt.

► Erschwinglich / Preiswert

Molo Sud
Via Tamerici
Tel. 07 35 58 73 25, Mo. geschl.
Direkt an der Hafenmole ist dieses
einfache Fischlokal zu Hause. Probie-
ren Sie die Fischsuppe (brodetto)! Am
Wochenende unbedingt reservieren.

ÜBERNACHTEN

► Luxus

Grand Hotel Excelsior
Lungomare Rinascimento 137
Tel. 07 35 75 32 46, Fax 07 35 65 53 10
www.grandhotelexcelsior.com, 126 Z.
Geschmackvolles Haus mit zwei
Schwimmbädern im Park und
Privatstrand.

► Komfortabel

Sunrise
Via S. Giacomo 25
Tel. 07 35 65 73 47, Fax 07 35 65 91 33
www.hotelsunrise.it, 46 Z.
Eines der wenigen Hotels direkt am
Strand. Fast alle Zimmer haben einen
Balkon zur Meerseite.

Rivadoro
Martinsicuro, Via Riva d' Oro
Tel. 08 61 76 12 58, Fax 08 617617 68
www.rivadoro.it, 40 Z.
Gepflegtes, ruhiges Haus im mediterranen Stil mit eigenem Strand an
einem unverbauten Küstenabschnitt.

► Günstig

Agriturismo Castrum
Castorano, Contrada Galco 3
Tel. 07 36 872 43
www.agriturismocastrum.it, 10 Z.
18 km landeinwärts in den sanften
Hügeln Richtung Ascoli Piceno gelegen; hübsche Zimmer, die auch als
Ferienwohnung gemietet werden
können; dazu ein schöner Pool.

winzigen Hauptplatz von Grottammare – am besten bei einem guten Essen in der Osteria dell' Arancio oder bei einem Glas Wein in der gemütlichen Bar Fleurie. Von der Loggia des Teatro dell' Arancio genießt man einen herrlichen Blick auf das Seebad und das Meer. Noch beeindruckender – vor allem in den späten Nachmittagsstunden – ist der Blick oben von der mächtigen **Burgruine** (14. Jh.) auf der Spitze des Hügels. Die große Kuppel, die man im Panorama des Borgo wahrnimmt, gehört zur **Kirche Santa Lucia** (Via C. Peretti), die 1597 in Erinnerung an den berühmtesten Sohn der Stadt, Papst Sixtus V., erbaut wurde.

S. Martino Die romanische Kirche San Martino, etwa 1 km südwestlich von Grottammare, wurde vermutlich über einem römischen, der Göttin Cupra geweihten Tempel errichtet. In der Nähe sind auch die Reste einer **römischen Zisterne** (»Bagno della Regina«) zu sehen.

Cupra Marittima

✱
Badeort Weitere 4 km nördlich liegt Cupra Marittima. Dank des milden Klimas und der landschaftlichen Schönheit übt hier der Küstenstreifen mit seinem 2 km langen Sandstrand, der selten überfüllt ist, einen besonderen Zauber aus. Die Vegetation ist in Cupra Marittima ähnlich üppig wie in den benachbarten Badeorten: Palmen, Pinien und Oleanderbäume, die überall einen angenehmen Duft verströmen und ein südländisches Flair verbreiten.

Altstadt Das alte Cupra Marittima, Cupra Alta, liegt auf einem Hügel oberhalb des Seebades und kann auf eine lange Geschichte zurückblicken. Die Überreste einer Nekropole aus dem 7./6. Jh. v. Chr. und die mittelalterliche Burg von Marano sind Zeugen der langen Vergangenheit, die auch im **Museo Archeologico del Territorio** (Archäologisches Museum des Territoriums) nachvollziehbar wird. Öffnungszeiten: nur im Sommer nachmittags.

Die malerische mittelalterliche Altstadt, in der zurzeit viele Häuser renoviert werden und zum Verkauf stehen, breitet sich hinter einer alten Ringmauer mit imposanten Türmen aus, die im 15. Jahrhundert errichtet wurden. In der **Kirche S. Basso** gibt es eine Besonderheit: Dort kann man einen prächtigen Bischofsstab aus dem 13. Jahrhundert bewundern.

> **!** *Baedeker* TIPP
>
> **Schätze aus dem Meer**
>
> Museo Malacologico – das klingt nach verstaubten Vitrinen und langweiliger Materie. Weit gefehlt! Knapp 1 km nördlich außerhalb von Cupra Marittima, in einer riesigen Industriehalle, erwartet Sie das größte Muschelmuseum der Welt! Rund 750 000 Muscheln, darunter die schönsten, seltensten und verrücktesten Exemplare aus aller Herren Länder, wurden hier zusammengetragen. Öffnungszeiten: Apr., Mai, Sept. Di., Do., Sa., So. 15.30 – 19.30, Juni tgl. 16.00 – 20.00, Juli/Aug. tgl. 16.00 – 22.30 Uhr.

Alte Häuser mit rötlichem Ziegelmauerwerk sind typisch für den oberen Ortsteil von Grottammare.

Hinterland

Acquaviva Picena

Das Hinterland von San Benedetto del Tronto ist unbedingt einen Ausflug wert. Durch das Weinanbaugebiet des Vino Rosso Piceno führt die Straße zunächst in das Städtchen Acquaviva Picena, das mit seinen Wehrmauern einen mittelalterlichen Eindruck macht.

✱ **Offida**

Weiter geht es von Acquaviva Picena auf der Strada del Rosso Piceno in das 22 km entfernte Offida. Das aus rotem Ziegelstein auf einem Felsen aus Tuff errichtete Städtchen ist bekannt für seine **Spitzenklöppelei**, die hier eine jahrhundertealte Tradition hat. An der dreieckigen Piazza del Popolo steht gegenüber der Neuen Kollegiatskirche das bedeutendste Bauwerk des Städtchens, der zinnenbekränzte ►Palazzo Comunale mit weiten Arkaden im Erdgeschoss und einer Renaissanceloggia darüber. Der Uhrturm, der das Gebäude überragt und ursprünglich als Kerker genutzt wurde, stammt aus dem 14. Jahrhundert. Im 19. Jh. wurde in den Innenhof des Palazzo ein kleines Theater eingebaut. Im ehemaligen Kloster S. Francesco, heute Enoteca, kann man den Rosso Piceno probieren. Ebenfalls sehenswert ist die wehrhafte **Doppelkirche Santa Maria della Rocca**, u. a. wegen ihrer Fresken aus dem 14. / 15. Jahrhundert.

Ripatransone

Für den Rückweg nach San Benedetto del Tronto empfiehlt sich die Fahrt über Ripatransone, das etwa 10 km nordöstlich von Offida in den Hügeln liegt. Neben den alten Palazzi, einem Museum mit Funden zur Kultur der Picenter (Piazza XX Settembre) und einem hübschen kleinen Theater aus dem 19. Jh. gilt eine nur **43 cm breite Gasse** als besondere Attraktion des Städtchens.

Montefiore dell'Aso

Für Kunstfreunde sind die 10 km ins nördlich von Ripatransone gelegene Montefiore dell'Aso nicht zu weit, denn hier, in der Kirche Santa Lucia, wird schließlich ein **Schlüsselwerk des Malers Carlo Crivelli** (▶Baedeker Special S. 133) aufbewahrt.

＊＊ San Marino

K 14

Republik San Marino   **Einwohnerzahl:** 28 000

San Marino ist nicht nur die kleinste, sondern auch die älteste Republik der Welt. Sie liegt an den Hängen des burgengekrönten, 745 m hohen Monte Titano am Ostrand des Apennins und besteht aus der gleichnamigen Hauptstadt sowie acht Dörfern.

Kleinststaat, benannt nach einem Steinmetz

Nach der Legende wurde San Marino im 4. Jh. von verfolgten Christen aus Dalmatien, darunter auch einem Steinmetzen namens Marinus, gegründet. Haupteinnahmequellen des »Zwergstaates« sind **eigene Briefmarken und Münzen**, Kunsthandwerk, etwas Landwirtschaft sowie der Tourismus. Von Rimini erreicht man San Marino auf der SS 72 und weiter auf einer kurvigen, steilen Straße. Unterhalb der Stadtmauern liegen einige Parkplätze, von dort geht es zu Fuß oder mit der Seilbahn (Funivia) in die Stadt hinauf. Schon wegen des schönen Ausblicks ist die Fahrt mit der Funivia eine empfehlenswerte Alternative.

? WUSSTEN SIE SCHON …?

■ … dass die 1263 verabschiedete Verfassung von San Marino bis heute nur unwesentlich verändert wurde? Damals wie heute liegt die gesetzgebende Gewalt des Mini-Staates bei den 60 Mitgliedern des Großen Rats, die ausübende Gewalt bei den zehn Mitgliedern des Congreso di Stato und den beiden Capitani Reggenti, die alle sechs Monate gewählt werden. Eine Ergänzung des 15. Jh.s ist der Rat der Zwölf, die höchste Instanz der Gerichtsbarkeit.

Sehenswertes in San Marino

Man betritt die von einem Mauerring umschlossene Altstadt meist durch die Porta San Francesco aus dem 15. Jahrhundert. Beherrschender Bau ist die 1361 von den Maestri Comacini erbaute **Kirche San Francesco**, die heute die **Pinakothek** mit Gemälden des 13. bis 18. Jh.s beherbergt. Nordwestlich der Kirche erinnert ein Gedenkstein daran, dass San Marino im Jahr 1849 Garibaldi und mehr als 2000 seiner Anhänger Zuflucht bot.

Piazza della Libertà

Die Piazza della Libertà, der Hauptplatz der Stadt mit einer Freiheitsstatue von Stefano Galletti (1876), erstreckt sich etwas oberhalb. An ihrer Nordwestseite steht der 1894 im neugotischen Stil errichtete Palazzo del Governo, auch Pubblico genannt. Von der Piazza sowie vom Dach des Palastes bietet sich eine **herrliche Aussicht**. Folgt man nun der Contrada del Pianello, gelangt man zum so genannten Canton, von dem man einen wunderbaren Ausblick hat. Rechter Hand befindet sich die Endstation der Funivia, links hinunter geht es zur Cava dei Balestrieri, dem Festplatz, auf dem sanmarinesische Armbrustschützen während der Hochsaison ihr Können vorführen. In der neoklassizistischen **Basilica di S. Marino** (1836) werden die Gebeine des hl. Marinus aufbewahrt. Rechts daneben steht die Kapelle San Pietro, die nach der Legende die Felsenbetten des hl. Marinus und seines Gefährten Leo enthält.

Der Treppenweg Salita alla Rocca führt zu den **alten Festungen** hinauf, die die drei Gipfel des Monte Titano bekrönen und durch einen Wehrgang verbunden sind: die Rocca Guaita aus dem 11. Jh., die

Rocce

▶ SAN MARINO ERLEBEN

San Leo zu erobern, dürfte kein Kinderspiel gewesen sein, denn das bezaubernde Burgstädtchen thront in atemberaubender Lage auf einem Felsen.

Rocca Cesta (13. Jh.), auch Fratta genannt, (sie beherbergt ein Museum mit historischen Waffen) und schließlich die Rocca Montale, die 1935 rekonstruiert wurde.

Museen In San Marino gibt es neben den historischen Sehenswürdigkeiten auch eine Reihe von kleinen privaten Museen wie zum Beispiel das Museo delle Cere (Wachsmuseum) in der Via Lapicidi Marini 17, das Museo delle Curiosità (Kuriositätenmuseum) an der Salita alla Rocca und das Reptilienhaus und Aquarium in der Via Paolo III.

✳ San Leo

Burgstädtchen in kühner Lage Der Besuch von San Marino lässt sich gut kombinieren mit einer Fahrt nach San Leo, das etwa 20 km südwestlich von San Marino im bergigen Hinterland liegt. Unter der Adelsfamilie **Montefeltro**, den Grafen und späteren Herzögen von Urbino, erlebte San Leo seine Blütezeit, die im 17. Jh. mit dem Aussterben der Montefeltro und der Zugehörigkeit zum Kirchenstaat endete. Etwa 10 km hinter der Ortschaft Villa Nuova ragt plötzlich ein steil abfallender Felsen aus der Hügellandschaft, auf dessen Gipfel die Burg und etwas weiter unten die dicht gedrängten Häuser von San Leo versammelt sind.

Sehenswertes Zur **Burg Rocca di San Leo** auf dem höchsten Punkt des Städtchens sollte man unbedingt hinaufsteigen – allein schon wegen des herrlichen Ausblicks. Bei gutem Wetter reicht die Sicht bis zur Adriaküste. In der Festung, die aus dem 15. Jh. stammt, wurde ein kleines Museum eingerichtet. Zu der Zeit, als San Leo dem Kirchenstaat gehörte, nutzte man die Rocca, da sie keine Verteidigungsfunktion mehr hatte, als Gefängnis. Nach siebenjähriger Kerkerhaft starb hinter ihren dicken Mauern **Alessandro Graf von Cagliostro**, der Abenteurer und Alchimist, den u. a. Goethe in seinem Theaterstück »Großkophta« literarisch verarbeitete.

Unten im Städtchen kann man den romanisch-gotischen **Dom** und die **Kirche delle Pieve** besichtigen, bei deren Bau im 9. Jh. antike Spolien verwendet wurden.

Senigallia

P 15

Region: Marken   **Einwohnerzahl:** 42 000

Weich wie Samt soll er sein, der 13 km lange Badestrand von Senigallia. »La spiaggia di velluto«, der Samtstrand, ist das Wahrzeichen der beliebten Badestadt, die zu den größten in den Marken gehört.

Senigallia blickt auf eine lange Geschichte zurück. Es wurde als römische Kolonie gegründet und »Sena Gallica« genannt – nach den damaligen Bewohnern, den keltischen Senonen, die sich im 4. Jh. v. Chr. hier niedergelassen hatten. Aus der Kolonie entwickelte sich eine blühende Stadt, die sich im Verlauf des 19. Jh.s als Seebad profilierte.

Keltischen Ursprungs

Sehenswertes in Senigallia

Wie in vielen Badestädten an der Adriaküste verläuft die Bahnlinie mitten durch den Ort und trennt das Zentrum, in diesem Fall die Altstadt, von der am Meer gelegenen Hotelzone hinter den Stränden Spiaggia Levante und Spiaggia Ponente. Keine Palmen, sondern Tamarisken, die der heftig wehenden Bora standhalten können, verleihen der schönen **Uferpromenade** mit ihren vielen Badeanstalten ihr spezielles Gesicht. In der zweiten Reihe findet sich noch die eine oder andere hübsche Villa aus den »Kindertagen« des Seebades. An der Piazza della Libertà ragt die Seebrücke mit der Rotonda a Mare ins Meerwasser. Etwas weiter nordwestlich liegt der Jachthafen von Senigallia, der rund 350 Boote aufnehmen kann.

✶ Strände

Im Bogen des Flusses Misa liegt die von einer Mauer umfasste, aus gelbbraunen Ziegeln erbaute Altstadt. Spektakuläre Sehenswürdigkeiten gibt es nicht, doch ein paar sympathische, verkehrsberuhigte Straßenzüge mit hübschen, kleinen Geschäften. Am nordöstlichen Altstadtrand wurde ab 1480 die trutzige **Rocca der Della Rovere** gebaut – zum Schutz vor denjenigen, die von der Seeseite her die Stadt

Altstadt

einnehmen wollten. Die Rocca kann besichtigt werden. Den Zugang zur Festung bildet eine Brücke von der Piazza del Duca. Öffnungszeiten: Di. – So. 8.30 – 19.30 Uhr.

An diesem weitläufigen Platz mit der Fontana dei Leoni (1596) steht auch, der Burg gegenüber, der **Herzogspalast** (16. Jh.). Das ungewöhnliche Bauwerk neben der Burg ist das 1831 errichtete **Foro Annonario**, ein Kolonnadenbau im Dreiviertelkreis im Stil der Revolutionsarchitektur, in dem heute Markt abgehalten wird.

Piazza Garibaldi Das Herz der Stadt schlägt zwischen der belebten Piazza Roma mit dem Palazzo Municipale und der Piazza Garibaldi mit dem Dom. Im Corso Secondo Giugno, der den Fußgängern vorbehalten ist, haben sich die meisten Geschäfte angesiedelt. Wer sich mehr für das historische Senigallia interessiert, sollte am Fluss unter den Arkaden der

▶ SENIGALLIA ERLEBEN

AUSKUNFT
Via Manni 7
Tel. 071 792 27 25
Fax 071 732 49 30
www.comune.senigallia.an.it

ESSEN

▶ Fein & teuer
Uliassi
Banchina di Levante 6
Tel. 071 654 63
Mo., Di. geschl.
Mauro Uliassis Kochkunst steht dem seines Kollegen Cedroni (s. u.) in nichts nach: Ehrenhafte Konkurrenz zwischen zwei der besten Fischköche Italiens!

La Madonnina del Pescatore
Lungomare Italia 11
Senigallia-Marzocca
(6 km südlich)
Tel. 071 69 82 67
Mo. geschl.

Moreno Cedroni ist einer der begabtesten Köche an der gesamten Adria und sein schickes Restaurant eines der besten der Region mit einer exzellenten Fischküche.

▶ Preiswert
Bano
Lungomare L. da Vinci
(gegenüber dem Strandbad 114)
Tel. 071 60 64
Aus der weiten Umgebung reisen die Einheimischen an, um bei Bano eine Piazza oder eine der vielen Fischspezialitäten zu genießen. Etwas laut ist es manchmal hier, aber dafür eben typisch italienisch!

ÜBERNACHTEN

▶ Komfortabel / Preiswert
Bice
Viale Leopardi 105
Tel. / Fax 071 652 21
www.albergobice.it, 34 Z.
Eine echte Alternative zu den Strandhotels ist das am Beginn der Fußgängerzone liegende Hotel, das nach einer Renovierung neu erstrahlt ist. Garage vorhanden.

Portici Ercolani spazieren gehen. Sie wurden im 18. Jh. für die Messe erbaut, die in Senigallia eine lange Tradition hat. Die Piazza Garibaldi am südwestlichen Altstadtrand ist leider durch die Nutzung als Parkplatz in ihrer Wirkung beeinträchtigt. Der dortige Dom (zweite Hälfte des 18. Jh.s) erhielt unter Papst Pius IX., der aus Senigallia stammte, eine neue Fassade. Das **Diözesanmuseum** im Palazzo Vescovile besitzt Gemälde u. a. von Guido Reni und Federico Barocci.

> **!** *Baedeker* TIPP
>
> **Ausflug zu Perugino**
>
> Machen Sie einen Ausflug zum Kloster Santa Maria delle Grazie 3 km westlich der Stadt. Warum? Dort gibt es ein schönes Altarbild von Perugino zu entdecken.

✶ ✶ Treviso

J 3/4

Region: Venetien   **Einwohnerzahl:** 82 000

Die Provinzhauptstadt breitet sich in einer fruchtbaren Ebene aus. Ihre Altstadt mit stimmungsvollen Plätzen und romantischen Laubengängen wird von einem Mauerring und Kanälen umschlossen, die auch die Innenstadt durchziehen.

In Treviso wird **Mode** gemacht. Replay, Benetton und Stefanel sind nur die bekanntesten hier beheimateten Hersteller. Es versteht sich von selbst, dass sie auch mit eigenen Geschäften in der Stadt vertreten sind. Vor allem an der Via Calmaggiore und in ihren Seitengassen könnte man von Treviso behaupten, es sei im Grund ein einziges Schaufenster. Auch Liebhaber origineller Geschäfte kommen in dieser Stadt auf ihre Kosten. Außer Mode und Accessoires gibt es auch Kunsthandwerk, Bücher (in besonders großer Auswahl bei Canova Zoppelli, Via Calmaggiore 31), handgemachte Marionetten und Karnevalskostüme (Mangiafuoco, Via Riccati 12), Gewürze und eingelegtes Gemüse (Bottega del Baccalà, Via Peschiera 12) oder Luxusfahrräder aus dem Haus Pinarello (Borgo Mazzini 9).

Einkaufsstadt

Sehenswertes in Treviso

Der Stadtrundgang beginnt bei der Porta San Tomaso. Das Stadttor wurde 1518 im Zuge der Erweiterung der Stadtmauern errichtet. Über dem rundbogigen mittleren Durchgang an der prächtig gestalteten Renaissancefassade aus istrischem Stein erkennt man das venezianische Wappentier, den geflügelten Löwen.

Porta S. Tomaso

An der Piazza Matteotti mit ihren zum Teil freskengeschmückten Arkadenhäusern kommt man zum Klosterkomplex Santa Caterina. In den Klostergebäuden sind seit 2007 die Musei Civici eingerichtet: die

Santa Caterina / Musei Civici

Treviso Orientierung

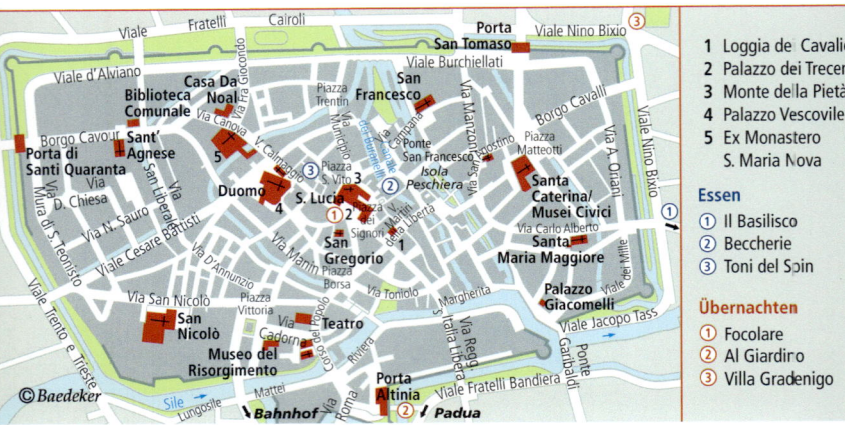

archäologischen Abteilung, eine **Gemäldesammlung** der Meister venetischer Malerei, wie Giovanni Bellini mit seinen schönen Madonnen, wie Tizian, Tiepolo und Guardi. Auch unter der Sammlung venetischer Künstler der Moderne sind Meisterwerke vertreten, etwa die Arbeiten des einheimischen Bildhauers Arturo Martini. Öffnungszeiten: Di.–So. 9.00–12.30, 14.30–18.00 Uhr
Ein Höhepunkt schließlich sind die **Fresken** in der Chiesa Santa Caterina. Gemalt wurden die Szenen aus der Ursula-Legende von Tomaso da Modena Mitte des 14. Jh.s für die Kirche Santa Margherita. Von demselben Künstler ist in der **Chiesa Santa Maria Maggiore** einige Straßenzüge weiter, im Tempietto della Madonna, ein Gnadenbild (um 1352) zu sehen.

Peschiera Romantisch wird es am Kanal Cagnan Grande mit der Isola Peschiera. Unter alten Rosskastanienbäumen wird hier jeden Vormittag ein **Fisch- und Gemüsemarkt** abgehalten.

Piazza dei Signori Durch die Via Martiri della Libertà, vorbei an der Loggia dei Cavalieri (1270), unter deren Arkaden sich im Mittelalter die adeligen Herren trafen – deshalb der Name –, kommt man hinauf in das Herz von Treviso. Den Mittelpunkt der Altstadt bildet die von mächtigen Palästen umgebene Piazza dei Signori.

Palazzo dei Trecento Kunstgeschichtlich am interessantesten ist der wuchtige, von Zinnen bekrönte Palazzo dei Trecento (um 1210), einst Sitz des Großen Rats der Stadt. Das Café unter seinen schattigen Arkaden ist heute ein beliebter Treffpunkt für die Bewohner von Treviso.
Der **Palazzo del Podestà**, im 19. Jh. leider stark restauriert, wird von der Torre del Comune, dem Stadtturm, überragt. Im **Palazzo Preto-**

rio, einem ebenfalls im 19. Jh. nachhaltig veränderten Renaissancepalast, hat die Präfektur ihren Sitz.

Die Piazza dei Signori geht in die Piazzetta Monte della Pietà über, wo der ehemalige, 1496 gegründeten Monte di Pietà (Pfandhaus) steht. Das Schmuckstück dieses Gebäudes, das man auf Anfrage besichtigen kann (Tel. 04 22 54 76 32), ist die Cappella dei Rettori mit ihrer sehenswerten Ausmalung.

Monte della Pietà

 ## TREVISO ERLEBEN

AUSKUNFT
Via Sant' Andrea 3
(Rückseite des Palazzo del Podestà)
Tel. 04 22 54 76 32
Fax 04 22 41 90 92
www.provincia.treviso.it

ESSEN
► Erschwinglich
① *Il Basilisco*
Via Bison 34
Tel. 04 22 54 18 22
Sa.mittag, So. geschl.
Supermodernes Ambiente zu feiner frischer Traditionsküche, ein Erlebnis.

② *Beccherie*
Piazza Ancilotto 9
So.abend, Mo. geschl.
Lokal mit traditioneller Küche und angenehmem Ambiente.

► Preiswert
③ *Toni del Spin*
Via Inferiore 7
Tel. 04 22 54 38 29
Mo.mittag geschl.
Gemütliche, rustikale Trattoria im Herzen von Treviso.

ÜBERNACHTEN
► Komfortabel
① *Focolare*
Piazza Ancilotto 4
Tel. / Fax 04 22 566 01

www.albergoilfocolare.net, 15 Z.
Hübsches Stadthotel in der Altstadt hinter dem Palazzo dei Trecento.

► Günstig
② *Al Giardino*
Via Sant' Antonio 300/a
Tel. / Fax 04 22 40 64 06
www.hotelgiardino.it, 30 Z.
Etwa 2 km südlich vom Stadtzentrum, mit Garten und Restaurant.

③ *B &B Villa Gradenigo*
Lancenigo, Via Liberta 71
Tel. 04 22 44 64 62
www.villagradenigo.com, 4 Z.
Gemütliche Zimmer in einer stilvollen Villa aus dem 16. Jahrhundert.

Santa Lucia Etwas unterhalb des Monte della Pietà, an der Piazza S. Vito, findet man die Kirchen Santa Lucia und San Vito. Eine Besichtigung lohnt vor allem Santa Lucia wegen der herrlichen **Fresken von Tomaso da Modena**, der in einigen Kirchen der Stadt Werke hinterlassen hat.

✴
Dom Von der Piazza dei Signori führt die von hohen, stattlichen Arkadenhäusern gesäumte **Via Calmaggiore**, die **Haupteinkaufsstraße in der Altstadt**, zum Domplatz. Der Dom San Pietro mit seinen sieben Kuppeln wurde im 15./16. Jh. an der Stelle einer romanischen Kirche errichtet. Die Fassade ist neoklassizistisch, die Krypta romanisch (11./12. Jh.). Das Altarbild, eine »Verkündigung« (1517), stammt von Tizian, die Fresken in der Capella dell' Annunziata (rechts vom Chor) sind ein Werk von Pordenone (1520). Als eigene kleine Kirche konzipiert wurde das romanische Baptisterium neben dem Dom mit schönen Fresken aus dem 13. Jahrhundert. Auf der anderen Seite wird der Dom flankiert vom Palazzo Vescovile, dem Bischofspalast.

! *Baedeker* TIPP

Radicchio
Die kulinarische Spezialität von Treviso ist der rote Radicchio, der rund um die Stadt angebaut wird. Viele kennen ihn nur als Salat, aber als Gemüse, geschmort oder gegrillt, kommt er noch besser zur Geltung. Unübertrefflich ist er allerdings im Risotto al radicchio rosso!

✴
S. Nicolò Die Dominikanerkirche S. Nicolò in der südwestlichen Altstadtecke ist ein romanisch-gotischer Backsteinbau aus dem 13./14. Jahrhundert. Tomaso da Modena hat in der Kirche eine besonders eindrucksvolle Kostprobe seines Könnens bei den Fresken hinterlassen.

Der Rückweg von S. Nicolò zum Ausgangspunkt des Rundgangs führt wieder an der Piazza dei Signori vorbei zur Piazza S. Vito und die hübsche Via Campana hinab. Man überquert den **Canale dei Buranelli**, wo man unter Arkaden des Portico dei Buranelli entlangspazieren kann. Hinter der benachbarten Brücke S. Francesco sieht man links die große Franziskanerkirche, in der ein Sohn und eine Tochter von Dante beigesetzt wurden.

Umgebung von Treviso

Roncade In Roncade (10 km südöstlich von Treviso) ließ sich um 1500 der venezianische Adelige Gerolamo eine prächtige Villa bauen. Baron Bassetti kaufte das Anwesen und begann mit dem Weinanbau. Heute nimmt der Hausherr auch Übernachtungsgäste auf.

Um sich gegen Angriffe der mächtigen Nachbarstadt Padua zu schützen, gründeten die Regenten von Treviso im 12. Jh. rund 25 km westlich Castelfranco. Heute kennt man das hübsche, von 17 m hohen Mauern umschlossene Städtchen vor allem als Geburtsort des Renaissancemalers **Giorgione**. Sein berühmtes Madonnenbild (»Madonna von Castelfranco«) kann man im Dom bewundern – neben anderen Gemälden aus der venezianischen Schule, die in der Sakristei ausgestellt werden. Auch das benachbarte Geburtshaus des Künstlers (Casa di Giorgione) steht Besuchern offen.

Castelfranco Veneto

In der Umgebung von Castelfranco gibt es einige stattliche Renaissancevillen zu besichtigen. Zu den schönsten gehört die **Villa Emo** in Fanzolo di Vedelago, 7 km nordöstlich des Städtchens, die heute als Hotel und Restaurant genutzt wird. Der berühmte **Andrea Palladio** baute sie um 1560. Die Wandbilder im Innern malte Gianbattista Zelotti. Ebenfalls unbedingt sehenswert ist die berühmte **Villa Barbaro** in Maser, 14 km nördlich von Castelfranco in der Nähe von Asolo (s. u.), die Andrea Palladio 1560 für die Brüder Barbaro erbaute. Sie gehört zusammen mit der runden Kapelle (Tempietto) zu seinen Hauptwerken. Die Räume sind mit Fresken von Paolo Veronese (1528 – 1588) geschmückt. Palladio entwarf auch die runde Kapelle (Tempietto) an der Ortsdurchfahrtsstraße.

Villen

Etwa 15 km nördlich von Castelfranco erreicht man den hoch gelegenen kleinen Ort Asolo. Hier lebten u. a. die Exkönigin von Zypern, Caterina Cornaro (um 1500), der englische Dichter Robert Browning und die Schauspielerin Eleonora Duse. Der Aufstieg auf die **Rocca** lohnt wegen des schönen Blicks über die hübsche Altstadt. Den **Dom** mit seiner eleganten Vorhalle aus dem 15. Jh. schmückt das Gemälde von Lorenzo Lotto »Erscheinung der Jungfrau« (1506).

✳

Asolo

Conegliano, eine Industriestadt 35 km nördlich von Treviso mit einer kleinen Altstadt, wird von dem **Castelvecchio** überragt. In der Burg ist das kleine Museo Civico untergebracht, das ein Lapidarium sowie eine Münz- und Waffensammlung präsentiert. Der Dom besitzt ein Altarbild des hier geborenen Malers Cima von 1492.

> **!** *Baedeker* TIPP
>
> **Feine Seide**
>
> In Asolo hat die älteste Seidenweberei Italiens, die Tessoria Asolana, ihren Sitz (Via Canova 317). Dort kann man handgewebte Seidewaren kaufen und sich nach den Besuchsmöglichkeiten der Werkstätten bei Asolo erkundigen. Tel. 042 395 20 62, www.tessoriasolana.com.

Zwischen Conegliano, Valdobbiadene und Vittorio Veneto werden die Trauben für den Prosecco angebaut. Eine ausgeschilderte Weinstraße führt durch sanfte, mit Reben bewachsene Hügel. Als »König unter den Perlweinen« gilt der **Cartizze**, der nur in kleinen Mengen produziert wird und deshalb auch seinen Preis hat.

Weinstraße

Oderzo

Altes Städtchen Rund 26 km nordöstlich von Treviso erreicht man das Städtchen Oderzo, die einstige Römerstadt Opitergium. Vor allem in der Via Umberto I. mit ihren schönen, z. T. mit Fresken bemalten **Lauben-häusern** erinnert das Ortsbild von Oderzo an Treviso und Portogruaro, lässt aber – aufgrund zahlreicher Zerstörungen – die Geschlossenheit vermissen, die den Reiz der beiden benachbarten Städte ausmacht.

Dom Das bedeutendste Bauwerk, der **Dom San Giovanni Battista**, steht am weitläufigen, überwiegend von modernen Bauten geprägten Hauptplatz Piazza Vittorio Emanuele I. Die im 14. Jh. errichtete, von einem schlanken Glockenturm überragte Kirche wurde um 1500 im Stil der Renaissance erneuert.

Museo Civico Die zahlreichen Funde im Museo Civico Opitergino (Via Garibaldi 14), so z. B. das herrliche, eine Jagdszene darstellende Fußbodenmosaik aus einer Villa des 4. Jh.s, machen anschaulich, dass Oderzo in römischer Zeit eine blühende Stadt war.

✶✶ Triest · Trieste

S 4

Region: Friaul-Julisch Venetien   **Einwohnerzahl:** 205 000

Einst war es der wichtigste Mittelmeerhafen der Doppelmonarchie Österreich-Ungarn, heute ist es die Hauptstadt der östlichsten italienischen Region Friaul-Julisch Venetien: Triest. Die über 500-jährige Zugehörigkeit zu Österreich spiegelt sich an vielen Stellen im Stadtbild wider – nicht nur in den historistischen Gebäuden, sondern auch in den Speisekarten der Kaffeehäuser und Restaurants, wo österreichische Spezialitäten dominieren.

Industriestadt Die Industrie- und Hafenstadt liegt nur wenige Kilometer von der Grenze zu Slowenien entfernt, in einer weiten Bucht im gleichnamigen Golf. Die steil ins Meer abfallenden Karsthänge, an denen sich die Küstenstraße zwischen Monfalcone und Triest entlangwindet, machen die **Riviera Triestina** zu einem der schönsten Küstenabschnitte an der italienischen Adria.

Geschichte Triest, das Tergeste der Römer, gehörte von 1382 bis 1919 zu Österreich. In dieser Zeit entwickelte sich die Stadt zum wichtigsten Hafen an der Adria. In den ersten Jahrzehnten des 20. Jh.s lebten hier zahlreiche Künstler, u. a. der Romanautor Italo Svevo und der Ire James Joyce. Nach dem Ersten Weltkrieg wurde Triest Italien zugesprochen und zu einem Zentrum des Schiffbaus, 1945 fiel es in die Hand von

⏵ TRIEST ERLEBEN

AUSKUNFT
Piazza Unità d' Italia 4 b
Tel. 040 347 83 12
Fax 040 347 83 20
www.turismofvg.it

VERKEHR
Das Zentrum von Triest ist zwar nicht
verkehrsberuhigt, lässt sich aber
besser ohne Auto erkunden, Parkplätze und -garagen gibt es am Rand der
Altstadt, vor allem an der Uferstraße.

FVG-Card
Die Gästekarte gilt für die gesamte
Region Friuli Venezia Giulia gültig
und ermöglicht den Gratiszugang zu
den meisten Sehenswürdigkeiten und
Museen, Rabatte beim Souvenirkauf,
Hotels, Verkehrsmittelnutzung usw.;
man bekommt sie in allen
Fremdenverkehrsbüros.

Hier gibt es ausschließlich Vorspeisen
aus Istrien und Triest, doch die sind
so reichhaltig, dass sie problemlos ein
Menü ersetzen.

ESSEN
▶ Erschwinglich / Preiswert
① *Buffet da Mario*
Via Torrebianca 41
Tel. 040 63 93 24, So. geschl.
Aus Genua kommen die Besitzer
dieser Trattoria, und deshalb stehen
nicht nur Triestiner, sondern auch
ligurische Spezialitäten auf der Karte.

② *Chimera di Bacco*
Via del Pane 2, Tel. 040 36 40 23
www.chimeradibacco.it, So. geschl.
Elegantes Lokal im Zentrum mit
einfallsreicher Küche zu gutem
Preis- / Leistungsverhältnis.

▶ Preiswert
③ *Antipastoteca di Mare*
»Alla Voliga«
Via della Fornace 1
Tel. 040 30 96 06
So.abend, Mo. geschl.

ÜBERNACHTEN
▶ Luxus
① *Grand Hotel Duchi d'Aosta*
Piazza della Unità d'Italia 2
Tel. 04 07 60 00 11, Fax 04 07 36 60 92
www.duchi.eu
Das gediegene Traditionshotel ist die
vornehmste Adresse am Ort, mit dem
legendären Restaurant Harry's Grill.

Baedeker-Empfehlung

▶ Komfortabel
② *Villa Gruber*
Duino (15 km nordwestlich)
Tel. 040 20 81 37, Fax 04 02 07 11 19
www.villagruber.com, 7 Z.
Für Liebhaber individueller Unterkünfte ist
diese zauberhafte, sehr persönlich geführte
Pension eine gute Empfehlung. Sie liegt
direkt am Hafen von Duino in einem
hübschen kleinen Garten.

Titos Partisanen und wurde zum Streitobjekt zwischen Italien und Jugoslawien. Zwei Jahre nach dem Ende des Zweiten Weltkriegs, 1947, wurde die Stadt **Freistaat** und erst 1954, allerdings nach dem Verlust ihres Hinterlandes, wieder italienisch.

Triest heute Der Standortnachteil durch die Grenzlage zu Osteuropa hat sich nun zum Positiven gewendet; Triests Wirtschaft ist im Aufwind. Seit 1962 ist Triest Hauptstadt der italienischen Region Friaul-Julisch Venetien.

Sehenswertes in Triest

Einkaufen Der **Corso Italia** und die Parallelstraßen zum Canal Grande sind die wichtigsten Shoppingmeilen in Triest für Kleider, Accessoires und Schuhe. Boutiquen findet man auch in der Galleria Tergesteo neben dem Gebäude der alten Börse. Junge zeitgenössische Kunst – Malerei und Fotografie – gibt es bei der Galerie Lipanjepuntin (Via Diaz 4). Wer auf der Suche nach **Antiquitäten** oder Trödel ist, hat in Triest

Trieste Orientierung

Essen
① Buffet da Mario
② Chimera di Bacco
③ Antipastoteca di Mare

Übernachten
① Duchi d'Aosta
② Villa Gruber

Kleiner als der berühmte Namensvetter: der Canal Grande in Triest

die Auswahl zwischen rund 60 (!) Antiquitätengeschäften, von denen die meisten in der Altstadt, d. h. im Cavana-Viertel bzw. im Ghetto Ebraico zwischen Piazza dell' Unità und dem Teatro Romano zu finden sind. Eine weitere Gelegenheit für gebrauchte Schnäppchen bietet jeden dritten Sonntag der große Antiquitätenmarkt (Mercatino dell' Antiquariato) in der Altstadt.

Einer der markantesten Plätze ist der malerische Canal Grande, in dem heute nur noch kleinere Boote liegen. Das Bild des Kanals beherrscht die mächtige **Kirche Sant' Antonio Taumaturgo**, ein spätklassizistischer Bau aus dem Jahr 1849 mit großer Kuppel. Die zweite Kuppel rechts daneben gehört zur benachbarten serbisch-orthodoxen Kirche San Spiridone. Auf der rechten Kanalseite, am Beginn der kurzen Wasserstraße, beansprucht der klassizistische **Palazzo Carciotti**, Sitz der Hafenbehörde, Aufmerksamkeit.

★ **Canal Grande**

Die geraden Straßenzüge zwischen Canal Grande und Piazza della Borsa sind heute die Haupteinkaufsstraßen in Triest. Sie gehören zum ehemaligen Borgo Teresiano, einem Viertel, das die Habsburgerin Maria Theresia ab etwa 1750 nördlich des alten Stadtzentrums planmäßig anlegen ließ.
Die unregelmäßige Piazza della Borsa markiert die Grenze zur Altstadt. Sie wird beherrscht von der Borsa Vecchia (Alte Börse), einem 1805 vollendeten Bau mit hohem Säulenportikus und Dreieecksgiebel. Das Gebäude links daneben ist die 1842 entstandene **Galleria Tergesteo**, heute wie damals eine Einkaufspassage. Vier Jahre vor der Eröffnung der Börse hatte man hinter der Galleria das klassizistische **Teatro Verdi** eingeweiht, das heute ein Theatermuseum beherbergt.

Piazza della Borsa

Prächtige Gebäude umrahmen Triests größten Platz, die Piazza dell' Unità d' Italia.

Piazza dell' Unità d' Italia

Die zum Meer hin geöffnete Piazza dell' Unità d' Italia ist angeblich der größte Platz Italiens, möglicherweise aber auch der am wenigsten typische, denn man würde ihn eher in Wien lokalisieren als am Mittelmeer. Bis zum Mittelalter befand sich hier der römische Hafen, den man zuschüttete, um ein neues Zentrum der Stadt zu schaffen. Seine heutige Form erhielt der Platz aber erst im 19. Jh., als man ihn zum Meer hin öffnete und Raum für monumentale Repräsentationsbauten gewann. Die Schmalseite, dem Meerufer gegenüber, beansprucht der turmüberragte **Palazzo del Municipio**, das Rathaus der Hafenstadt, das ab 1872 in einer Stilmischung aus italienischer und französischer Renaissance errichtet wurde.

Die Nordseite nehmen zwei Gebäude ein, die 1839 erbaute **Casa Stratti** mit dem **Caffè degli Specchi** im Erdgeschoss, einer der traditionellen Literatentreffs in Triest, und daneben der **Palazzo del Governo** (1904), ein Jugendstilbau mit Mosaikschmuck an der Fassade. Den Platz gegenüber dem Palazzo del Governo nehmen seit 1883 der mächtige Palast der Schifffahrtsgesellschaft Lloyd Triestino und daneben das Traditionshotel Ducchi d' Aosta ein.

Colle di San Giusto

Folgt man der Via del Teatro Romano, erreicht man das **Teatro Romano** (Römische Theater), das 1938 am Hang des San-Giusto-Hügels freigelegt wurde. Anfang des 2. Jh.s n. Chr. war es direkt am Meer erbaut worden. Vom Theater geht es zum San-Giusto-Hügel hinauf. Auf halbem Weg stehen rechts die kleine romanische Kirche San Silvestro (11. Jh.) und ihr gegenüber **Santa Maria Maggiore dei Gesuiti**. Die Fassade dieses beeindruckenden Barockbaus (17. Jh.) ist das Werk des römischen Architekten und Malers Andrea Pozzo. Östlich der Kirche folgt an der Piazza Barbacan der **Arco di Riccardo**, ein Torbogen aus dem ersten vorchristlichen Jahrhundert.

Vom Arco di Riccardo aus sind es nur ein paar Schritte zum Civico Museo di Storia ed Arte e Orto Lapidario (Piazza della Cattedrale). Das Museum besitzt Funde aus dem Altertum und Mittelalter. Im Orto Lapidario befindet sich das um 1830 errichtete Grabmal des deutschen **Altertumsforschers Johann Joachim Winckelmann**, der 1768 in Triest einem Raubmord zum Opfer fiel. Mit seiner »Geschichte der Kunst des Alterthums« (1764) wurde er zum Begründer der wissenschaftlichen Archäologie.

Museo di Storia ed Arte e Orto Lapidario

Am Ende der Via Cattedrale erreicht man die gleichnamige Piazza, wo einst das antike Tergeste lag. Auf dem ehemaligen Forum steht heute eine venezianische Säule von 1560. Dahinter wurden die Säulenstümpfe und Kapitelle der römischen Forumsbasilika aus dem 2. Jh. wiederaufgestellt. Auch Reste des sog. Tempio Capitolino aus dem 1. Jh. sind noch erkennbar.

Forum

Die Cattedrale di S. Giusto nimmt die Stelle einer frühchristlichen Basilika aus dem 5. Jh. ein, von der noch Fragmente eines Mosaikfußbodens erhalten sind. Im 14. Jh. entstand der heutige Bau, indem man zwei romanische Gotteshäuser zu einer fünfschiffigen Kirche zusammenfügte. Am Portal und im Erdgeschoss des Glockenturms wurden antike Fragmente integriert. Im Inneren sind Mosaiken aus dem 12. und 13. Jh. sowie Fresken aus dem 11. Jh. zu sehen. Besondere Beachtung verdient auch das Mosaik in der Apsis links von der Hauptapsis.

★
Cattedrale S. Giusto

Das Kastell auf dem Gipfel des Hügels wurde 1470 an der Stelle einer mittelalterlichen Burg, die im 14. Jh. abgerissen worden war, von Friedrich II. von Habsburg erbaut. Im sehenswerten **Stadtmuseum** (Civico Museo del Castello di S. Giusto) hier werden Waffen, Möbel, Gemälde und Wandteppiche gezeigt. Vom Kastell bietet sich ein schöner Ausblick. Im Lapidario Tergestino werden römische Grabsteine aufbewahrt.

★
Castello di S. Giusto

! *Baedeker* TIPP

Ein Kaffee zum Schluss

Nach Einkäufen oder Stadtbesichtigungen ist der Besuch eines der wunderbaren alten Kaffeehäuser beinahe ein Muss. Das bekannteste ist das Caffè degli Specchi an der Piazza dell' Unità d' Italia. Im Caffè Tommaso (Riva Tre Novembre 5) trafen sich im 19. Jh. ebenso die Intellektuellen wie an den Marmortischen im San Marco bei der Synagoge (Via Cesare Battisti 18a). Wer es gern modern mag, ist im Caffè Illy (Via delle Torri 3) besser aufgehoben.

Weitere Sehenswürdigkeiten

Museo Revoltella
An der Piazza Venezia gegenüber den Hafenpiers mit Aquarium und der ehemaligen Fischmarkthalle erhebt sich der elegante Palazzo Revoltella (Via A. Diaz 27). Im 19. Jh. wohnte hier Graf Pasquale Revoltella, ein großer Kunstfreund, der nach seinem Tod 1869 die Villa mit der stilvollen Einrichtung und einer reichen Kunstsammlung der Stadt vermachte. Triest hat dieses Geschenk gut zu nutzen gewusst und daraus dieses schöne Stadtmuseum gemacht. Zusammen mit dem **Museo Sartorio** (Largo Papa Giovanni XXIII; Öffnungszeiten: Di. – So. 9.00 – 13.00 Uhr) nur ein paar Schritte weiter, einem klassizistischen Stadtpalast und ebenfalls Hinterlassenschaft einer Triestiner Familie, bekommt man hier einen guten Einblick in die feine Wohnkultur des Bürgertums des 19. Jh.s. Die Kunstsammlung Revoltella wird ständig erweitert. Im Sommer ist das Café auf der Dachterrasse bis spät abends ein beliebter Treffpunkt. Öffnungszeiten: Mo., Mi. – So. 10.00 – 18.00 Uhr.

Risiera S. Sabba
Im zweiten Weltkrieg richteten die deutschen Besatzer in dieser düsteren alten Reisfabrik (Via G. Palatucci 5) am südwestlichen Stadtrand ein **Vernichtungslager** ein, das einzige auf italienischem Boden. Man schätzt, dass zwischen 3000 und 5000 Menschen hier ums Leben kamen, viele aus Triest, Slowenien, Istrien. Seit 1975 ist die Risiera **Museum** und heute das meist besuchte Triests. Öffnungszeiten: tgl. 9.00 – 19.00 Uhr; www.risierasansabba.it.

Riviera Triestina

✸✸
Landschaftsbild
Die Küste zwischen Triest und Monfalcone wird als Riviera Triestina bezeichnet. Mit ihren steilen, bewaldeten Karstfelsen, an denen sich die Küstenstraße (Nr. 14) entlangwindet, erinnert sie wenig an die Küstenzenerie der italienischen Adria, dafür umso mehr an die dalmatinische Küste. Das schönste Stück der aussichtsreichen, gut ausgebauten Landstraße ist der Abschnitt zwischen Castello di Miramare und Sistiana. Sandstrände gibt es an der Triestiner Riviera fast keine, nur **schmale Kiesstrände** oder betonierte Uferzonen wie zum Beispiel am Stadteingang von Triest. Die parkenden Autos an der Straße verraten, wo man baden kann.

✸
Castello di Miramare
Auf der Küstenstraße erreicht man nach 8 km das wunderbar auf einem Felsvorsprung gelegene Schloss Miramare. Es wurde zwischen 1855 und 1860 für Erzherzog Maximilian von Österreich, den Bruder von Kaiser Franz Joseph, und seine Frau Charlotte, eine belgische Prinzessin, erbaut. Bewohnt hat der Bauherr sein Märchenschloss nicht lange, denn 1864 ließ er sich zum Kaiser von Mexiko ernennen und wurde dort drei Jahre später von Aufständischen erschossen.

Der Traum eines Monarchen: Schloss Miramare ➔

Wer nicht viel Zeit für eine Besichtigung mitbringt, sollte es bei einem Spaziergang durch den schönen, terrassenförmig angelegten Park mit seinen exotischen Bäumen, darunter einige aus Mexiko, bewenden lassen. Sehenswert sind aber auch die restaurierten Wohn- und Repräsentationsräume des Erzherzogs. Sein Schlafzimmer beispielsweise ließ der Monarch wie eine Schiffskabine gestalten. Beeindruckend ist auch die üppig ausgestattete Bibliothek, in der Maximilian angeblich viel Zeit zubrachte. Öffnungszeiten: Schloss tgl. 9.00 bis 19.00, Park April – Sept. 8.00 – 19.00, März, Okt. – 18.00, Nov. bis Feb. 8.00 – 17.00 Uhr.

Duino

Nach weiteren 7 km folgt der kleine Hafenort Duino. Malerisch auf einem Felsvorsprung liegt die Ruine des Castel Vecchio. Das **Castel Nuovo**, das Neue Schloss, wurde 1916 zerstört und später wieder aufgebaut. **Rainer Maria Rilke**, der hier als Gast die bekannten **»Duineser Elegien«** schrieb, suchte Entspannung und Erholung beim Spaziergang auf einem romantischen Pfad entlang der Steilküste nach Sistiana. Doch seit 1995 steht dieser Küstenabschnitt unter Naturschutz, und der Weg ist gesperrt. Zugänglich: tgl. außer Di., im Winter Sa., So.

San Giovanni al Timavo

Hinter Duino kommt man zum Dorf San Giovanni al Timavo mit seiner sehenswerten **Kirche S. Giovanni in Tuba** (15. Jh.), in der noch Reste des Mosaikfußbodens der Basilika aus dem 5. / 6. Jh. vorhanden sind. Die nahegelegene Mündung des **Timavo-Flusses** ist landschaftlich besonders reizvoll.

Über Monfalcone erreicht man auf der SS 305 in Richtung Gradisca den riesigen **Soldatenfriedhof von Redipuglia** mit den Überresten von 100 000 Gefallenen aus dem Ersten Weltkrieg.

Opicina

An der Piazza Oberdan liegt die Talstation der Zahnradbahn Tranvia, die Triest mit dem 348 m hoch gelegenen Villenvorort Opicina verbindet. Von Opicina bietet sich ein herrlicher Blick auf die Stadt und den Golf. Hier beginnt auch ein ca. 5 km langer Wanderweg, die sog. **Napoleonica**, der zu den Aussichtspunkten Villa Opicina und Vedetta d'Italia führt. Wer sein Interesse für die Flora des Karstes vertiefen möchte, sollte dem **Botanischen Garten Carsica** bei Sgonico einen Besuch abstatten (Mo. geschl.).

Umgebung von Triest

Grotta Gigante

Von Opicina ist es nicht weit zur Grotta Gigante, **eine der größten Tropfsteinhöhlen der Welt**. Sie liegt etwa 15 km von Triest entfernt, nahe der Autobahn nach Venedig in Borgo Grotta Gigante, einem Ortsteil von Sgonico. Als größte Schauhöhle der Welt ging sie 1995 ins Guinessbuch der Rekorde ein. Besichtigt werden kann der riesige Hauptraum, der 107 m hoch, 280 m lang und 65 m breit ist und palmenförmige, bis zu 12 m hohen Stalagmiten besitzt. Der Rundgang

durch die Höhle führt zu verschiedenen Aussichtspunkten, von denen man auf den Höhlengrund mit seinen unzähligen Stalagmiten hinabblicken kann. Die Höhle ist von Di. bis So., im Juli und August auch Mo., zwischen 10.00 und 18.00, von Okt. bis März nur bis 16.00 Uhr zu besichtigen. Wenn man kein Auto hat, fährt man mit der Tranvia nach Opicina und mit Bus Nr. 45 zur Höhle.
Einblicke in das traditionelle bäuerliche Leben in der Karstregion vermittelt die Ausstellung in der

Baedeker TIPP

Auf zur Weinprobe!
Zwischen Villa Opicina und Visogliano verläuft die Terrano-Weinstraße. In den dortigen Trattorien und Gasthäusern kann man den Wein aus der Gegend probieren.

Casa Carsica, einem original eingerichteten Gehöft aus dem 19. Jh. in **Rupingrande**, einem kleinen Ort ca. 3 km nördlich der Grotta Gigante.

Das ehemals venezianische Städtchen (13 000 Einwohner), 14 km südlich von Triest, an der slowenischen Grenze, wird gern zum Baden besucht. Trotz Industrieansiedlung hat es sich seinen alten Ortskern bewahrt. Von der Wallfahrtskirche Muggia Vecchia aus dem 10. Jh. hat man einen herrlichen Blick über den Golf. **Muggia**

In dem Fischerort bei Muggia entstand ein exklusives Feriendorf mit 450 Apartements, einem Ladenzentrum, Restaurants sowie einem Jachthafen mit rund 500 Liegeplätzen. **Porto San Rocco**

✱ ✱ **Urbino**

Region: Marken **Einwohnerzahl:** 15 000

Urbino ist eine wunderschön gelegene, wie aus einem Guss gemachte kleine Museumsstadt. Etwas Zeit mitbringen sollte man für den gewaltigen Herzogspalast, in dessen Räumen eine der schönsten Kunstsammlungen des Reisegebiets untergebracht ist.

Wie keine andere Stadt in Italien ist Urbino, südwestlich von Pesaro inmitten einer Hügellandschaft gelegen, mit dem Namen eines Mannes verbunden: **Herzog Federico di Montefeltro** (1444 – 1482), der den Ort zu einem Zentrum des Humanismus und der Renaissance in Italien machte (▶Baedeker Special S. 28 / 29). **Renaissance-Zentrum**

Das Panorama von Urbino ist einzigartig: Eingebettet in eine herrliche Hügellandschaft mit Wiesen und Wäldern, umgeben von einer intakten Mauer, schmiegt sich das Städtchen an die Hänge von zwei Anhöhen. Das ganz aus Backstein erbaute Urbino blieb fast unverän- **✱ Stadtbild**

dert erhalten und ist seit 1998 **UNESCO-Weltkulturerbe**. Überragt wird die rotbraune Dachlandschaft von dem ebenso eleganten wie mächtigen Herzogspalast. Die Altstadt, mit vielen Souvenirläden, Restaurants und Cafés auf Touristen eingestellt, ist für den Autoverkehr gesperrt. Großzügige Parkplätze befinden sich vor der Porta Valbona und vor der Porta San Bartolo. Unter Schatten spendenden Bäumen stehen die Autos oberhalb der Stadt in der Viale Buozzi beim Pian del Monte. Die Hauptgassen von Urbino münden in die zentrale Piazza della Repubblica. Durch die Via Vittorio Veneto geht es steil hinauf zum Vorplatz des Herzogspalastes.

✴ ✴ Palazzo Ducale

Die für Herzog Federico di Montefeltro erbaute Residenz ist einer der großen Profanbauten der Renaissance in Italien. Über 70 Jahre dauerten die Bauarbeiten, mit denen man 1468 begann und an denen mehrere Architekten beteiligt waren. Der berühmte zeitgenössische Schriftsteller **Baldasar Castiglione** schrieb über das Bauwerk, es gleiche eher einer Stadt von Palästen als einem Palast. Tatsächlich wirkt die Residenz wie eine befestigte Stadt; hinter ihten Mauern verstecken sich unterschiedliche Gebäude. Der unregelmäßige Grundriss und die fehlende Hauptfassade zur Stadt hin verstärken diesen Eindruck.

Berühmter Renaissancebau

Die repräsentativste Seite des Palastes blickt nach Westen, wo Luciano Laurana, der maßgebliche Architekt, die eindrucksvolle **Facciata dei Torricini**, die Fassade mit den beiden flankierenden Türmen, schuf. Der Eingang liegt allerdings nicht hier, sondern auf der Stadtseite. Im Mittelpunkt der weitläufigen Anlage steht der Ehrenhof (Cortile d'Onore), der mit seinen Rundbogenarkaden auf schlanken Säulen und seinen ausgewogenen Proportionen als Paradebeispiel für die Renaissancebaukunst in die Geschichte einging.
Über eine Prunktreppe erreicht man das erste Geschoss mit den Repräsentations- und Wohnräumen des Herzogspaares wie z. B. dem gewölbten **Thronsaal** oder dem **Saal der Nachtwachen**, in dem die Hofgesellschaft sich zu Gesprächen traf. Die Ausstattung der Räume ist bis auf wenige Gegenstände nicht erhalten, dafür entschädigen aber die vielen Architekturdetails wie die Tür- und Fenstereinfassungen oder die Türen mit herrlichen Intarsien. Wegen ihrer Dekoration interessant sind vor allem die ein Stockwerk tiefer gelegene, ganz mit Marmor ausgeschmückte **Cappella del Perdone** und das Arbeitszimmer des Herzogs, das berühmte **Studiolo**.

Rundgang

In den beiden Hauptgeschossen der Residenz ist heute die Nationalgalerie der Provinz Marken untergebracht. Ein schönerer und passenderer Rahmen für diese hochkarätige Kunstsammlung ließe sich

✴ ✴
Galleria Nazionale

← *Urbino wird überragt vom Herzogspalast mit seiner markanten Fassade.*

PALAZZO DUCALE

✴✴ Die einstige Residenz des Herzogs von Urbino ist einer der interessantesten Renaissancepaläste Italiens. Und nicht nur das: In den ehemaligen Wohn- und Repräsentationsräumen zeigt heute die Nationalgalerie der Marken Spitzenwerke der europäischen Malerei.

🕒 Öffnungszeiten:
Mo. 8.30 – 14.00, Di. – So. 9.30 – 19.15 Uhr

① Fassade
Das auffallendste Merkmal der repräsentativen Westfassade ist die dreigeschossige Loggia mit den beiden Rundtürmen. An der Basis der Fassade sieht man noch die Steinquader, die ursprünglich zur Verkleidung des gesamten Baus vorgesehen waren.

② Cortile d'Onore
Die Palasträume sind um zwei Höfe angelegt, einer davon ist der zweigeschossige Ehrenhof. Sein Grundriss ist beinahe quadratisch (sechs mal fünf Bögen).

③ Herzogliche Wohnräume
Um den Giardino pensile liegen die ehemaligen Wohnräume des Herzogspaares, so die Gemächer der Herzogin, die Garderobe Federicos, sein Schlafzimmer und das winzige Studierzimmer, das wegen seiner Einlegearbeiten so berühmte Studiolo. Diese zeigen Landschaften, Stillleben mit Musikinstrumenten und imaginäre Schränke.

④ Saal der Nachtwachen
Die Sala delle veglie ist nach dem Thronsaal der zweite große Saal im Palast. Er erhielt seinen Namen von den spätabendlichen Gesellschaften, die hier stattfanden.

Von Piero della Francesca kann man im Palazzo Ducale mehrere Werke bestaunen, u. a. die »Geißelung Christi«, die der Maler in einen perspektivischen Bildraum stellt.

 **URBINO ERLEBEN**

AUSKUNFT

Borgo Mercatal
Rampa di Francesco
di Giorgio
Tel. 07 22 26 13
Fax 07 22 32 04 08
www.urbinoculturaturismo.it

ESSEN

► **Erschwinglich**

① *Fornarina*
Via Mazzini 14
Tel. 07 22 32 00 07
Das Fronarina ist ein bewährtes,
gemütliches Lokal in einem Palazzo
im Zentrum.

Ca'Andreana
Urbino Gadana, Via Gadana 119
Tel. 07 22 32 78 45
www.candreana.it, 6 Z.
Außerhalb von Urbino gelegen; das
Restaurant verwöhnt seine Gäste mit
bester lokaler Kochkunst.

ÜBERNACHTEN

► **Luxus**

① *Bonconte*
Via delle Mura 28
Tel. 07 22 24 63, Fax 07 22 47 82
www.viphotels.it, 23 Z.
Die erste Adresse in Urbino, in
zentraler Lage nahe der Stadtmauer.

Von der Piazza della Repubblica geht es, vorbei an der großen Franziskanerkirche (Chiesa di S. Francesco), die hübsche Via Raffaello hinauf. Kurz hinter der Einmündung der Via Margherita stößt man auf das Geburtshaus von Raffael, in dem er seine ersten zehn Lebensjahre verbrachte. Das dortige **Museum** besitzt Gemälde seines Vaters und Raffaels Jugendwerk »Madonna mit Kind«. Die Via Raffaello endet an der parkartigen Piazzale Roma, wo ein Denkmal an den berühmten Renaissancemaler erinnert. Folgt man von hier der Via Buozzi, kommt man zur **Fortezza Albornoz** (14. – 16. Jh.).

Geburtshaus von Raffael

Umgebung von Urbino

Auf der Strecke von Urbino zurück an die Küste, nach ►Fano, bietet sich ein kurzer Abstecher zur Furlo-Schlucht (Gola di Furlo) an, die rund 20 km südöstlich von Urbino zwischen Calmazzo und Acqualagna verläuft. Bei Calmazzo zweigt ein Sträßchen nach rechts ab, und schon nach knapp 2 km verändert sich die Landschaftsszenerie. Steile, zum Teil bewaldete Felswände bilden eine wildromantische Schlucht, die fast völlig ausgefüllt wird vom Flussbett des tief türkisblau gefärbten Furlo.
Die **Galleria del Furlo**, ein 37 m langer und 6 m hoher Tunnel für die Via Flaminia, wurde laut Inschrift 76 n. Chr. unter Vespasian angelegt. Daneben verläuft die **Galleria Piccola**, von Konsul Flaminius 217 v. Chr. erbaut. Bei der Ortschaft wird die Schlucht wieder breiter. In der Nähe von Furlo kann man die romanische Kirche **S. Vicenzo al Furlo** besichtigen.

✱
Gola di Furlo

✶✶ Venedig · Venezia

Region: Venetien   **Einwohnerzahl:** 64 000 (Insel)

Das über Jahrhunderte gewachsene Stadtbild von Venedig, 1987 von der UNESCO zum Weltkulturerbe erklärt, ist einzigartig und hat Generationen von Künstlern, Malern und Dichtern inspiriert. Rund 160 Kirchen und zahlreiche Paläste spiegeln die einstige Bedeutung der Serenissima Repubblica di Venezia als Seemacht, Handelsstadt und Kunstmetropole wider und bilden heute ein in sich geschlossenes riesiges Architekturmuseum.

Die über 1000 Jahre alte Stadt liegt in der gleichnamigen Lagune (Laguna Veneta), vom offenen Meer durch sandige Nehrungen getrennt. Gebaut ist sie auf rund 150 kleinen Inseln, die durch schmale Kanäle, Canale oder Rio genannt, voneinander getrennt sind und durch rund **400 Brücken** verbunden werden. Mit ihren vielen Bildungsstätten zählt die Stadt zu den kulturellen Zentren Italiens. Die internationale Biennale für zeitgenössische Kunst, Musik- und Filmfestspiele, Opernhäuser und Theater unterstreichen die kulturelle Bedeutung.

> **? WUSSTEN SIE SCHON …?**
>
> ■ Dass Venedig jährlich um 4 bis 6 mm sinkt, ist schon seit Jahrzehnten bekannt. Doch das dürfte nicht allein der Grund dafür sein, dass immer weniger Menschen auf dem Inselteil von Venedig leben wollen. Noch vor 20 Jahren zählte die Serenissima immerhin 120 000 Bewohner, heute sind es gerade mal 64 000!

Geschichte

Das Gebiet von Venedig wurde im Altertum von illyrischen Venetern besiedelt. Im Jahr 451 flüchteten die Bewohner der Küste vor heranrückenden Germanen auf die Laguneninseln und schlossen sich 697 unter einem Dogen (von lat. dux = Führer) zum Venetischen Seebund zusammen. 811 wurde Rivus Altus (Rialto), das heutige Venedig, Sitz der Regierung. Seit 829, dem Jahr der Überführung der Gebeine des Evangelisten Markus aus Alexandria nach Venedig, ist dieser Heilige der Schutzpatron der Republik, die seither auch sein Symbol, den Löwen, im Wappen führt.

Flucht auf die Inseln

Der junge Staat erlebte im Mittelalter einen enormen Aufschwung dank seiner Mittlerstellung zwischen dem Abendland und Byzanz. Die Venezianer besetzten die Ostküste der Adria und eroberten 1204 Konstantinopel. Damit übernahmen sie die Vorherrschaft im Mittel-

»Königin« des Mttelmeeres

← *Wer die prächtigen Paläste am Canal Grande bestaunen will, muss ins Vaporetto oder in die Gondel steigen.*

Venedig *Orientierung*

S. Giuliano
Canale delle Navi

Aeroporto, Padua

Isola del Tronchetto

Palafenice

Stazione Marittima Merci

Bacino Stazione Marittima

© Baedeker

Fond. Contarini

Fond. dei Riformati

S. Alvise

Fond. G. Contarini

Cam Madon dell O

Fond. C. Coletti

Fond. del Battello

Fondamenta della Sensa

Casa Tintoret

Fond. Misericordia

C. Ferau

C. d. Beccarie

Fond. d. S. Giobbe

Fond. di Cannaregio

Fond. Savorgnan

Fond. degli Ormesini

Museo Ebraico

Fos

Calle d. Cereria

S. Giobbe

Rio Terrà S. Leonardo

Ghetto

Pal. Correr

CANNAREGIO

Pte. d. Guglie

Calle Rielto

S. Marcuola

Pal. Labia

Pal. Gritti

Pal. Vendramin Calergi

Pal. Giovanelli

Pal.

Pal. Zeno

S. Geremia

Canal Grande

Pal. Belloni Battagià

Pal. Babarigo

Lista di Spagna

Fondaco dei Turchi

Pal. Gusso

Staz. Ferroviaria S. Lucia

Riva di Biasio

C. S. Giov. Decollato

Ca' Pesaro

Fond. S. Lucia-Santa

Ponte Scalzi

S. Simeon Profeta

S. Giacomo dell'Orio

Pal. Moncenigo

Pal. Corner d. Regina

Pesche

Stazione Merci

Simeone Picc.

R. Bella

Campo d. Strope

Casa di Aldo Manuzio

S. Apor

C-llo Albrizzi

Autorimessa

Piazzale Roma

Fond. S. Chiara

Canale di Chiara

Campo S. Andrea

Corte Canal

Campo d. Lana

Calle Lacca

Scuola Gr. di S. Giov. Ev.

Campo d. S. Agostin

S. POLO

S. CROCE

S. Nicolò da Tolentino

Sala S. Pantalon

S. Rocco

I Frari

Pal. Corner-Mocenigo

Rio Terrà dei Pensieri

Scuola Grande di San Rocco

Polo

Cappello

Pal. Coccina

Pal. Loredo

S. Maria Maggiore

Fond. delle Procuratie

C. d. Preti

T. Crosara

Pal. Pisani-Moretta

Pal. Bernardo

Pal. Grima

Fond. Minotto

Calle Contarini

Fond. Rossa

Campo Santa Margherita

Pal. Balbi

Pal. Cont. d. Figure

Pal. Barbarigo della Terraza

Pal. Corner Spinelli

Pal. Fortun

Fond. S. Marta

Fond. Foscarini

Ca' Foscari

Pal. Grassi

S. Stefano

Fond. d. Terese

Scuola Grande d. Carmini

Ca' Rezzonico

C. S. Stefano

S. MARCO

Angelo Raffaele

Calle lunga S. Barnaba

Ca' del Duca

F. Morosini

Tea La Fen

C. d. al Magazzini

C. d. Chiesa

Pal. Loredan d. Amb.

Pal. Contarini degli Scrigni

Pal. Pisani

Canale Scomenera

Calle di Borgo

Galleria dell'Accademia

Ponte dell' Accademia

Pal. Corner

Stazione Marittima

Campo S. Basegio

Fond. Zattere Ponte Lungo

R. T. A. Foscarini

Pal. Contarini del Zaffo

Canal Grand

Ca' Dario

Fusina

Canale di Fusina

Campo S. Trovaso

DORSODURO

Sacca Fisola

Isola della Giudecca

Chiesa I Gesuati

Fond. Zattere allo Spirito San

Spirito Santo

Calle de la Sacca

Fondamenta San Biagio

Campo de la Chiesa

Campo d. Lauraneri

Fond. d. Convertite

S. Eufemia

Fond. d. Ponte Piccolo

Canale della Giudecca

Fond. San Gerardo

Calle del Lauraneri

---

1 Ponte dei Sospiri   3 Torre dell'Orologio   5 Museo Archeologico   7 Biblioteca Marciana
2 S. Apollonia   4 Museo Correr   6 Campanile   La Zecca

200 m

N

Torcello, Burano, S. Erasmo,
Murano, S. Francesco

S. Michele
in Isola

al.
ontarini
al Zaffo   Sacca della
Misericordia

Cimitero S. Michele

Isola di S. Michele

Canale delle Fondamenta Nuove

Abbazia
d. Mis.

Gesuiti

Fondamenta Nuove

S. Caterina

Campo
d.Gesuiti

R. d. Pozzi

Rio Terrà
B. Fruttarol

S. Lazzaro
dei Mendicanti

Fondamenta Nuove

a d'Oro
S. Sofia

Pal.   SS.Apostoli
Valmarana

C. d. Testa

Ca da Mosto
Fabbriche
Vecchie
Pal. d.
Camerlenghi
Fondaco d.
Tedeschi
Ponte
di Rialto

Scuola Grande
d. S. Marco

Monumento
Colleoni   S. Zanipolo

Campo d.
S. Marina

Barbaria d. Tole

S. Francesco
d. Vigna

Campo d.
Confraternita

Campo d.
Celestia

Darsena
Grande

Canale di Porta Nuova

S.Lio   Calle del
Paradiso

Pal. Dolfin
Manin

S.Maria
d. Fava

S.Maria
Formosa

Campo
S.Lorenzo

Pal.
Querini-
Stampalia

Scuola d. S. Giorgio
d. Schiavoni

Can. di Galeazze

F. Pestrin

eatro
oldoni

Ponte
Baratteri

C. Fiubera

S. Giorgio
d. Greci

C. d. Arco

al.
ontarini
el Bovolo

Proc. Vecchie

Piazza
S. Marco

3

S. Giovanni
Nuovo

S. Zaccaria

Campo
Bandiera
e Moro

Arsenale

Campo d.
Arsenale

S. Marco   6

Ala   Pal.
Ducale

4

Pal. Dandolo   Riva

Napoleonica
Proc. Nuove   7   Molo

S. Maria
d. Pietà

degli   Schiavoni

S. Giovanni
in Bragora

R. d. Ca di Dio

CASTELLO

Campo di
Ruga

Canale di S. Pietro

Museo
Storico Navale

S. Biagio

S. Francesco
di Paola

S. Anna

Pal.
Contarini
Fasan

Via G. Garibaldi

Riva dei Sette Martiri

Viale G. Garibaldi

Calle Correra

Campo
S. Marina

Punta della
Dogana

Canale di San Marco

Secco   S. Giuseppe
di C.

Dogana
da Mar

Maria
ella Salute

Campo
S. Giorgio

Giardini

Esposizione
Int. d'Arte
Moderna

S. Giorgio
Maggiore

Fondazione
Cini

Viale dei Giardini Pubblici

Canale di S. Giorgio

Teatro Verde

Isola di S. Giorgio
Maggiore

CI

Pubblici

Le
Zitelle

Lido, S. Servolo,
S. Lazaro   4

Essen

① Alla Madonna
② Da Ignazio
③ Ostaria a la Campagna
④ Caffè Florian

Übernachten

① Danieli
② Flora
③ Serenissima
④ Villa Cipro

meerraum. Auch im künstlerischen Bereich stand Venedig unter dem Einfluss von Byzanz. Nach dem Seesieg bei Chioggia über die große Rivalin Genua 1380 beherrschte Venedig das ganze östliche Mittelmeer und dehnte seine Eroberungen auf dem italienischen Festland von Friaul bis Bergamo aus (Terra ferma).

Der langsame **Niedergang Venedigs** begann im 15. Jh. mit dem Vordringen der Türken (1453 Eroberung Konstantinopels), der Entdeckung Amerikas und neuer Seewege nach Indien, dem Rückgang des Levantehandels sowie dem Aufstieg von Spanien, Holland und England. Zunächst verlor die Serenissima alle Kolonien. Zwei große Pestepidemien (1575 und 1630) dezimierten die Bevölkerung der Lagunenstadt. 1796 machte Napoleon der Selbstständigkeit Venedigs ein Ende; 1797 übergab er es an Österreich. Seit dem Wiener Kongress war es Teil des österreichischen Lombardo-Venezianischen Königreichs. Dem neuen Königreich Italien schloss sich Venedig 1866 an.

✳ ✳ Canal Grande

»Schönste Straße der Welt«

Der Canal Grande, die Hauptverkehrsader Venedigs, zieht sich in Form eines großen, spiegelverkehrten »S« vom Hauptbahnhof bis zum Markusplatz. Er ist knapp 4 km lang, zwischen 30 und 70 m breit und maximal 5 m tief. Nur **drei Brücken** überspannen bislang die »schönste Straße der Welt«, demnächst soll es eine vierte geben zwischen dem Piazzale Roma und dem Bahnhof Santa Lucia. Die Ufer des Canal Grande säumen **prächtige Palazzi** – Casa oder Ca' genannt –, die ein anschauliches Bild von der venezianischen Architektur vom 13. bis ins 18. Jh. und vom Reichtum und Glanz des alten Venedigs geben. Im Folgenden werden die markantesten Gebäude

Highlights *Venedig*

Canal Grande
Ein Muss: Mit dem Vaporetto den Canal Grande entlangfahren und die »schönste Straße der Welt« auf sich wirken lassen!
▶ **Seite 252**

Piazza San Marco
In einem Kaffeehäuser sitzen und den Blick auf den Dogenpalast genießen!
▶ **Seite 259**

Basilica di San Marco
Tauchen Sie ein in die Mosaikenpracht der Markuskirche
▶ **Seite 261**

Palazzo Ducale
Von hier aus haben die Dogen die Seerepublik regiert.
▶ **Seite 264**

Galleria dell' Accademia
Staunen Sie über die Spitzenwerke der venezianischen Malerei!
▶ **Seite 258**

I Frari
Die Franziskanerkirche ist mit ihren Grabmonumenten und Altarbildern ein kleines Pantheon der venezianischen Geschichte.
▶ **Seite 267**

Spaziergang durch Venedig: tausend Kanäle und noch viel mehr kleine Brücken

vorgestellt, die man bei der Fahrt mit einem Vaporetto (Linie 1 oder 82, Ausgangspunkt Stazione S. Lucia) zu sehen bekommt.

Als Handelsniederlassung der Türken wurde bereits im 13. Jh. auf dem rechten Ufer des Canal im byzantinisch-venezianischen Mischstil der Palazzo Fondaco dei Turchi erbaut. Das heutige Gebäude, Sitz des Museo di Storia Naturale (Naturgeschichtliches Museum), ist eine Rekonstruktion aus dem 19. Jahrhundert.

Palazzo Fondaco dei Turchi / Museo di Storia Naturale

Auf der anderen Uferseite sieht man einen der schönsten Frührenaissancepaläste Venedigs. In dem 1509 fertig gestellten Palazzo, von Mauro Codussi und Tullio Lombardo entworfen, wohnte **Richard Wagner** mit Familie vom Sommer 1882 an ein Dreivierteljahr. Am 13. Februar 1883 verstarb der Komponist in seinem venezianischen Domizil. Heute ist hier das Kasino untergebracht.

★
Palazzo Vendramin Calergi

Kurz darauf, auf der rechten Kanalseite, erstrahlt die Fassade des glanzvollen Barockpalastes Ca' Pesaro. Die Pläne stammen von Baldassare Longhena, Antonio Gaspari beendete ihn 1710. Er beherbergt die **Galleria d'Arte Moderna** und das **Museo d'Arte Orientale** (Museum für Ostasiatische Kunst) mit einer ausgezeichneten Sammlung fernöstlicher Kostbarkeiten. Öffnungszeiten: Di.–So. 10.00 bis 17.00 Uhr.

★
Ca' Pesaro

Der benachbarte, 1724 von Domenico Rossi entworfene Barockpalazzo Corner della Regina lehnt sich formal an die Ca' Pesaro an, ist aber mit seiner klaren und wenig plastischen Fassadengestaltung bereits weniger dem Barock als dem Frühklassizismus verpflichtet.

Corner della Regina

Ca' d'Oro, einer der schönsten gotischen Paläste am Canal Grande

★★
Ca' d'Oro /
Galleria
Franchetti

Obgleich die einstige Fassadenvergoldung heute fehlt, ist das »Goldene Haus« (1422–1440) am linken Ufer von Marco Raverti der schönste spätgotische Palast Venedigs. Besonders verschwenderisch ist der Formenreichtum des Maßwerks in den beiden Loggien der Obergeschosse.

Das Innere bietet einen lebendigen Eindruck von der **Wohnkultur venezianischer Patrizier im ausgehenden Mittelalter.** Der Palast beherbergt die Galleria Franchetti – benannt nach dem Begründer der Sammlung, Baron Giorgio Franchetti – mit kostbaren Möbeln, Wandteppichen, Skulpturen, Bronzen sowie beeindruckenden Gemälden von Tizian, Tintoretto, Mantegna, Signorelli, van Dyck und anderen Künstlern. Öffnungszeiten: Mo. 8.15–14.00, Di.–So. 8.15 bis 19.15 Uhr; www.cadoro.org.

Ca' da Mosto

Die feinen, auf schlanken Säulen ruhenden Marmorbögen am gleichen Ufer gehören zu einem der ältesten Bauten am Canal Grande, der Ca' da Mosto. Die beiden Untergeschosse sind aus dem 13., die Aufstockung erfolgte im 17. Jahrhundert. Hier wurde Alvise da Mosto (1432–1488) geboren, der die Kapverden entdeckte.

Auf der rechten Uferseite steht der Palazzo dei Camerlenghi, ein stattlicher Renaissancebau, in dem früher die Finanzen verwaltet und Schuldner eingesperrt wurden (heute **Gerichtsgebäude**).

Palazzo dei Camerlenghi

Seit dem 13. Jh. hatten die deutschen Kaufleute ihre Handelsniederlassung direkt bei der Rialtobrücke. 1508 wurde das neue große Gebäude eingeweiht, dessen Fassaden einst Fresken von Tizian und Giorgione schmückten. Heute hat die **Hauptpost** von Venedig hier ihren Sitz.

Fondaco dei Tedeschi

Venedigs bekannteste Brücke erbaute 1588 – 1592 Antonio da Ponte. Der überdachte, 48 m weit gespannte Marmorbogen führt als zweizeilige **Ladenstraße** mit Leder-, Schmuck- und Souvenirgeschäften über den Canal Grande.
Auf der Westseite schließt sich der **Obst-, Gemüse- und Fischmarkt** an, der größte Markt der Lagunenstadt, der täglich vormittags außer Sonntag hier abgehalten wird.

★
Ponte di Rialto

Gleich hinter der Brücke sieht man den Palazzo Dolfin Manin, 1532 – 1560 nach Plänen von **Sansovino** erbaut. Hier residierte der letzte Doge von 1789 bis 1797 (heute **Banca d'Italia**).

Palazzo Dolfin Manin

In den zwei auf der gleichen Seite folgenden eleganten Palazzi ist das Rathaus untergebracht. Beide Erdgeschosse sind noch aus dem 13. Jh., die oberen Stockwerke gestaltet man im 16. und 19. Jh. um.

Palazzi Loredan und Farsetti

An der Einmündung des Rio di San Luca steht der 1575 nach Plänen von **Michele Sanmicheli** vollendete, wuchtige Palazzo Grimani, der mit seiner rhythmisch durchgegliederten Fassade als ein besonders markantes Beispiel für den Palastbau der Hochrenaissance gilt. Kurz vor der letzten Schleife des Kanals, Volta genannt, liegen linker Hand mehrere Paläste, die alle der Familie Mocenigo gehörten. Der erste stammt aus dem 17. Jh., der lang gestreckte Doppelpalast aus dem 18. Jh. – in seinen Räumen lebte 1818/1819 **Lord Byron** –, der abschließende Palazzo ist der älteste aus dem 16. Jahrhundert.

★
Palazzo Grimani

! *Baedeker* TIPP

Nur per Boot

Alle venezianischen Sehenswürdigkeiten kann sich der Besucher erlaufen, nur den Canal Grande nicht. Abhilfe schaffen die Vaporetti-Boote der Linie 1, die an sämtlichen Stationen des Kanals anhalten. Tickets gibt es an den Stationsgebäuden.

Zwischen der Ca' Foscari und dem anschließenden Palazzo Giustinian fließt der Rio di Ca' Foscari. Die beiden Häuser bilden zusammen einen großen Palastkomplex. Der **Doge Francesco Foscari** (Reg. 1423 – 1457) ließ sich das Gebäude ab 1452 zu einem prächtigen gotischen Palazzo umbauen, der heute von der Universität von Venedig genutzt wird.

★
Ca' Foscari

● VENEDIG ERLEBEN

AUSKUNFT

Piazzale San Marco 71 / f
Tel. 041 529 87 11, Fax 041 523 03 99
Weitere Büros an Bahnhof, Flughafen,
Piazzale Roma und Canal Grande-
Giardini Reali
www.turismovenezia.it

VERANSTALTUNGEN

Februar / März: Karneval. 25. April:
Festa di San Marco mit Gondelregatta
auf dem Canal Grande. So. nach
Christi Himmelfahrt: Festa della Sensa, bei der die Vermählung des Dogen
mit dem Meer gefeiert wird.

BIENNALE D'ARTE
DI VENEZIA

Wenn Sie sich für zeitgenössische
Kunst interessieren, sollten Sie Ihre
Venedigreise zwischen Juni und
Oktober einplanen. Denn: Alle
2 Jahre, jeweils zu den ungeraden
Jahreszahlen, findet die Biennale statt.

VENICECARD

Mit der Venicecard können Sie Ihren
Venedig-Aufenthalt billiger machen.
Die Karte kann bis spätestens 48
Stunden vor Ankunft in Venedig im
Internet (www.hellovenenezia.com)
oder unter Tel. 041 24 24 bestellt
werden. Man erhält die Venicecard
auch an den VELA-Verkaufsstellen,
bei den örtlichen Auskunftsbüros
sowie bei InterParking Italia

VERKEHR

Die autofreie Innenstadt ist über eine
4 km lange Straßenbrücke (Ponte
della Libertà) mit dem Festland verbunden. Parkplätze gibt es am Eingang der Stadt (Isola del Tronchetto
und Piazzale Roma), auf dem Festland
nahe der Straßenbrücke in den Park-
häusern von San Giuliano und Fusina
sowie in Punta Sabbioni, Treporti,
Mestre oder Marghera. Von allen
verkehren Boote in die Stadt, von den
entfernter gelegenen Parkplätzen auch
Eisenbahn oder Busse. Die wichtigsten Verkehrsmittel in Venedig sind die
Linienboote, die auch die Nachbar-
inseln anfahren. Die Gondel, das
traditionelle Gefährt der Venezianer,
wird heute nur noch für touristische
Zwecke verwendet.

EINKAUFEN

Venedig gehört zu den Städten, in
denen der Souvenirhandel schon
beinahe bedrohliche Ausmaße an-
nimmt, aber es gibt auch exquisite
Modeboutiquen, Antiquitäten-
geschäfte und originelle Delikates-
senläden mit Spezialitäten aus ganz
Italien. Haupteinkaufszone sind die
Mercerie, die wörtlich übrigens so viel
wie »Kurzwaren« bedeuten, zwischen
Piazza San Marco, Accademia und
Rialtobrücke sowie Calle Largo XXII
Marzo, die westlich an den Markusplatz grenzt.

ESSEN

► **Fein & teuer**
④ *Caffè Florian*
Tel. 041 528 53 38
Auf dem Markusplatz gibt es acht
Kaffeehäuser, darunter die beiden

Exquisites Mitbringsel: Glas aus Murano

Man wohnt stilvoll in Venedig.

gorien, die für die anderen Städte in diesem Reiseführer gelten, sind deshalb hier nicht anwendbar. Die Hotelkategorie »günstig« reicht in Venedig bis 120 €, »komfortabel« bis 300 € und »Luxus« beginnt ab 300 €.

ältesten und berühmtesten, das Caffè Quadri und – diesem gegenüber – das Caffè Florian. Sollte man auf einen Kaffee oder einen Snack (sehr teuer) mal besucht haben.

► Erschwinglich

① *Trattoria alla Madonna*
San Polo, Calle della Madonna 594
Tel. 041 522 38 24
Mi. geschl.
Sehr gut besuchtes, alteingesessenes, v. a. auf Fisch spezialisiertes Lokal, 2 Minuten von der Rialtobrücke entfernt (Marktseite).

② *Da Ignazio*
San Polo, Calle Saoneri 2749
Tel. 041 523 48 52, Sa. geschl.
Mitten im verwinkelten Stadtteil S. Polo. Der Patron serviert köstliche Gerichte, im Sommer auch im hübschen Innenhof. Keinerlei Schnickschnack, dafür aufmerksamer Service.

③ *Osteria a la Campana*
San Marco, Calle dei Fabbri 4720
Tel. 041 528 51 70, So. geschl.
Drei Minuten vom Ponte Rialto entfernt. Einfache Einrichtung, netter Service. Pizza und vielerlei Meeresfrüchte.

ÜBERNACHTEN

Venedig ist selbstredend eine sehr teure Stadt, vor allem, was das Übernachten betrifft. Die Preiskate-

► Luxus

① *Danieli*
Castello, Riva degli Schiavoni 4196
Tel. 041 522 64 80, Fax 041 520 02 08
www.venice-hotel-danieli.com, 233 Z.
Eines der berühmtesten Hotels der Welt im Palazzo des Dogen Enrico Dandolo. Edle Ausstattung und perfekter Service. Wer im Restaurant speist, genießt einen hinreißenden Blick auf S. Giorgio Maggiore.

► Komfortabel

② *Flora*
San Marco 2283 / A
Via XXII Marzo
Tel. 041 520 58 44, Fax 041 522 82 17
www.hotelflora.it, 43 Z.
Das Herz des als Familienbetrieb geführten, sehr beliebten Hotels ist der romantische begrünte Innenhof. Rechtzeitig reservieren!

③ *Serenissima*
San Marco, Calle Goldoni 4486
Tel. 041 520 00 11, Fax 041 522 32 92
www.hotelserenissima.it, 37 Z.
Das persönlich geführte Hotel (ohne Restaurant) ist seit über 40 Jahren im Besitz der Familie Del Borgo.

④ *Villa Cipro*
Venedig-Lido, Via Zara 2
Tel. 041 73 15 38, Fax 041 526 37 67
www.hotelvillacipro.com, 20 Z.
Ruhig und doch nahe der Stadt liegt dieses bezaubernde Hotel, das in einer alten Villa mit Garten eingerichtet ist.

✳ Palazzo Grassi

Zu den jüngsten Palästen am Canal Grande gehört der zwischen Barock und Klassizismus vermittelnde Palazzo Grassi, der Mitte des 18. Jh.s nach Plänen von **Giorgio Massari** am linken Ufer erbaut wurde. Der Palast zeigt heute Teile der umfangreichen **Sammlung zeitgenössischer Kunst** des französischen Milliardärs François Pinault.

✳ Ca' Rezzonico / Museo del Settecento Venziano

Auf der gegenüberliegenden Kanalseite sieht man die Ca' Rezzonico, 1649 von Venedigs Barockbaumeister **Baldassare Longhena** begonnen und erst 1745 von **Giorgio Massari** vollendet. Die prunkvollen Festsäle beherbergen – thematisch passend – das sehenswerte Museo del Settecento Veneziano, das einen Überblick über das Leben in Venedig zur Zeit des Rokoko gibt – mit Gemälden von Guardi, Canaletto, Tiepolo und Longhi sowie Mobiliar, einem kleinen Theater und einer Apothekeneinrichtung aus der damaligen Zeit. Öffnungszeiten: Mo., Mi. – So. 10.00 – 18.00 Uhr.

✳✳ Gallerie dell' Accademia

Kurz hinter der Akademiebrücke (Ponte dell' Accademia) erreicht man die berühmten Gallerie dell' Accademia. Sie besitzen die **bedeutendste und umfassendste Sammlung venezianischer Malerei** vom 14. bis zum 18. Jahrhundert. Zu den Hauptwerken gehören Paolo Venezianos großformatiges Altarbild mit der »Marienkrönung« (um 1350), Giovanni Bellinis »Sacra Conversazione«, Andrea Mantegnas »Heiliger Georg«, Hans Memlings »Bildnis eines jungen Mannes«, Giorgiones »Das Gewitter«, Veroneses wandfüllendes »Gastmahl im Hause des Zöllners Levi«, Tintorettos »Wunder des hl. Markus« und Tizians unvollendete »Pietà«. Öffnungszeiten: Mo. 8.15 – 14.00, Di. bis So. 8.15 – 19.15 Uhr; www.gallerieaccademia.org.

✳ Peggy Guggenheim Collection

Den 1749 begonnenen und unvollendet gebliebenen Palast am Canale Grande erwarb 1951 die New Yorker **Kunstsammlerin Peggy Guggenheim** (▶Berühmte Persönlichkeiten), die ihn später der Stadt Venedig vermachte. Die von ihr zusammengetragene Kollektion moderner Kunst, in der von Kandinsky über Picasso bis zu Pollock die bekanntesten Vertreter der Strömungen des 20. Jh.s vertreten sind, gehört heute zu den erstklassigen Museen Venedigs. Öffnungszeiten: tgl. 10.00 – 18.00 Uhr; www.guggenheim-venice.it

Palazzo Corner

Direkt gegenüber dem Palazzo Venier dei Leoni liegt der ab 1537 von Sansovino erbaute Palazzo Corner (auch Ca' Grande genannt), einer der prächtigsten Renaissancepaläste in Venedig.

Palazzo Dario

1487 entstand genau gegenüber der Palazzo Dario, einer der ersten Renaissancepaläste in Venedig. Auffallend ist die schöne Dekoration aus polychromem Marmor. Das heute bedenklich schief stehende Gebäude wird Pietro Lombardo zugeschrieben.

✳ Santa Maria della Salute

Die weithin sichtbare Kuppel kurz vor der Mündung des Canal Grande in den Bacino di San Marco gehört zur Barockkirche Santa

Nachts fast noch schöner als bei Tag: Der Ponte di Rialto, die älteste Steinbrücke in Venedig, bietet eine herrliche Kulisse für ein Abendessen.

Maria della Salute. Sie wurde 1631 – 1681 zur Erinnerung an die Pest von 1630 nach Plänen **Baldassare Longhenas** erbaut. Im Inneren werden herrliche **Altarbilder** aus verschiedenen säkularisierten Kirchen der Stadt, u. a. von Tizian und Tintoretto, verwahrt.

An der Landspitze begrüßt eine bronzene Glücksgöttin den Reisenden von der Turmspitze der ehemaligen Zollstation (1682). Heute sind hier weitere Werke der zeitgenössischen Kunst aus der Sammlung Pinault ausgestellt (▶Palazzo Grassi).

Punta della Dogana

✶ ✶ Piazza San Marco

Die von den Venezianern meist nur »la Piazza« genannte Piazza San Marco ist **einer der schönsten Plätze der Welt**. Eingerahmt wird sie von den Kolonnadenbauten der **Alten und Neuen Prokuratien**, den ehemaligen Amtsgebäuden der höchsten Verwaltungsbeamten der Republik. Die Procuratie Vecchie an der Nordseite entstanden zwischen 1480 und 1517, die Procuratie Nuove an der Südseite wurden 1584 von Vincenzo Scamozzi begonnen und bis 1640 von Baldassare Longhena vollendet. Die beiden Prokuratien verbinden die 1810 erbauten Ala Napoleonica.

»la Piazza«

Das hier untergebrachte Museo Correr ist der Geschichte und Kultur der Region gewidmet und besitzt eine sehenswerte Gemäldesammlung, u. a. mit Werken von Giovanni Bellini. Im Obergeschoss der Neuen Prokuratie ist heute das **Archäologische Museum** (Eingang Piazzetta 17) eingerichtet. Hinter den Arkaden liegen u. a. die berühmten **Cafés Quadri, Florian und Lavena**.

✶
◀ Museo Correr

Mit ganz eigener Atmosphäre: die Piazza San Marco bei Nacht

Torre dell'Orologio An die Alten Prokuratie stößt östlich der 1496–1499 erbaute Uhrturm, an dessen oberstem Geschoss das Relief des Markuslöwen prangt. Unter dem Uhrturm befindet sich der Durchgang zur **Mercerie**, der wichtigsten Einkaufsmeile im Zentrum von Venedig.

✷ Kampanile di San Marco Am Übergang von der Piazza in die Piazzetta ragt der knapp 99 m hohe Kampanile in den Himmel, von dessen Glockenstube – mit dem Fahrstuhl zu erreichen – man einen herrlichen Blick über die Stadt genießt. Er stammt aus dem 12. Jh., wurde aber, nachdem er 1902 eingestürzt war, neu aufgebaut. Die kleine Marmorhalle (Loggetta) am Fuß des Kampanile ist ein Werk von Sansovino (1540), ebenso die Bronzestatuen zwischen den Säulenpaaren.

Piazzetta di San Marco Zwischen Markusplatz und dem Canale di San Marco liegt die kleinere Piazzetta, die von der Markusbibliothek und dem Dogenpalast eingefasst wird. Ganz vorne am Ufer stehen die beiden aus dem Orient stammenden Granitsäulen mit den Figuren des hl. Theodor (2. Jh.; Kopie), dem alten Schutzpatron Venedigs, und dem geflügelten Löwen des hl. Markus.

Biblioteca Marciana ► Die Markusbibliothek (1537) an der Westseite der Piazzetta, **ein Hauptwerk von Jacopo Sansovino**, ist ein bedeutendes Baudenkmal der Renaissance. In den Schauräumen werden v. a. kostbare Handschriften gezeigt. Die eigentliche Bibliothek ist in der ehemaligen Münze (Zecca) untergebracht, die 1545 ebenfalls nach Plänen von Sansovino gebaut wurde.

✶ ✶ Basilica di San Marco

Als Grabeskirche des Evangelisten Markus, Staatskirche und Kirche des Dogen kommt der Basilica di San Marco eine herausragende Bedeutung zu. Als in den Jahren 828 / 829 die aus Alexandria entführten Gebeine des Evangelisten nach Venedig überführt wurden, entstand ein erstes Gotteshaus an dieser Stelle. Unter dem Dogen Domenico Contarini (1043 – 1070) wurde mit dem Bau der heutigen (dritten) Basilika begonnen.
Sie entstand nach byzantinischem Vorbild als Zentralbau mit fünf Kuppeln über dem Grundriss eines griechischen Kreuzes. So bestimmen romanische und byzantinische Elemente sowie auch gotische Stilmerkmale ihr Äußeres.

Grabeskirche des hl. Markus

Fünf **Portale** führen in die Vorhalle. Die Bronzetüren des Mittelportals stammen aus Byzanz und wurden im 11. Jh. angefertigt. Die Mosaiken über den Seitenportalen schildern die Überführung der Markusreliquien nach Venedig. Auf dem äußersten Tor links ist die Markuskirche in ihrem ursprünglichen Zustand abgebildet.
Der Raumeindruck der im Halbdunkel liegenden Basilika wird wesentlich bestimmt durch die goldgrundigen **Mosaiken**, die die gesamte Gewölbezone bedecken. Die Mosaikbilder in der Vorhalle aus dem 13. Jh. erzählen Szenen aus dem Alten Testament, beginnend mit der Genesis in der Kuppel ganz rechts. Die im 12. / 13. Jh. entstandenen Zyklen im Langhaus zeigen das Pfingstwunder, die Mosaiken in der Vierungskuppel die Himmelfahrt und in der Chorkuppel den segnenden Christus.
Zu den kostbarsten Ausstattungsstücken gehört neben die um 1400 geschaffen Ikonostase die **Pala d'Oro**, ein monumentaler, vergoldeter Altaraufsatz hinter dem Hochaltar. Das mit Email und Edelsteinen verzierte Meisterwerk wurde zwischen dem 10. und 14. Jh. teils in Konstantinopel, teils in Venedig gefertigt. Gegenüber der Pala d'Oro führt die Bronzetür von Jacopo Sansovino in die Sakristei.

Rundgang

✶ ✶
◄ Pala d'Oro

Im rechten Querschiff befindet sich die **Schatzkammer** (Tesoro), gefüllt mit kostbaren Kunstschätzen, die nach der Eroberung Konstantinopels (1204) nach Venedig gebracht wurden. An das rechte Seitenschiff schließt sich das **Baptisterium** mit einem **Taufbecken von Sansovino** (1545) und Dogengrabmälern an. In der Cappella Zen steht das schöne Grabmal des 1501 verstorbenen Kardinals Giambattista Zeno.

Schatzkammer, Baptisterium

Über die Treppen links und rechts vom Hauptportal erreicht man das Museo Marciano in den ehemaligen Emporen. Dort werden u. a. Wandteppiche (15. Jh.), Skulpturen (12. Jh.), Kirchenornat und Gemälde sowie die Originale der 1204 aus Konstantinopel als Kriegsbeute mitgebrachten Bronzepferde gezeigt. Von der Terrasse genießt man einen schönen Blick auf die Piazza San Marco.

Museo Marciano

BASILICA DI SAN MARCO

✳✳ Hauskapelle der Dogen, Staatskirche und Monumentalschrein für den Staatsheiligen – die von riesigen Kuppeln überwölbte, auf dem Grundriss eines griechischen Kreuzes errichtete Markusbasilika ist eines der eindrucksvollsten Baudenkmäler der Lagunenstadt.

🕐 Öffnungszeiten:
Mo.–Sa. 9.40–17.00, So. 14.00–17.00 Uhr.
Wegen des großen Besucherandrangs werden in die Basilika nur noch 50 Personen gleichzeitig eingelassen. Deswegen sollte man Tickets vorbestellen. Von April bis Dezember kann man bis spätestens zwei Tage vor dem Besuch reservieren (www.alata.it, www.venetoinside.com).
Führungen: Apr.–Okt. Mo.–Sa. 11.00 Uhr.

① **Portale**
Tief eingeschnitten wie Nischen sind die rundbogigen Portale an der Westfassade der Markuskirche. Ihr Schmuck: Säulen aus kostbarem verschieden farbigem Marmor und Mosaiken sowie – am mittleren Haupteingang – Steinmetzarbeiten.

② **Fassadenmosaiken**
Unter einer Ladung Schweinefleisch versteckt, schafften Kaufleute den Leichnam des hl. Markus aus Alexandrien nach Venedig. Die Geschichte dieser »Entführung« wird in den Mosaiken über den Portalen der Westfassade dargestellt.

③ **Baptisterium**
Mosaiken und Reliefs auf dem Taufstein des Baptisteriums erzählen vom Leben Johannes' des Täufers.

④ **Tetrarchen**
Rätselhafte Figurengruppe aus dem 4. Jh.: vier Männer aus Porphyr in inniger Umarmung.

⑤ **Tesoro**
Die Beutestücke, die die Venezianer 1204 aus dem eroberten Konstantinopel verschleppten, sind heute der Grundstock der Schatzkammer.

⑥ **Markuslegende**
Die Gebeine des hl. Markus waren seit dem Brand der Kirche 976 vermisst. Das Mosaik beschreibt das Wunder ihrer Wiederauffindung.

⑦ **Hochaltar**
Prachtstück des aus alten Stücken zusammengesetzten Hochaltars ist der Baldachin, der auf vier Säulen ruht.

⑧ **Kuppeln**
Orientalisches Flair verleihen dem Bau die Kuppeln, die nach der Eroberung von Byzanz 1204 erhöht wurden und seither auch vom Markusplatz aus sichtbar sind.

Ausschnitt aus dem Fussbodenmosaik

Maskenschnitzer haben wieder Arbeit, seitdem der Karneval sich in Venedig zu einer Touristenattraktion entwickelte.

Sehenswertes im Stadtviertel Castello

Vom Palazzo Ducale geht es über den Ponte della Paglia (Strohbrü-cke), von dem man einen schönen Blick auf die Seufzerbrücke hat, auf der belebten Riva degli Schiavoni in Richtung Osten. Dabei pas-siert man den Palazzo Dandolo, heute Hotel Danieli, ein Nobelhotel, in dem u. a. Charles Dickens und George Sand abstiegen.

Riva degli Schiavoni

Ganz in der Nähe der Uferpromenade, die man hinter der Einmün-dung des Rio del Vin verlässt, liegt die Kirche San Zaccaria, die in ih-rer heutigen Form 1460 – 1500 entstand und den Übergang von der Gotik zur Renaissance widerspiegelt. Im Innern beachte man vor al-lem am zweiten Altar links das Gemälde »Thronende Madonna« des venezianischen Malers Giovanni Bellini (1505).

S. Zaccaria

Die 1451 für Kaufleute aus Dalmatien erbaute Scuola degli Schiavoni liegt nordöstlich von S. Zaccaria, am Ostufer des Rio dei Greci. Der Renaissancemaler Vittore Carpaccio stattete das Bruderschaftsgebäu-de 1502 – 1508 mit einem herrlichen Bilderzyklus aus.

★
Scuola degli Schiavoni

Die riesige, 1108 in Betrieb genommene Werft der Seerepublik Vene-dig wurde von der italienischen Kriegsmarine genutzt, und heute

Arsenale

dienen Teile der riesigen Hallen als Ausstellungsraum für die Kunst-biennale. Den Haupteingang (1460) zieren vier antike Löwenskulptu-ren aus Griechenland. Schiffsmodelle und Navigationsinstrumente sind im **Museo storico navale** am Riva S. Biagio ausgestellt.

Querini-Stampalia

Nordwestlich von San Zaccaria kommt man zum schönen Renais-sancepalast Querini-Stampalia (Mitte 16. Jh.). Garten und Erdge-schoss wurden in den 1970er-Jahren von dem Architekten Carlo Scarpa (1906 – 1978) neu gestaltet. Im ersten Stock ist die reiche Bibliothek, im zweiten Stock die Pinacoteca Querini-Stampalia un-tergebracht mit Bildern venezianischer Maler (14. – 18. Jh.).

Santa Maria Formosa

Nur wenige Meter weiter nördlich, jenseits des schmalen Kanals, steht man vor der Kirche Santa Maria Formosa, die einige sehens-werte Altarbilder besitzt, u. a. eine »hl. Barbara« von Palma Vecchio. Der weite **Campo di Santa Maria Formosa** wird von schönen Paläs-ten der Gotik und Renaissance gefasst.

✳
Santi Giovanni e Paolo

Die im 14./15. Jh. errichtete ehemalige Dominikanerkirche Santi Giovanni e Paolo wird von den Venezianern meist nur »San Zanipo-lo« genannt. Besondere Aufmerksamkeit verdienen das Mittelportal von Bartolomeo Bon (1461) und einige bedeutende **Grabmale von Dogen** im Inneren, u. a. das Grab für den Dogen Pietro Mocenigo von Pietro Lombardo (1481), gleich rechts an der Innenseite, sowie das triumphbogenartige Wandgrab für den Dogen Andrea Vendra-min (um 1492) von Tullio Lombardo im Hauptaltarraum. Die neun Bildfelder mit Szenen aus dem Leben eines Dominikanermönchs am zweiten Seitenaltar rechts sind Werke von Giovanni Bellini (1465).

✳
Monumento di Colleoni

Rechts neben der Kirche zieht das Reiterstandbild des aus Bergamo stammenden Söldnerführers Bartolomeo Colleoni die Blicke auf sich. Es wurde 1488 von dem Florentiner **Andrea del Verrocchio** model-liert und nach dessen Tod 1496 von Alessandro Leopardi gegossen. An die Kirche schließt sich links die Scuola Grande di San Marco (1495) an, heute von dem Ospedale Civile genutzt wird. Von den Fondamente Nuove starten die Boote zu den Laguneninseln San Michele, Murano, Burano und Torcello (s. unten).

✳
Santa Maria dei Miracoli

Die Kirche Santa Maria dei Miracoli (1481 – 1489) unweit westlich vom Campo Santi Giovanni e Paoloist ein außen und innen mit Marmor verkleideter Bau der Frührenaissance von **Pietro und Tullio Lombardo**.

S. Salvatore

Ein interessanter Kirchenbau der venezianischen Renaissance ist die 1506 – 1534 von Giorgio Spavento, Tullio und Pietro Lombardo ent-worfene Chiesa S. Salvatore in der Nähe der Rialtobrücke. Hinter der barocken Fassade (17. Jh.) verbirgt sich eine Kreuzkuppelkirche mit einer qualitätvollen Ausstattung.

Sehenswertes im Stadtteil San Polo

Von der Station Accademia fährt man mit dem Vaporetto nördlich **✷✷** zur Station San Tomà. Von hier gelangt man nordwestlich zu der **I Frari** ehemaligen Franziskanerkirche I Frari (oder Santa Maria Gloriosa dei Frari), einer spätgotischen Backsteinbasilika (1340 – 1450) mit hohem Glockenturm, nach der Basilica di San Marco die größte und schönste Kirche Venedigs und – wie Santi Giovanni e Paolo – die **Begräbnisstätte berühmter Venezianer.** Die große Bettelordenskirche birgt eine Vielzahl bedeutender Kunstwerke. Im Langhaus stehen sich in den beiden Seitenschiffen das Grabmal Tizians, 1838 – 1854 von Schülern Canovas geschaffen, und das Grabmal von Canova, das seine Schüler nach seinen Entwürfen angefertigt hatten, gegenüber.

! *Baedeker* TIPP

Eistraum

Ein ganz besonderes Eis gibt es in der Gelateria Millevoglie zwischen der Frari-Kirche und der Scuola Grande di San Rocco. Wer sich angesichts der riesigen Auswahl nicht entscheiden kann, den lässt Tarcisio auf Wunsch auch erst mal probieren (San Polo 3033, Tel. 04 15 24 46 67).

Zwei Joche weiter sieht man im rechten Seitenschiff die schöne Spätrenaissanceskulptur des hl. Hieronymus von Alessandro Vittoria und gegenüber Tizians berühmte **»Pesaro-Madonna«** (1519 – 1526). Hinter der mächtigen Chorschranke, ein Werk von Bartolomeo Bon und Pietro Lombardo (1468 – 1475), fällt der Blick zuerst auf Tizians epochales Frühwerk, die 1516 – 1518 entstandene »Mariä Himmelfahrt« am Hochaltar. An den Seitenwänden des Chores beachte man die beiden monumentalen Grabmäler für die Dogen Francesco Foscari (rechts) und Nicolò Tron. Der Florentiner Donatello schuf die Holzplastik Johannes' des Täufers in der Kapelle rechts neben dem Chor. Bellinis berühmte »Thronende Madonna mit Heiligen« (1488) findet sich in der Grabkapelle der Familie Pesaro. Öffnungszeiten: Mo. – Sa. ⏱ 9.00 – 18.00, So. 13.00 – 18.00 Uhr.

Hinter dem hoch aufragenden Chor der Frarikirche erstreckt sich **✷✷** der Campo S. Rocco. Der Renaissancebau an seiner Südwestseite, die **Scuola Grande di** Scuola Grande di San Rocco, entstand 1524 – 1560 nach Plänen von **S. Rocco** **Bartolomeo Bon**, Scarpagnino führte die Arbeiten zu Ende. Die 1489 gegründete Bruderschaft (Scuola) widmete sich der Krankenpflege. Tintoretto, selbst Mitglied der Scuola, übernahm die Ausmalung der Räumlichkeiten. Zwischen 1564 und 1581 entstand so einer der **umfangreichsten biblischen Zyklen der italienischen Malerei.** Den Saal ◄ weiter auf S. 271

TOD(E) IN VENEDIG

Melancholisch, mysteriös, morbid – diese und ähnliche Attribute werden der Lagunenstadt bevorzugt attestiert. Wer Venedig schon mal im winterlichen Nebel oder im Nieselregen erlebt hat, kann dies vielleicht am ehesten nachvollziehen. Kein Wunder, dass Venedigs eigenwilliger Charme Schriftsteller und Filmemacher inspirierte – zu düsteren Geschichten, die den Leser oder Betrachter mit einem Schauer zurücklassen.

Doch, es gibt sie auch, jene Filme, in denen die Lagunenstadt einfach nur die heitere, romantische oder exotische Kulisse abgibt für nette Ferien, für schöne Kostüme und Karneval, für spannende Agentenfilme. Catherine Hepburn beispielsweise spielt in David Leans **»Summertime«** (1955) eine ältliche amerikanische Jungfer, die in Venedig Urlaub macht und aufblüht, vor allem weil sie dort Rossano Brazzi trifft, der den Typ des italienischen Kavaliers besonders gut spielte. In **»Mitternacht Canal Grande«** (1966) schlägt sich dann Elke Sommer durch eine Agentenstory, bei der es ein Attentat während einer Friedenskonferenz aufzuklären gilt. Und in **»The Venetian Woman«** (1986) erlebt Sean Connery in einem exquisiten 16. Jh. die Freuden der Liebe. In der hinrei-

ßenden italienischen Komödie **»Brot und Tulpen«** (2000) wird Venedig zum märchenhaften Fluchtort aus den Alltagszwängen.

Schwarze Komödien

Aber der »richtige« Venedigfilm, der, der wirklich nachhaltig im Gedächtnis haftet, der sieht anders aus. In ihm präsentiert die Stadt nicht nur ihre schöne, heitere Fassade, in ihm lockt diese Stadt die Menschen an und bringt sie dann – und dies nicht nur im geografischen Sinne – von ihrem Wege ab.

Ein bisschen etwas von dieser morbiden Atmosphäre steckt sogar in Joseph Mankiewicz' schwarzer Krimikomödie **»Venedig sehen – und erben ...«** (1965), in der Rex Harrison in seinem Haus drei ehemalige Ge-

Morbider Charme:
In den nassen Wintermonaten
verströmt Venedig eine Atmosphäre,
die wenig mit der strahlenden Schönheit
der Stadt im Sommer zu tun hat.

liebte erwartet, diesen den todkranken Reichen vorspielt und dabei in Wirklichkeit auf Mord aus ist.

Stadt der Abwege

Dass hinter den bröckelnden Fassaden dieser Stadt wahre Abgründe lauern können, dass das sinkende, das sterbende Venedig eine seltsame Wirkung ausübt auf seine Gäste und Bewohner, dass diese labyrinthische Topografie zum Ort von Obsessionen werden kann, das wird dann noch deutlicher in einem Film wie Luchino Viscontis

Doch sie ist gefangen in ihrer Liebe und in dieser Stadt: Auf einem Platz holt Mahler sie schließlich ein. Später wird sie durch ihre obsessive Liebe, die Mahler eiskalt ausnützt, zur Verräterin.

Stadt der Abgründe

17 Jahre nach »Senso« gelang Visconti mit der Verfilmung der Novelle von Thomas Mann **»Tod in Venedig«** eine Liebeserklärung an die Stadt und ein Streifen, der Filmgeschichte schrieb. Ein Künstler namens Aschenbach –

»Halb Märchen, halb Fremdenfalle«

(Thomas Mann, »Tod in Venedig«)

»Senso« (1953). Alida Valli spielt hier eine italienische Gräfin, die während der italienischen Befreiungskriege völlig gegen ihre politische Überzeugung einem Offizier der österreichischen Besatzungsmacht, Leutnant Mahler (gespielt von Farley Granger) verfällt. Sie will von ihm loskommen und irrt nachts durch die leeren Gassen, an Kanälen vorbei und über Brücken.

bei Visconti ein Komponist und sehr verwandt mit Gustav Mahler, dessen Musik er über die Bilder legt – kommt zur Erholung in die Lagunenstadt. Aber das von der Cholera bedrohte Venedig ist dafür natürlich der falsche Ort. Er verfällt einem schönen Knaben, kann seinen Blick nicht mehr von ihm wenden, und immer mehr und in grandiosen Bildern verströmt

der Film eine elegische Atmosphäre, die in jenen letzten Szenen kulminiert, in denen der sterbende Künstler im Liegestuhl am Strand sitzt und ihm die Schminke übers Gesicht läuft.

Stadt der Obsessionen

Um Obsessionen, um Irrungen und Wirrungen und schließlich um den Tod, der zumindest im Film so gut zu Venedig passt, geht es auch in Nicolas Roegs Thriller **»Wenn die Gondeln Trauer tragen«** (1973). Und wieder sind die Protagonisten in dieser Stadt der Kultur kultivierte Leute, ist es ein englisches Künstlerpaar, das nach dem tragischen Unfalltod seines Kindes in die Stadt kommt, um zu arbeiten, vor allem aber, um zu vergessen. Aber die Stadt bringt besonders bei ihm (dargestellt von Donald Sutherland) die schrecklichen Erinnerungen zurück.

Immer wieder sieht er eine Figur, einen Schatten, im roten Mantel durch die dunklen Gassen huschen und glaubt sein Kind, das damals einen roten Mantel anhatte, zu erkennen. Und das Trugbild führt ihn, der ohne es zu wissen das zweite Gesicht hat, schließlich in den Tod. Denn die schwarzen Gondeln, die er sah, waren jene, die ihn zur letzten Ruhe fahren.

Spiel mit dem Tod

In einem der jüngeren »richtigen« Venedigfilme lauert ein Mann in seinem Palazzo auf Gäste, und fast ist es so, als verkörpere er die dekadente, sinistre und abgründige Stadt selbst. **»Der Trost von Fremden«** heißt dieser 1990 von Paul Schrader nach einem Roman von Ian Mc Ewan gedrehte Thriller, in dem ein jüngeres Paar nach Venedig reist, um die schon etwas erkaltete Liebe an eben dem Ort wieder aufzufrischen, wo sie begonnen hatte. Auch die beiden kommen vom Wege ab, verirren sich und laufen in die Arme jenes von Christopher Walken gespielten Mannes, der sie einlädt und in ein Spiel verwickelt, das in dieser Stadt – das ahnt man inzwischen schon – nur in den Abgrund führen kann. Wieder einmal ein Film also, der mit der rätselhaften, morbiden Atmosphäre der Lagunenstadt spielt und mit dem Tod in Venedig endet.

im Erdgeschoss schmücken acht großformatige Bilder des Meisters mit Szenen aus dem Leben Marias. Die Wände des Hauptsaals im oberen Stockwerk behandeln weitere Themen aus dem Neuen Testament mit Szenen aus dem Leben Jesu. Die Deckengemälde widmen sich Geschichten aus dem Alten Testament. In der anschließenden Sala dell'Albergo schildert **Tintoretto** die Passionsgeschichte und an der Decke verherrlicht er den Schutzpatron der Seuchenkranken, den hl. Rochus. Öffnungszeiten: tgl. 9.00 – 17.30 Uhr.

Weitere Sehenswürdigkeiten

Im Süden von Venedig, durch den 300 m breiten Canale della Giudecca vom Stadtteil Dorsoduro getrennt, liegt die lang gestreckte Insel La Giudecca (auch von Zattere aus zu erreichen). Einen Besuch lohnt die etwas weniger vom Tourismus geprägte Insel wegen der weithin sichtbaren, kuppelbekrönten **Kirche Il Redentore**, die von 1577 bis 1592 nach Plänen **Andrea Palladios** erbaut wurde. Im Inneren sind die Marmorreliefs von Giuseppe Mazza und Bronzestatuen von Girolamo Campagna am Hochaltar beachtenswert.

Isola della Giudecca

Östlich von La Giudecca liegt die kleine Insel San Giorgio Maggiore, die mit dem Vaporetto der Linie 82 (von S. Zaccaria aus) erreichbar ist. Die gleichnamige Benediktinerklosterkirche, ein 1565 von **Andrea Palladio** begonnener, 1610 vollendeter Kuppelbau, ist ein wichtiger Blickfang im Stadtbild. Beachtenswert sind im Chor zwei Gemälde von Tintoretto (»Mannaregen« und »Abendmahl«). Ein Meisterwerk stellt der Hochaltar (1591 – 1593) von Girolamo Compagna dar. Vom 60 m hohen Kampanile bietet sich eine herrliche Aussicht.

★ S. Giorgio Maggiore

Direkt vor der Nordküste Venedigs liegt die **Friedhofsinsel** S. Michele, zu erreichen mit den Linien 41 und 42 ab Fondamente Nuove an der Nordseite der Stadt. Hier haben u. a. Sergej Diaghilew, Igor Strawinski und Ezra Pound ihre letzte Ruhe gefunden. Die Renaissancekirche S. Michele entstand 1478, 1530 wurde ihr die sechseckige Cappella Emiliana angefügt. Aus Platzgründen werden Venedigs Tote heute auf dem Festland begraben.

S. Michele

★ Lido di Venezia

Der knapp 12 km lange Lido ist ein schmaler, flacher Sandstreifen, der die venezianische Lagune vom Meer trennt (u. a. mit der Pkw-Fähre ab Venedig-Trochetto aus zu erreichen). Nachdem im 19. Jh. Schriftsteller die Insel entdeckt hatten, entwickelte sie sich in den 1950er- und 1960er-Jahren zum prominentesten Strand Italiens mit Hotels, Pensionen und Sommerhäusern. Vom Schiffsanlegeplatz Santa Maria Elisabetta führt der von schönen Jugendstilvillen und Gärten gesäumte Gran Viale Santa Maria Elisabetta quer über die Nehrung zum Piazzale Bucintoro, hinter dem sich der lange Strand aus-

Der Strand von Venedig

Die Glasherstellung auf Murano –
ein uraltes Gewerbe, das heute noch Arbeitsplätze schafft.

breitet. Hier beginnt auch die Promenadenstraße Lungomare Guglielmo Marconi mit dem berühmten Strandabschnitt zwischen dem Hotel Des Bains und dem Palazzo del Cinema. In der Luxusherberge stieg die Hauptfigur aus Thomas Manns Novelle **»Der Tod in Venedig«** ab, und auch Viscontis nicht weniger berühmte Verfilmung wurde am Handlungsort der literarischen Vorlage gedreht. Cineasten kennen den Lido vor allem als **Stätte des Internationalen Filmfestivals** (Mostra Internazionale del Cinema), das 1932 ins Leben gerufen wurde. Fünf Jahre nach der Gründung der Festspiele, 1937, weihte man dem Kulturereignis einen eigenen »Tempel«, den Palazzo del Cinema. Bis dahin hatte man das Festival im benachbarten Grand Hotel Excelsior abgehalten. Ganz im Süden des Lido liegt das von Kanälen umgebene **Malamocco**, der ehemalige Hafen von Venedig.

✳ Murano

»Stadt der
Glasherstellung«

Murano ist seit Ende des 13. Jh.s – als die Manufakturen aus Brandschutzgründen hierher verlegt wurden – Hauptsitz der venezianischen Glasindustrie. Die Glasbläsereien, Fornace genannt, sind zum großen Teil zu besichtigen. Im 16. Jh. avancierte Murano zur bevorzugten Sommerfrische venezianischer Patrizier, die hier ihre Prunkvillen und Lustgärten anlegen ließen.

Wer sich über die Geschichte der venezianischen Glasbläserkunst informieren möchte, sollte unbedingt das Museo d'Arte Vetrario im Palazzo Giustinian am Canale di Donato besuchen. Gezeigt werden hier etwa 4000 Exponate von der Römerzeit bis heute, darunter auch Arbeiten maurischer oder böhmischer Glasbläser. Kunsthistorisch interessant ist der jenseits des Hauptkanals stehende, spätromanische Backsteindom Santi Maria e Donato aus dem 12. Jahrhundert. Das dreischiffige Bauwerk mit aufwändig gestalteter Apsis verbindet venezianisch-byzantinische und frühromanische Stilelemente. Säulen aus griechischem Marmor mit venezianisch-byzantinischen Kapitellen trennen Haupt- und Seitenschiffe, ein eindrucksvolles **romanisches Mosaik** bedeckt den Fußboden, und ein Mosaik aus der Erbauungszeit der Kirche schmückt die Apsis.

◄ Museo d'Arte Vetrario

◄ Dom

✳ Burano

Lohnend ist ferner ein Ausflug zur freundlichen, knapp 5000 Einwohner zählenden Fischerinsel Burano, der Wiege der venezianischen **Spitzenindustrie**. Nach rund 40 Minuten Bootsfahrt erreicht man Burano, das knapp 9 km nordöstlich der venezianischen Hauptinsel liegt. Ein besonders pittoreskes Bild bieten die Fischerhäuschen, deren Fassaden in pastellfarbenen Farben leuchten. Die Geschichte der Spitzenkunst ist das Thema der **Galleria del Merletto Antico** (Via Galuppi 215). Das kleine Museum zeigt exquisite Arbeiten der letzten zwei Jahrhunderte, u. a. kunstvolle Fächer, Schleier und Kleider der venezianischen Aristokratie. Über die komplizierte Luftstichtechnik informiert zudem die Scuola dei Merletti an der Piazza Galuppi. In der dortigen Kirche San Martino hängt eine sehenswerte Kreuzigung von Tiepolo aus dem Jahr 1725.

Fischerinsel

Torcello

Einen Ausflug wert ist auch die 8 km nordöstlich gelegene Laguneninsel Torcello. Zwischen dem 7. Jh., als sie gegründet wurde, und dem 12. Jh. war sie eine bedeutende Handels- und Bischofsstadt mit Palästen und Kirchen, Werften und Häfen. An Torcellos Blütezeit erinnert die in venezianisch-byzantinischem Stil erbaute **Kathedrale Santa Maria Assunta**. Das im 7. Jh. geweihte Gotteshaus erhielt im 9. Jh. eine Krypta, eine Vorhalle und die beiden Nebenapsiden. Größter Schatz sind ihr Lettner mit byzantinischen Reliefs aus dem 11./12. Jh. und die herrlichen Mosaiken (11. – 13. Jh.). Die gesamte Westwand der Kirche bedeckt das große, um 1200 entstandene Weltgerichtsmosaik aus der Werkstatt byzantinischer Künstler Öffnungszeiten: Apr. – Okt. tgl.10.30 – 18.00 Uhr).

Nebenan steht die kleine Kirche Santa Fosca, ein bemerkenswerter Rundbau aus dem 11. Jh. mit beachtenswerten Marmorsäulen im Inneren. Das benachbarte **Museo dell'Estuario** bewahrt u. a. archäologische Funde von Torcello, Malerei, Plastik und Kunsthandwerk.

REGISTER

i atmosfair

Reisen bereichert und verbindet Menschen und Kulturen. Jedoch wer reist erzeugt auch CO_2. Dabei trägt der Flugverkehr mit bis zu 10% zur globalen Erwärmung bei. Wer das Klima schützen will, sollte sich somit nach Möglichkeit für die schonendere Reiseform entscheiden (wie z. B. die Bahn). Wenn keine Alternative zum Fliegen besteht, kann man mit atmosfair handeln und klimafördernde Projekte unterstützen.
atmosfair ist eine gemeinnützige Klimaschutzorganisation unter der Schirmherrschaft von Klaus Töpfer. Die Idee: Flugpassagiere spenden einen kilometerabhängigen Beitrag für die von ihnen verursachten

nachdenken · klimabewusst reisen

atmosfair

Emissionen und finanzieren damit Projekte in Entwicklungsländern, die dort den Ausstoß von Klimagasen verringern helfen. Dazu berechnet man mit dem Emissionsrechner auf **www.atmosfair.de** wieviel CO_2 der Flug produziert und was es kostet, eine vergleichbare Menge Klimagase einzusparen (z. B. Berlin – London – Berlin 13 Euro). atmosfair garantiert die sorgfältige Verwendung Ihres Beitrags. Auch der Karl Baedeker Verlag fliegt mit *atmosfair*. Unterstützen auch Sie unser Klima. Alle Informationen dazu auf www.atmosfair.de.

BILDNACHWEIS

VERZEICHNIS DER KARTEN & GRAFISCHEN DARSTELLUNGEN

IMPRESSUM

Ausstattung: 189 Abbildungen, 23 Karten und grafische Darstellungen, eine große Reisekarte
Text: Andrea Wurth mit Beiträgen von Dr. Eva Maria Blattner, Astrid Braun, Marlies Burget, Rupert Koppold, Wolfgang Liebermann, Helmut Linde, Anja Schliebitz, Reinhard Strüber
Bearbeitung: Baedeker Redaktion (Carmen Galenschovski)
Kartografie: Christoph Gallus, Hohberg; Franz Huber, München, MAIRDUMONT; Ostfildern (große Reisekarte)
Sprachführer: In Zusammenarbeit mit Ernst Klett Sprachen GmbH, Stuttgart, Redaktion PONS Wörterbücher
3D-Illustrationen: jangled nerves, Stuttgart
Gestalterisches Konzept: independent Medien-Design München; Kathrin Schemel

Chefredaktion: Rainer Eisenschmid, Baedeker Ostfildern

5. Auflage 2012

Urheberschaft: Karl Baedeker Verlag, Ostfildern

Nutzungsrecht: MAIRDUMONT; Ostfildern
Der Name Baedeker ist als Warenzeichen geschützt. Alle Rechte im In- und Ausland sind vorbehalten. Jegliche – auch auszugsweise – Verwertung, Wiedergabe, Vervielfältigung, Übersetzung, Adaption, Mikroverfilmung, Einspeicherung oder Verarbeitung in EDV-Systemen ausnahmslos aller Teile des Werkes bedarf der ausdrücklichen Genehmigung durch den Verlag Karl Baedeker GmbH.

Anzeigenvermarktung:
MAIRDUMONT MEDIA
Tel. 0049 711 4502 333
Fax 0049 711 4502 1012
media@mairdumont.com
http://media.mairdumont.com

Printed in China
Gedruckt auf 100% chlorfrei gebleichtemPapier

BAEDEKER VERLAGSPROGRAMM

- Ägypten
- Algarve
- Allgäu
- Amsterdam
- Andalusien
- Argentinien
- Athen
- Australien
- Australien • Osten
- Bali
- Baltikum
- Barcelona
- Bayerischer Wald
- Belgien
- Berlin • Potsdam

- Bodensee
- Brasilien
- Bretagne
- Brüssel
- Budapest
- Bulgarien
- Burgund
- Chicago • Große Seen
- China
- Costa Blanca
- Costa Brava
- Dänemark
- Deutsche
  Nordseeküste
- Deutschland

- Deutschland • Osten
- Djerba • Südtunesien
- Dominik. Republik
- Dresden
- Dubai • VAE
- Elba
- Elsass • Vogesen
- Finnland
- Florenz
- Florida
- Franken
- Frankfurt am Main
- Frankreich
- Frankreich • Norden
- Fuerteventura
- Gardasee
- Golf von Neapel
- Gomera
- Gran Canaria
- Griechenland
- Griechische Inseln
- Großbritannien
- Hamburg
- Harz
- Hongkong • Macao
- Indien
- Irland
- Island
- Israel
- Istanbul
- Istrien •
  Kvarner Bucht
- Italien
- Italien • Norden
- Italien • Süden
- Italienische Adria
- Italienische Riviera
- Japan
- Jordanien

- Kalifornien
- Kanada • Osten
- Kanada • Westen
- Kanalinseln
- Kapstadt •
  Garden Route
- Kenia
- Köln
- Kopenhagen
- Korfu •
  Ionische Inseln
- Korsika
- Kos
- Kreta
- Kroatische Adriaküste
  • Dalmatien
- Kuba
- La Palma
- Lanzarote
- Leipzig • Halle
- Lissabon
- Loire
- London
- Madeira
- Madrid
- Malediven
- Mallorca
- Malta • Gozo •
  Comino
- Marokko
- Mecklenburg-
  Vorpommern
- Menorca
- Mexiko
- Moskau
- München
- Namibia
- Neuseeland
- New York

LIEBE LESERINNEN, LIEBE LESER,

ein herzliches Dankeschön, dass Sie sich für einen Baedeker Allianz Reiseführer entschieden haben. Er wird Sie zuverlässig auf Ihrer Reise begleiten und Sie nicht im Stich lassen.

Natürlich beschreibt er die wichtigen Sehenswürdigkeiten, aber er empfiehlt auch die nettesten Weinlokale, dazu Hotels für den großen und kleinen Geldbeutel, gibt Tipps für Restaurants, Shopping und für vieles mehr, was eine Reise zum Erlebnis macht. Dafür haben unsere Autoren und die Redaktion Sorge getragen. Sie sind für Sie regelmäßig an die Adria gereist und haben all ihre Erfahrungen und Kenntnisse in diesen Reiseführer gepackt.

Trotzdem: Die Erfahrung zeigt, dass Fehler und Änderungen nach Drucklegung, für die der Verlag keine Haftung übernehmen kann, nicht ausgeschlossen werden können. Für Kritik, Berichtigungen und Verbesserungsvorschläge sind wir Ihnen außerordentlich dankbar. Schreiben Sie uns, mailen Sie uns oder rufen Sie an:

▶ **Verlag Karl Baedeker GmbH**
  Redaktion
  Postfach 3162
  D-73751 Ostfildern
  Tel. (0711) 4502-262, Fax -343
  E-Mail: info@baedeker.com

Besuchen Sie uns auch im Internet unter www. baedeker.com. Hier finden Sie jeden Monat den aktuellen Reisetipp der Redaktion und das gesamte Verlagsprogramm. Hier können Sie auch lesen, wer Karl Baedeker war und wie er seinen ersten Reiseführer geschrieben hat. Mit seinen über 180 Jahren ist der Karl Baedeker Verlag der älteste Reiseführer-Verlag der Welt.

www.baedeker.com

◉ ZU GEWINNEN: **STADTREISE NACH LONDON**

Unter allen Einsendungen verlost der Verlag am Jahresende – unter Ausschluss des Rechtswegs – eine Städtekurzreise für zwei Personen nach London.
Freuen Sie sich auf ein spannendes Wochenende in London. Natürlich ist ein Baedeker Allianz Reiseführer London auch dabei!